Souvenirs de la guerre révolutionnaire cubaine

Du même auteur
(aux éditions Mille et une nuits)

Voyage à motocyclette. Latinoamericana, traduit de l'espagnol par Martine Thomas, 1997-2001-2007.

Second voyage à travers l'Amérique latine (1953-1956), traduit de l'espagnol par Martine Thomas, 2002.

La Guerre de guérilla, traduit de l'espagnol par Laurence Villaume, 2009.

Journal du Congo. Souvenirs de la guerre révolutionnaire (1965), traduit de l'espagnol par René Solis, 2009.

Journal de Bolivie (1966-1967), traduit de l'espagnol par Laurence Villaume, 2008.

Justice globale. Libération et socialisme, traduit de l'espagnol par Eduardo Carrasco, 2007.

Ernesto Che Guevara

Souvenirs de la guerre révolutionnaire cubaine

Traduction de l'espagnol (Argentine) par
Laurence Villaume

Préface par
Aleida Guevara March

MILLE ET UNE NUITS

Conception de la couverture : Off, Paris.

D'après la photographie de Che Guevara à cheval dans la Sierra del Escambray. ©Aleida March et le Centro de Estudios Che Guevara.

Logo CHE d'après le fameux portait d'Alberto Korda : « Che au béret. » © Adagp, Paris, 2007.

Titre original : *Pasajes de la Guerra Revolucionaria.*

Les cartes de Cuba et de la Sierra Maestra (p. 12 et p. 18)
ont été réalisées par Études et Cartographie, Lille.

Avec le soutien de la Fondation pour la mémoire des luttes.

ISBN 978-2-75550-026-4

Sommaire

Note sur la présente édition

La présente édition du livre *Souvenirs de la guerre révolutionnaire cubaine*, écrit par le commandant Ernesto Che Guevara, retrace les deux années et quelques jours que dura l'épopée de la Sierra Maestra, depuis le débarquement du yacht *Granma*, le 2 décembre 1956, jusqu'à la victoire de la révolution cubaine, le 1er janvier 1959.

Le livre se divise donc en deux parties : la première comprend les *Souvenirs*, dans leur version originale, revus et corrigés par le Che, édités sous forme d'essai par les éditions Unión en 1963 – ils avaient auparavant été publiés dans la revue (de l'Armée rebelle) *Verde Olivo*, au fil des parutions de celle-ci ; la seconde partie est un recueil de divers récits publiés postérieurement dans cette même revue, sous forme d'articles de presse – raison pour laquelle l'ordre chronologique des événements n'est pas respecté.

Or, à l'occasion de la republication de ce livre, l'édition de 1963 a été « allongée et améliorée » par Ernesto Guevara lui-même, qui annota de sa main l'un des exemplaires qu'il possédait... « au cas où le texte viendrait à être réédité ». Ces corrections apparaissent en gras tout au long du récit.

Chers lecteurs, je vous invite à savourer la passionnante aventure révolutionnaire de la Sierra Maestra racontée par le Che, dont il fut non seulement l'un des protagonistes les plus remarquables, mais aussi l'un des chroniqueurs les plus sensibles, objectifs et sincères.

Centro de Estudios Che Guevara, La Havane, Cuba.

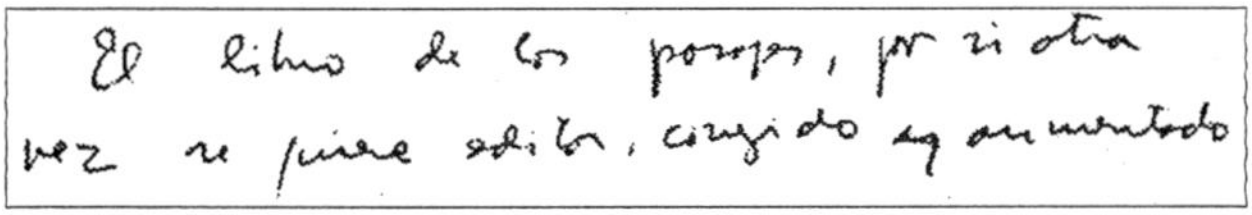

El libo de los pasajes, por si otra vez se quiere editar, corregido y aumentado

Ernesto Che Guevara

«Voici le livre de mes souvenirs, revu et enrichi au cas où l'on voudrait le rééditer.»

Ernesto Che Guevara

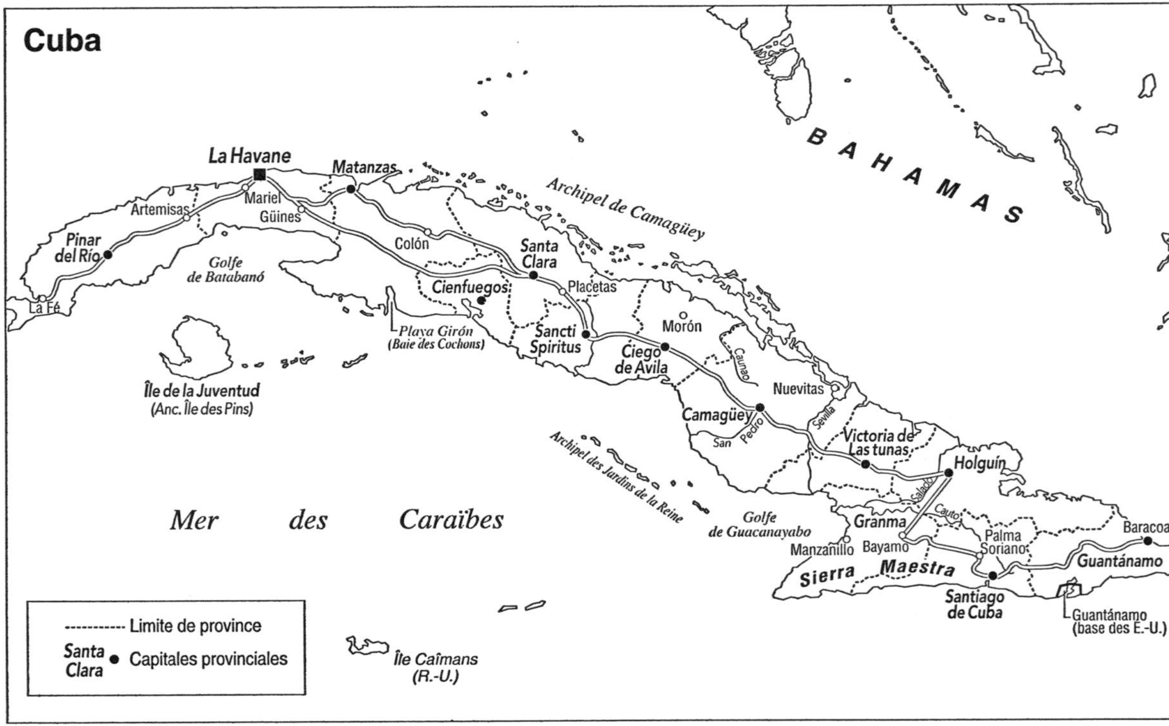
Cuba
B A H A M A S
Archipel de Camagüey
La Havane
Matanzas
Mariel
Güines
Artemisas
Pinar del Río
La Fé
Golfe de Batabanó
Colón
Santa Clara
Cienfuegos
Placetas
Playa Girón (Baie des Cochons)
Sancti Spiritus
Ciego de Avila
Morón
Caunao
Nuevitas
Camagüey
San Pedro
Sevilla
Victoria de Las tunas
Holguín
Salado
Cauto
Granma
Bayamo
Manzanillo
Palma Soriano
Baracoa
Guantánamo
Sierra Maestra
Santiago de Cuba
Guantánamo (base des E.-U.)
Golfe de Guacanayabo
Archipel des Jardins de la Reine
Île de la Juventud (Anc. Île des Pins)
Mer des Caraïbes
Île Caïmans (R.-U.)
Limite de province
Santa Clara
Capitales provinciales

Préface

par Aleida Guevara March

Dans les archives personnelles du Che, il y a quelque temps, ma mère – qui cherchait un document – a trouvé, parmi les papiers de mon père, une note écrite de sa main, qui disait : «Voici le livre des souvenirs, revu et enrichi, au cas où l'on voudrait le rééditer.»

L'histoire commence le 8 mai 1963. Un premier livre, recueillant les souvenirs de la guerre révolutionnaire écrits par le Che, fut mis entre les mains des lecteurs. Ce sont ces mêmes souvenirs qu'il corrigea et auxquels il fit quelques ajouts et modifications, si d'aventure on décidait de les rééditer. Tous ces récits furent rédigés à partir des notes de son journal de campagne, à l'instar du *Voyage à motocyclette*[1], son premier livre de souvenirs, dans un style toutefois plus précis et recherché, mais sans se départir de leur fraîcheur et de leur dynamisme. Ils se muèrent alors en chroniques d'une haute valeur tes-

1. *Voyage à motocyclette, Latinoamericana*, Mille et une nuits, Paris 2001. Lire aussi *Second voyage à travers l'Amérique latine (1953-1956)*, Mille et une nuits, Paris, 2002. Note du traducteur (NdT).

timoniale et en un document d'une inestimable valeur historique.

Des années plus tard, le livre est à nouveau édité, agrémenté d'autres travaux sur la même période, également écrits par le Che et publiés dans divers revues et journaux, mais les modifications indiquées en sont absentes. Depuis, de nouvelles éditions ont vu le jour, certaines comportant les apports proposés, mais sans que des explications pertinentes ne permettent au lecteur de les distinguer du reste du texte.

Le Centro de Estudios Che Guevara, dans son souci de respecter la mémoire historique et tenant compte des insuffisances des éditions précédentes, s'est proposé de rééditer le texte, cette fois-ci avec les modifications dûment signalées, et d'exaucer ainsi la volonté du Che.

L'édition que vous tenez aujourd'hui entre les mains est beaucoup plus précise et aboutie que les précédentes puisque, en plus des annotations, quelques pages facsimilées y figurent, exemples des corrections apportées.

Une fois de plus, le Centro de Estudios est heureux de présenter à ses lecteurs un texte, considéré comme un classique parmi les écrits du Che, qui permet de revivre des moments très particuliers de la vie de ce personnage, à travers une prose claire et directe, propre à son style narratif, et où il raconte des instants décisifs des actions de guérilla, dont les héros sont les hommes et les femmes du peuple cubain, engagés dans la conquête de leur avenir.

Si le Che parvient à communiquer avec vous par le biais de ces singulières chroniques de guerre, notamment avec les jeunes qui n'ont pas eu la possibilité de les lire auparavant, alors très certainement, en refermant ce livre, vous connaîtrez mieux notre peuple et comprendrez davantage une des facettes les plus importantes de notre processus révolutionnaire; mais surtout, vous percevrez les qualités humaines des personnes qui ont tout sacrifié pour cette lutte, leurs craintes, leurs limites, et par là-même leur grandeur.

À la lecture de chacun de ces épisodes, vous pourrez revivre à leur côté cette formidable épopée, partager leur tristesse et vous réjouir de leurs victoires. Vous tiendrez de première main une analyse sur le déroulement de cette guerre, et sur la façon d'agir de ses protagonistes lorsqu'ils se voyaient obligés de se lancer dans des analyses critiques et autocritiques. Ces dernières serviront sans doute d'expérience et de leçon à tous ceux qui se proposent de faire de la lutte révolutionnaire leur arme de combat. Elles éviteront qu'à leur tour ils ne commettent les mêmes erreurs.

Dès la première lecture de ce livre est resté profondément gravé en moi le récit du « Chiot assassiné »; jamais je n'ai pu l'oublier, j'entends encore au fond de moi les glapissements du jeune chien et j'éprouve même un sentiment de culpabilité. Nul ne peut ignorer que, lorsqu'on se trouve au cœur du combat, toute décision est une question de secondes, et que de la rapidité de son exécution dépend la vie de beaucoup de camarades. On peut être sûr d'avoir agi comme il le fallait, mais on ne peut se défaire de la douleur que nombre de nos choix provoquent parfois. Tous ces sentiments confus ou contradictoires font partie de l'individu qui lutte; oui, ce sont des êtres humains comme vous et moi ou comme beaucoup d'autres, avec cette complexité qui fait de nous des personnes distinctes et grâce à laquelle nous sentons que nous appartenons à une espèce bien vivante.

J'espère que la lecture de cet ouvrage, écrit par l'homme que nous pouvons qualifier de chroniqueur de l'ultime étape de la guerre de libération de mon peuple, vous sera agréable et bénéfique. Préparez-vous aux embuscades, à faire des choix douloureux et à lutter pour la liberté aux côtés de ces combattants, à travers les yeux et le vécu d'un des chefs les plus aguerris et les plus estimés de la révolution cubaine. Mais, à la fin du livre, ne laissez pas tomber les armes, désormais les plus utiles, celles de la connaissance et de la compréhension, et continuons à nous battre ensemble pour un monde meilleur. *Hasta la Victoria Siempre !* [« Jusqu'à la Victoire, Toujours ! »]

La Havane, juin 2005.

Première partie

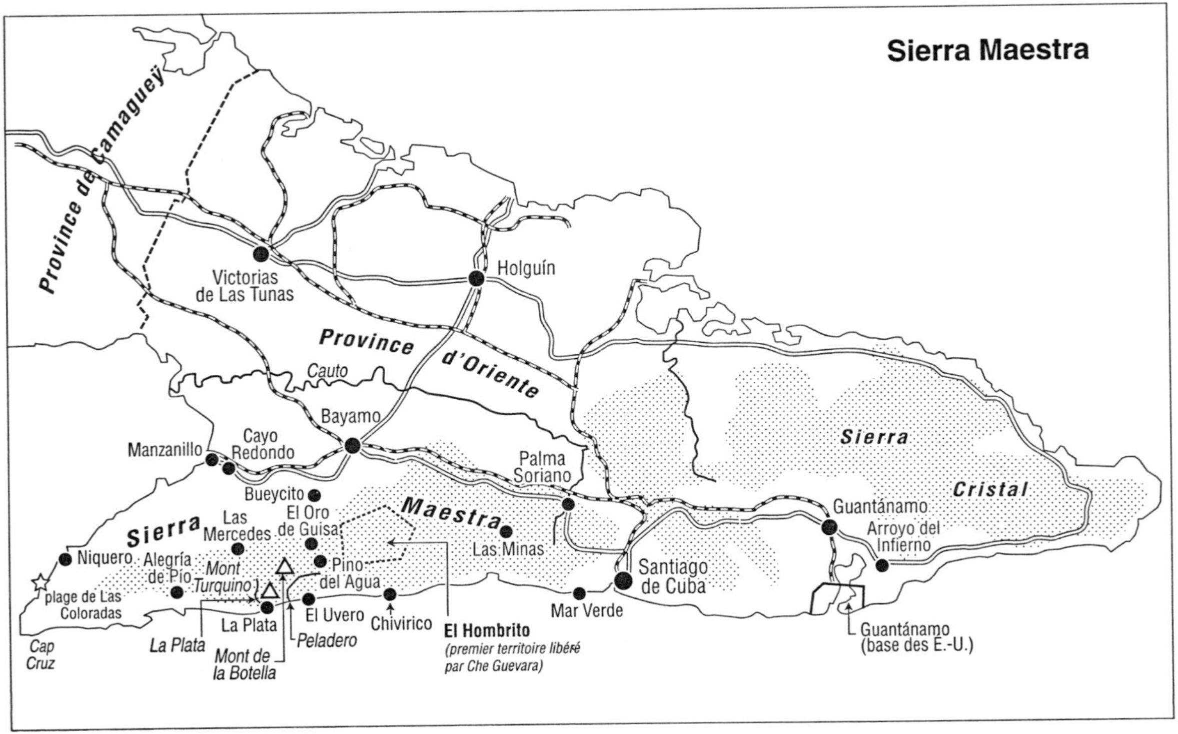

Sierra Maestra
Province de Camagüey
Victorias de Las Tunas
Holguín
Province d'Oriente
Cauto
Bayamo
Manzanillo
Cayo Redondo
Bueycito
Palma Soriano
Sierra
Cristal
Guantánamo
Arroyo del Infierno
Santiago de Cuba
Mar Verde
Las Minas
Maestra
Sierra
Las Mercedes
El Oro de Guisa
Pino del Agua
Niquero
Alegría de Pío
Mont Turquino
plage de Las Coloradas
La Plata
El Uvero
Chivirico
El Hombrito
(premier territoire libéré par Che Guevara)
Guantánamo (base des E.-U.)
Cap Cruz
La Plata
Mont de la Botella
Peladero

Prologue

Depuis longtemps nous pensions écrire une histoire de notre révolution qui embrasserait ses multiples aspects et facettes. Les chefs de cette épopée ont souvent évoqué – publiquement ou officieusement – leur désir de retracer les différents événements qui l'ont marquée, mais le temps leur fait défaut ; et le souvenir de la lutte insurrectionnelle se dissout au fil des ans dans les brumes du passé sans que les épisodes de cette aventure, qui fait pourtant partie de l'histoire de l'Amérique, soient clairement relatés dans un témoignage écrit. Nous avons donc entrepris de rassembler nos souvenirs personnels des attaques, escarmouches, combats et luttes que nous avons menés. Nous n'avons pas l'intention de reconstituer cette histoire à l'aide de fragments de souvenirs et de quelques notes prises par-ci par-là ; bien au contraire, nous voulons qu'elle soit relatée dans son intégralité par ceux qui l'ont vécue.

Chacun de nous était assigné à une région précise et délimitée de Cuba pour mener le combat le temps qu'a duré le conflit [2 décembre 1956 – 2 janvier 1959], cela nous a bien entendu empêchés de participer à la lutte et aux événements qui se sont déroulés ailleurs ; nous pensons donc que, pour que tous les participants de l'épopée révolutionnaire aient la possibilité de prendre part au récit, et pour que la chronologie soit respectée, le mieux est de commencer par le premier combat, qui est aussi le seul de tous ceux auxquels participa Fidel qui se solda par une défaite : l'attaque-surprise d'Alegría de Pío.

Nombre de nos hommes ont survécu à cette action et chacun d'eux est invité à contribuer au récit en y apportant son propre témoignage. En contrepartie, nous exigeons la stricte véracité des faits ; l'auteur ne devra en aucune manière déformer la vérité dans le but de faire valoir, de magnifier une position personnelle ou de décrire un événement auquel il n'aurait pas assisté. Nous exigeons également que le narrateur, après avoir détaillé les événements par écrit en fonction de son éducation et de ses dispositions, se lance dans l'autocritique la plus sévère de son récit pour en ôter tout mot qui ne se réfèrerait pas à un fait avéré ou dont l'auteur ne serait pas assuré de la véridicité. C'est dans cet esprit que nous pouvons commencer à coucher nos souvenirs sur le papier.

Alegría de Pío

Alegría de Pío est un lieu-dit de la province d'Oriente, appartenant à la commune de Niquero, situé non loin de Cabo Cruz, où nous fûmes surpris le 5 décembre 1956 par les troupes de la dictature.

Nous arrivions exténués après une marche plus pénible que longue. Après avoir débarqué le 2 décembre sur une plage connue sous le nom de Las Coloradas, et perdu la quasi-totalité de notre équipement, nous avions cheminé durant des heures interminables, chaussés de bottes neuves, dans des marécages d'eau de mer. Ce qui avait provoqué des ulcérations aux pieds de toute la troupe pour ainsi dire. Nos bottes ou les mycoses n'étaient cependant pas nos seuls ennemis. Après avoir quitté le port de Tuxpan, le 25 novembre, jour où soufflait un fort vent du nord interdisant toute sortie en mer, nous avions atteint Cuba au terme de sept jours de traversée du golfe du Mexique et de la mer Caraïbe, sans nourriture, avec un bateau en piètre état, et nos hommes, peu habitués au va-et-vient de la mer, souffrant presque tous de nausée. Toutes ces mésaventures avaient considérablement entamé le moral de la troupe, constituée de nouvelles recrues qui ne s'étaient encore jamais battues.

De notre matériel de guerre ne restaient que le fusil, la cartouchière, et une poignée de balles mouillées. Notre arsenal médical avait disparu, nos sacs à dos étaient en grande partie restés dans les marais. La veille, nous avancions de nuit, le long des cannaies de l'exploitation qui appartenait alors à Julio Lobo. Pour tromper la faim et la soif, nous nous gavions de tiges de canne à sucre trouvées en bordure des chemins, crachant la bagasse au gré de nos foulées, comme autant de traces de notre passage. Outre ces impairs à mettre sur le compte de notre inexpérience, les soldats n'eurent guère besoin d'enquêtes approfondies pour nous trouver, puisque nous apprîmes un an plus tard que l'auteur principal de la trahison qui allait les conduire tout droit jusqu'à nous n'était autre que notre guide. Lorsque nous faisions halte, nous le laissions en effet libre d'aller et venir, commettant une erreur que nous allions répéter à plusieurs reprises pendant la lutte, jusqu'à ce que nous apprenions, à nos dépens, que les éléments de la population civile dont on ne connaît pas les antécédents doivent être surveillés de près dans les zones à risque. Dans de telles circonstances, nous n'aurions pas dû permettre à notre faux guide d'errer à sa guise.

À l'aube du 5 décembre, rares étaient ceux d'entre nous qui pouvaient faire un pas de plus. Les hommes étaient au bout du rouleau, avançaient de quelques mètres, puis demandaient à se reposer un long moment. On décida donc de faire halte au bord d'une plantation de canne à sucre, dans un petit bosquet clairsemé, relativement proche de la montagne. Ce matin-là, nous fûmes nombreux à dormir du sommeil du juste.

Vers midi, nous commençâmes à percevoir des signes inhabituels : les avions Biber et autres types de bimoteurs civils ou militaires survolaient les alentours. Certains de nos hommes coupaient tranquillement des tiges de canne sans penser que les engins ennemis volant à vitesse réduite et à basse altitude pouvaient les voir. Ma mission, à l'époque, en tant que médecin de la troupe, était de soigner les plaies des pieds blessés. Je crois me souvenir de l'homme auquel j'ai porté mes derniers soins ce jour-là. **Ce camarade** s'appelait Humberto Lamotte* ; pour lui, ce fut **aussi** son dernier jour. Son visage aux traits tirés et angoissés tandis qu'il quittait l'infirmerie improvisée pour rejoindre son poste, portant dans ses mains les chaussures qu'il ne pouvait plus remettre, reste gravé dans ma mémoire.

[Jesús] Montané* et moi étions adossés à un arbre, à parler de nos enfants respectifs ; nous mangions notre maigre ration – un demi-chorizo et deux gâteaux secs – quand retentit un premier coup de feu ; puis quelques secondes de silence, et un orage de tirs – ou du moins c'est ce qu'il sembla à notre esprit anxieux lors de ce baptême du feu – s'abattit sur le groupe de nos quatre-vingt-deux camarades. Mon fusil n'était pas des meilleurs, conformément à ma propre demande ; ma condition physique étant déplorable à la suite d'une forte crise d'asthme qui s'était emparée de moi au cours de la traversée maritime, je ne voulais pas qu'une arme de valeur **soit gâchée** entre mes mains. J'ignore quand et comment les événements se

* Les noms suivis d'un astérisque figurent dans le glossaire, p. 382, en fin de volume. (NdT)

sont enchaînés; mes souvenirs s'embrouillent. Je me rappelle que, en plein milieu de la fusillade, [Juan] Almeida* – qui était alors capitaine – vint demander quels étaient les ordres, mais plus personne n'était là pour les donner.

J'appris plus tard que Fidel avait tenté en vain de regrouper les hommes dans la cannaie toute proche, que nous pouvions atteindre en en franchissant juste la clôture, mais le feu de l'ennemi était trop intense, nous nous étions laissé bêtement surprendre. Almeida est revenu prendre en charge son groupe; et à ce moment-là, un camarade a oublié une caisse de munitions presque à mes pieds. Je le lui ai signalé; je revois encore nettement son visage, à cause de la terreur qu'il exprimait, qui semblait me dire quelque chose comme : « C'est pas le moment de penser aux boîtes de cartouches »; puis il s'est précipité sur le chemin de la cannaie (il fut ensuite assassiné par l'un des sbires de Batista). Ce fut sans doute la première fois que je me trouvai confronté au dilemme de devoir choisir entre ma vocation de médecin et mon devoir de soldat révolutionnaire. J'avais devant moi un grand sac à dos plein de médicaments et une caisse de munitions, tous deux pesaient trop lourd pour être transportés par un seul homme. J'ai pris la caisse de cartouches, abandonnant le sac pour traverser le terrain découvert qui me séparait du champ de canne. Je me souviens parfaitement de Faustino Pérez*, à genoux sur le chemin, déchargeant sa mitraillette sur l'ennemi. À mes côtés, Arbentosa, un camarade, tentait également de rejoindre le champ de canne à sucre. Une rafale de coups de feu, semblable aux autres, nous toucha tous les deux. Une forte douleur dans la poitrine et une brûlure dans le cou me firent penser que mon heure était venue. Arbentosa, vomissant son sang par le nez et la bouche, transpercé par une balle de calibre 45, hurla quelque chose comme : « Ils m'ont tué », et se mit à tirer de tous côtés, comme un fou, alors que l'ennemi demeurait encore invisible. Projeté au sol, je criai à Faustino : « Ils m'ont eu ! » Faustino, en pleine action, jeta sur moi un rapide coup d'œil et me dit que ce n'était rien, mais je pouvais lire dans ses yeux la condamnation que signifiait ma blessure.

Allongé par terre, je tirai en direction de la montagne, pris du même instinct destructeur que l'autre blessé. Immédiatement, en cette minute où tout semblait perdu, je me suis mis à réfléchir à la meilleure façon de mourir. Un vieux conte de Jack London m'est alors revenu en mémoire, où le protagoniste, étendu près d'un tronc d'arbre dans une région gelée d'Alaska, se sachant condamné à mourir de froid, s'apprête à en finir avec dignité. C'est la dernière image nette dont je me souvienne. Quelqu'un, à genoux, criait qu'il fallait se rendre et on entendait une autre voix – j'ai appris plus tard qu'il s'agissait de celle de Camilo Cienfuegos* – qui répondait : « Ici, personne ne se rend... », en terminant par un juron. Tout agité, Ponce* s'approcha de moi en désignant un trou dans sa cage thoracique ; il respirait difficilement, une balle lui avait apparemment traversé un poumon. Il me dit qu'il était blessé et, en toute indifférence, je lui indiquai que nous partagions le même sort. Il continua à se traîner en rampant jusqu'à la canne à sucre, pour retrouver nos compagnons qui, eux, étaient indemnes. Je me suis retrouvé là, tout seul, à attendre la mort. Puis Almeida est arrivé et m'a donné le courage de continuer ; malgré la douleur, je l'ai suivi et nous avons pénétré dans le champ. J'ai alors vu notre grand camarade Raúl Suárez* exhiber son pouce éclaté par une balle et Faustino Pérez qui le lui bandait à côté d'un tronc d'arbre ; ensuite tout s'est accéléré avec les avions qui volaient en rase-mottes en **nous arrosant** de tirs de mitrailleuses, semant la confusion au milieu de scènes tantôt dantesques, tantôt grotesques, comme ce combattant corpulent qui essayait à tout prix de se cacher derrière de minces tiges de canne, et cet autre qui réclamait le silence sous le fracas des coups de feu, sans trop savoir pourquoi.

Un groupe dont nous faisions partie, ajouté à Ramiro Valdés*, alors lieutenant, et aux camarades Chao et Benítez, s'est formé avec, à sa tête, Almeida. Nous avons traversé le chemin en bordure du champ de canne à sucre pour atteindre une montagne salvatrice. C'est à ce moment-là que nous avons entendu les premiers cris : « Feu ! » ; des colonnes de fumée et de feu s'élevaient dans la plantation, bien que je ne puisse l'affirmer, car j'avais davantage en tête la désillusion de la défaite et l'imminence de ma mort que les aléas de la bataille. Nous avons marché jusqu'à ce que la nuit nous empêche de progresser et nous nous sommes résolus à dormir tous ensemble, serrés les uns contre les autres, attaqués par les moustiques, tenaillés par la faim et la soif. Tel fut notre baptême du feu, le 5 décembre 1956, dans les environs de Niquero. Et c'est ainsi que commença à se forger ce qui allait devenir l'Armée rebelle.

Le combat de la Plata

L'attaque d'une petite caserne, située à l'embouchure du fleuve de La Plata, dans la Sierra Maestra, constitua notre première victoire et fit beaucoup parler d'elle ; bien au-delà de la région où elle eut lieu. Cette action suscita l'intérêt dans tout le pays, apporta la preuve que l'Armée rebelle n'était pas un mythe et qu'elle était résolue à combattre. De notre côté, elle nous permit de croire à nouveau en nos chances de victoire finale.

Le 14 janvier 1957, un peu plus d'un mois après la surprise d'Alegría de Pío, nous fîmes halte près de la rivière Magdalena, séparée du fleuve de La Plata par une échine de montagne qui descend de la Sierra Maestra et s'en va mourir dans la mer en séparant les bassins des deux rivières. Nous nous exerçâmes au tir, comme Fidel en avait donné l'ordre pour entraîner les hommes ; certains tiraient pour la première fois de leur vie. Nous nous baignâmes aussi, après de nombreux jours passés à ignorer les règles élémentaires d'hygiène ; et ceux d'entre nous qui le purent saisirent l'occasion pour changer de vêtements. À ce moment-là, nous disposions de vingt-trois armes en bon état : neuf fusils à viseur télescopique, cinq semi-automatiques, quatre fusils à verrou, deux mitraillettes Thompson, deux pistolets-mitrailleurs et un fusil de calibre 16. Cet après-midi-là, nous avons grimpé la dernière colline qui nous séparait des abords de La Plata. Nous suivions un étroit sentier de forêt rarement emprunté, que Melquiades Élías, un paysan de la région, avait ouvert spécialement pour nous à la machette. Cet homme nous avait été recommandé par notre guide, Eutimio. Ce dernier, membre indispensable à notre équipe, était le portrait type du paysan rebelle ; mais il fut plus tard capturé par Casillas[1], qui, au lieu de l'exécuter, lui offrit 10 000 dollars et un poste dans l'armée s'il tuait Fidel. Eutimio fut sur le point de remplir sa mission, mais il manqua de courage. Son action nous fut néanmoins fort préjudiciable, puisqu'il livra nos lieux de campements.

À cette époque, Eutimio nous servait loyalement ; il appartenait à ces paysans qui luttaient pour leurs terres contre les grands propriétaires. Et ce combat contre les latifundiaires les amenait aussi à affronter la garde rurale, véritable valet au service de cette classe.

Sur le chemin, **nous avons arrêté deux paysans**, qui se sont révélé être des parents du guide : l'un d'eux fut remis en liberté, et nous avons gardé le second, par mesure de précaution. Le lendemain, 15 janvier, nous avons aperçu la caserne de La Plata, à demi achevée, avec ses plaques de zinc ; un groupe d'hommes torse nu, dont le reste de l'accoutrement dénonçait toutefois l'uniforme ennemi, gardait la caserne. Nous pûmes obser-

---

1. Joaquín Casillas était un officier militaire cubain. Il avait été condamné en 1948 pour l'assassinat du dirigeant syndical Jesús Menéndez et serait exécuté en 1958, durant la révolution cubaine. (NdT)

ver comment, à six heures du soir, avant la tombée du jour, arrivait un canot chargé de soldats, venus prendre le relais. Les premiers descendaient de la barque pour laisser place aux autres. Comme nous n'avions pas bien compris tous les paramètres des mouvements de garde, nous avons décidé de reporter l'attaque au lendemain.

Dès l'aube du 16, nous avons surveillé la caserne de près. Durant la nuit, le garde-côte s'était retiré et avait disparu au large. On a commencé à explorer le terrain, mais aucun soldat n'apparaissait nulle part. À trois heures de l'après-midi, nous avons entrepris de nous rapprocher du chemin qui descend à la caserne, en longeant la rivière, espérant voir quelque chose. À la nuit tombée, nous avons traversé le fleuve de La Plata, peu profond, pour nous poster sur le chemin. Cinq minutes plus tard, nous avons arrêté deux paysans. L'un d'eux avait déjà prouvé ses dispositions pour cafarder; apprenant qui nous étions et les mauvaises intentions que nous pouvions avoir à leur égard s'ils refusaient de coopérer, ils ne furent pas longs à nous donner de précieuses informations. Il y avait environ une quinzaine de soldats dans la caserne, et, en outre, il était prévu que l'un des trois principaux régisseurs de la région, Chicho Osorio, leur rende visite d'un instant à l'autre. Ces régisseurs appartenaient à la grande propriété terrienne de la famille Laviti, qui avait créé un gigantesque fief où elle faisait régner l'ordre par la terreur en louant les services d'individus comme Chicho Osorio. Effectivement, quelques instants plus tard, le dénommé Chicho apparut, ivre, monté sur un mulet, avec un petit Noir à califourchon derrière lui. Universo Sánchez* lui ordonna de s'arrêter au nom de la garde rurale, et Chicho répondit tout à trac : « Moustique ». C'était le mot de passe.

En dépit de nos mines patibulaires, et sans doute en raison de son état d'ébriété avancé, nous avions réussi à tromper Chicho Osorio. Fidel, prenant l'air indigné, se présenta à lui comme étant un colonel de l'armée qui venait enquêter pour savoir pour quelles raisons les rebelles n'avaient pas encore été liquidés ; il qualifia l'armée de bonne à rien tandis que lui n'hésitait pas à parcourir la montagne à leur recherche, d'où sa barbe de plusieurs semaines, et, enfin, il ne mâcha pas ses mots sur l'incompétence des forces ennemies. Impressionné et très coopératif, Chicho Osorio raconta qu'effectivement les soldats passaient leur temps dans la caserne à bayer aux corneilles, ne faisaient que manger, se contentant, pour toute activité, de quelques tours de ronde inutiles ; puis il proclama haut et fort la nécessaire éradication de tous les rebelles. On le questionna discrètement sur les gens de confiance ou ceux dont il fallait se méfier dans la région, tout en en déduisant le contraire ; quand Chicho disait du mal de l'un, nous savions donc que nous pouvions sans doute compter sur lui, et inversement. Nous pûmes ainsi recueillir une bonne vingtaine de noms, et le bavard continuait à cafarder. Il nous apprit qu'ils avaient tué deux hommes dans les parages, « mais mon général Batista me remit en liberté tout de suite ! ». Il se vanta d'avoir administré une bonne correction à des paysans qui s'étaient montrés « quelque peu insolents », car, selon ses propres mots, les soldats étaient incapables d'intervenir ; ils les laissaient parler sans les punir. Fidel lui demanda ce qu'il ferait de Fidel Castro s'il le capturait. L'homme répondit, d'un geste très explicite, qu'il lui couperait les..., et réserverait le même sort à Crescencio [Pérez]*. «Tiens, dit-il fièrement, désignant ses pieds et ses chaussures, identiques aux nôtres, de fabrication mexicaine, elles appartenaient à l'un de ces fils de... que nous avons tués.» À cet instant, sans le savoir, Chicho Osorio venait de signer son arrêt de mort. Pour finir, à la demande de Fidel, il consentit à nous servir de guide au prétexte que nous allions surprendre les soldats pour avoir la preuve de leur négligence et de leur indiscipline.

Nous nous sommes donc approchés de la caserne, nous servant de Chicho Osorio comme guide, quoique, personnellement, je n'étais pas certain que l'homme ne se fût point rendu compte du stratagème. Il poursuivit pourtant sa route en toute ingénuité ; ivre comme une barrique, ne se méfiant de rien. En traversant à nouveau la rivière, Fidel lui dit que les règlements militaires exigeaient que le prisonnier fût ligoté ; l'homme n'opposa aucune résistance et suivit, sans le savoir, comme prisonnier. Il expliqua que les seuls postes de garde étaient situés l'un à l'entrée de la caserne en construction, et le second dans la maison d'Honorio, l'un des deux autres régisseurs, puis il nous guida vers un endroit proche de la caserne, où passait le chemin qui menait au Macío. Le camarade Luis Crespo*, aujourd'hui commandant, fut envoyé en éclaireur et revint en annonçant que les informations du régisseur étaient exactes, puisqu'on voyait les deux bâtiments et les bouts incandescents des cigarettes que fumaient les gardes à l'intérieur.

Sur le point d'atteindre la caserne, nous dûmes nous cacher pour laisser passer trois soldats à cheval qui en sortaient, traînant derrière eux un prisonnier à pied. Ce pauvre paysan passa tout près de moi, et je me souviens de ses paroles : «Je suis comme vous», et de la réponse de l'homme – que nous avons par la suite identifié comme s'agissant du caporal Basol – : «Ferme-la et marche avant que je te fasse avancer à coups de fouet.» Nous pensions que le fait d'être conduit hors de la caserne, sur laquelle nous n'allions pas tarder à faire feu, mettait ce paysan à l'abri du danger; malheureusement, le lendemain, apprenant l'attaque et ses retombées, les soldats l'exécutèrent vilement au Macío.

Pour mener l'attaque, nous disposions de vingt-deux armes. C'était un moment important, car nous n'avions que très peu de balles. Quelles que soient les difficultés, il fallait s'emparer de la caserne : échouer signifiait le gaspillage, en vain, de toutes nos munitions pour nous retrouver pratiquement sans défense. Le camarade lieutenant Julito Díaz*, glorieusement tombé plus tard au combat d'El Uvero, accompagné de Camilo Cienfuegos, de Benítez et de Calixto Morales*, tous armés de fusils semi-automatiques, encerclerait la maison en bois de palmier par l'extrême droite. Fidel, Universo Sánchez, Luis Crespo, Calixto García*, [Manuel Enrique] Fajardo* – aujourd'hui commandant, il portait le même nom que notre médecin [Manuel Eugenio] «Piti» Fajardo*, mort à Escambray – et moi-même attaquerions par le centre. Raúl, avec son escouade, et Almeida, avec la sienne, donneraient l'assaut par la gauche.

Nous nous sommes donc rapprochés pour n'être plus qu'à une quarantaine de mètres des positions ennemies. La lune nous était favorable. Fidel commença par tirer deux rafales de mitraillette et nos fusils lui firent écho. Aussitôt, les soldats furent invités à se rendre, mais sans aucun résultat. Au moment de passer à l'attaque, Chicho Osorio, l'indicateur et assassin, fut abattu.

L'attaque avait débuté à deux heures quarante du matin et les soldats opposèrent plus de résistance que prévu. Un sergent possédait un fusil M-1 et, chaque fois que nous lui enjoignions de se rendre, il répondait en déchargeant son arme sur nous. L'ordre de lancer nos vieilles grenades de fabrication brésilienne fut donné. Luis Crespo dégoupilla puis jeta la sienne, et je fis de même. Mais ni l'une ni l'autre n'explosèrent. Raúl Castro lança des bâtons de dynamite, mais sans plus de succès. Nous n'avions alors d'autre solution que d'avancer à découvert et de brûler les maisons, fût-ce au péril de nos vies. Universo Sánchez se lança en premier et échoua, suivi de Camilo Cienfuegos, **qui ne fit guère mieux.** Ce fut alors mon tour et celui de Luis Crespo. Nous avons réussi à atteindre une bâtisse qu'il incendia. À la lumière des flammes, nous réalisâmes qu'il ne s'agissait que d'une simple remise qui leur servait à entreposer les noix de la plantation de cocotiers voisine ; mais cela avait suffi à effrayer les soldats, qui abandonnèrent la lutte. L'un d'eux tenta de s'enfuir et vint pratiquement se cogner contre le fusil de Luis Crespo, qui le blessa à la poitrine ; celui-ci s'empara de son arme et nous reprîmes nos tirs contre la maison. Camilo Cienfuegos, réfugié derrière un arbre, tira sur le sergent qui fuyait et épuisa le peu de cartouches qu'il lui restait.

Pratiquement dépourvus de protection, les soldats étaient, sans miséricorde, blessés par nos balles. Camilo Cienfuegos entra le premier dans la maison d'où on entendait les suppliques de reddition. Nous fîmes un rapide inventaire de notre prise en matériel de combat : huit Springfield, une mitraillette Thompson et un millier de balles environ. De notre côté, nous en avions utilisé approximativement cinq cents. Et puis nous récupérions des cartouchières, du combustible, des couteaux, des vêtements, et un peu de nourriture. Bilan des pertes : du côté ennemi, deux morts, cinq blessés, puis trois prisonniers. Certains avaient pris la fuite en même temps qu'Honorio, le régisseur. Dans nos rangs, pas une égratignure.

Nous achevâmes de mettre le feu aux baraquements des soldats, puis décidâmes de nous retirer, non sans nous être occupés du mieux possible des blessés, dont trois étaient gravement atteints. En quittant les lieux, nous les confiâmes aux soins des soldats prisonniers ; mais, après notre victoire finale, nous avons appris qu'ils avaient succombé à leurs blessures. L'un de ces prisonniers rejoignit un peu plus tard les troupes du commandant Raúl Castro et parvint même au grade de lieutenant ; il mourut dans un accident d'avion, bien après la fin de la guerre.

Notre attitude envers les blessés contrastait toujours avec celle de l'armée, qui non seulement assassinait les nôtres, mais abandonnait les siens. Au fil du temps, cette différence de traitement joua en notre faveur et constitua l'un des facteurs de notre victoire. Cette fois-là, Fidel ordonna, à mon corps défendant, car, en tant que médecin, j'avais toujours à cœur de garder des réserves pour nos troupes, que l'on remette aux prisonniers tous les médicaments qu'il nous restait pour soigner leurs blessés ; c'est ce que nous fîmes. Nous relâchâmes les civils et, à quatre heures trente la nuit du 17, nous mettions le cap sur Palma Mocha, où nous arrivâmes au petit matin, nous enfonçant rapidement dans la forêt, à la recherche des zones les plus sauvages de la Sierra Maestra.

Un spectacle affligeant s'offrit à nos yeux : un caporal et un régisseur avaient annoncé la veille, à tous les habitants, que l'aviation allait bombarder **la région** ; ce qui avait **provoqué** un exode vers la côte **de la quasi-totalité des paysans**. Comme personne n'était au courant de notre présence **dans les parages**, il s'agissait, de toute évidence, d'une manigance entre les régisseurs et la garde rurale pour dépouiller les fermiers de leurs terres et de leurs biens. Mais leur mensonge avait coïncidé avec notre attaque et était de fait devenu réalité, si bien que la terreur se répandit comme une traînée de poudre parmi les paysans et il fut impossible d'enrayer l'exode.

Ce fut la première victoire des armées rebelles ; ce combat et le suivant furent les deux seuls de la vie de nos troupes où le nombre d'armes dont nous disposions dépassait celui des hommes… Les paysans n'étaient pas encore préparés à intégrer notre armée, et la communication avec nos bases dans les villes était presque inexistante.

Le combat d'Arroyo del Infierno

El Arroyo del Infierno [le « ruisseau de l'enfer »] est le nom d'un petit cours d'eau à faible débit qui se déverse dans la rivière Palma Mocha. Après avoir longé ses rives et nous être éloignés de la rivière Palma Mocha, nous avons grimpé les flancs des collines qui le bordent et atteint une petite vallée circulaire dans la montagne où se trouvaient deux modestes cabanes. Là, nous avons établi notre campement et, naturellement, sans occuper les maisons des paysans inhabitées.

Fidel avait calculé que l'armée se lancerait à notre recherche et qu'elle finirait plus ou moins par nous localiser. Il décida de monter à cet endroit l'embuscade qui allait nous servir à capturer quelques soldats ennemis. Il distribua donc les tâches à chacun.

Fidel veillait constamment sur les lignes de défense et parcourait le terrain pour s'assurer de l'efficacité du dispositif. Le 19 janvier au matin se produisit un accident qui aurait pu avoir de graves conséquences. J'avais emporté, en guise de trophée du combat de La Plata, un casque de caporal de l'armée batistienne et j'étais particulièrement fier de le porter. Mais, pour l'inspection des troupes, nous devions sillonner la montagne ; notre avant-garde nous a entendus venir de loin et a aperçu le groupe avec, à sa tête, un homme qui portait un casque. Par chance, à ce moment-là, les hommes nettoyaient leurs armes, et seul le fusil de Camilo Cienfuegos était opérationnel. Sur le coup, il se mit à nous tirer dessus, et comprit aussitôt son erreur ; la première balle partit dans le décor et son fusil automatique se grippa, l'empêchant de continuer. Cet événement montre l'état de tension qui régnait parmi nous, à attendre le combat comme une libération. Ce sont des instants où même ceux qui ont les nerfs solides ressentent un léger tremblement aux genoux, et où tout le monde espère ardemment le moment crucial du début des affrontements. Notre désir n'était pourtant pas de nous battre, loin de là, nous le faisions parce que c'était nécessaire.

À l'aube du 22 janvier, on entendit des coups de feu isolés dans la zone de Palma Mocha ; cela nous incita à renforcer nos lignes de défense, à nous préparer à la bataille et à guetter l'arrivée imminente de la troupe ennemie.

Comme nous pensions que l'adversaire était proche, il n'y eut ni petit déjeuner ni déjeuner. Grâce à Crespo, qui venait de la campagne, nous avions découvert un nid d'œufs de poule dont nous rationnions la consommation, pour toujours en laisser un, comme c'est l'usage, afin que la poule continue à pondre. Ce jour-là, en raison des coups de feu entendus pendant la nuit, Crespo décida que nous devions manger le dernier œuf ; ce que nous fîmes. Il était midi quand nous aperçûmes un visage humain dans l'une des cabanes. Dans un premier temps, nous pensâmes que l'un de nos camarades avait désobéi à l'ordre de ne pas approcher des maisons. Mais il n'en était rien; un des soldats de Batista était en train de visiter les lieux. Six autres apparurent, puis repartirent, trois restant en vue. Nous eûmes tout le loisir d'observer comment le soldat de garde, après avoir jeté un œil à droite et à gauche, arrachait des touffes d'herbe, se les enfonçait dans les oreilles en guise de camouflage sommaire, puis s'installait à l'ombre, tranquillement, sans penser que son visage était clairement visible au viseur télescopique. Le tir de Fidel, qui avait ouvert le feu, le foudroya sur place; il parvint à peine à ouvrir la bouche dans un râlement, comme pour dire : «Ah, bonne mère!», et s'écroula pour ne plus se relever. Les coups de feu se généralisèrent et les deux compagnons de l'infortuné soldat tombèrent à leur tour. Soudain, je découvris que, dans la cabane la plus proche de ma position, un autre soldat tentait de se cacher pour échapper à nos balles. De là où j'étais posté, en hauteur, on n'apercevait que ses jambes, le reste était dissimulé par le toit de la cabane. Je tirai dans sa direction une première fois, et le ratai. La seconde balle l'atteignit à la poitrine; l'homme s'effondra, laissant son fusil planté dans le sol par la baïonnette. Couvert par Crespo, je descendis à la cabane prendre le fusil, les cartouches, ainsi que quelques bricoles utiles, au soldat défunt. Il avait reçu la balle en plein cœur, sa mort avait dû être instantanée; il présentait déjà les premiers symptômes de rigidité cadavérique, certainement à cause de l'épuisement de sa dernière expédition.

Le combat fut d'une extraordinaire rapidité, et nous nous retrouvâmes vite en train de fuir chacun de son côté, ayant atteint les objectifs fixés.

En faisant le point de la situation, nous constatâmes que nous avions utilisé environ neuf cents balles et que nous en avions récupéré à peine soixante-dix d'une cartouchière pleine, ainsi qu'un fusil Garand. Efigenio Ameijeiras* hériterait ensuite de cette arme qui ne le quitterait plus pendant une bonne partie de la guerre. On comptabilisa quatre morts chez l'ennemi ; mais, quelques mois plus tard, nous apprîmes, après la capture d'un mouchard, qu'ils avaient en fait perdu cinq hommes. Ce n'était pas une victoire complète, mais pas non plus une victoire à la Pyrrhus. Nous avions mesuré nos forces avec l'ennemi, dans des conditions inédites, et nous avions surmonté l'épreuve.

Cet exploit nous donna du cœur au ventre et nous permit de passer le reste de la journée à escalader les montagnes les plus inaccessibles pour échapper à la persécution de groupes de l'armée ennemie plus importants. Nous nous retrouvâmes ainsi sur l'autre versant de la montagne, à marcher parallèlement à la troupe de Batista, qui avait également fui, et avait traversé les mêmes sommets pour continuer de l'autre côté. Deux jours durant, nos troupes et celles de l'ennemi progressèrent quasiment ensemble, sans s'en rendre compte. Nous **passâmes même une nuit** dans deux cabanes à peine séparées par une petite rivière comme celle de La Plata, à quelques coudées **les uns des autres**. Le lieutenant qui commandait la patrouille se nommait [Ángel] Sánchez Mosquera. Son nom devint tristement célèbre dans toute la Sierra Maestra **en raison de** ses multiples turpitudes. Il convient d'expliquer que les détonations que nous avions entendues quelques heures avant l'attaque étaient des tirs sur un « pigeon d'Haïtien » qui refusait de conduire l'ennemi jusqu'à notre cachette. S'ils n'avaient pas commis cet assassinat, ils ne nous auraient pas trouvés **autant** sur le qui-vive.

Nous étions de nouveau surchargés, et nombre d'entre nous supportaient avec peine le poids de deux fusils. Dans ces conditions, le chemin n'était pas vraiment une partie de plaisir, mais le moral qui nous animait était bien différent de l'état de déprime dans lequel **nous nous trouvions** après le désastre d'Alegría de Pío. Quelques jours plus tôt, nous avions vaincu un groupe plus petit en nombre, retranché dans une caserne ; à présent, nous mettions en échec une colonne en marche supérieure en nombre à nos forces. Nous pûmes constater à cette occasion l'importance que revêt l'anéantissement de l'avant-garde dans ce type de guerre ; car, sans avant-garde, impossible pour une armée de bouger.

L'attaque aérienne

Après le combat victorieux mené contre les troupes de Sánchez Mosquera, nous avions continué à longer le cours de la rivière de La Plata, traversé la rivière Magdalena, pour regagner cette partie de la région de Caracas que nous connaissions bien. Mais l'atmosphère qui y régnait était très différente de celle que nous avions connue la première fois, quand nous avions trouvé refuge sur cette même colline où tout le monde nous soutenait. À présent, les troupes de Casillas étaient passées par là, semant la terreur. Les paysans avaient fui et ne restaient que des baraques vides et quelques têtes de bétail que nous avons sacrifiées pour nous nourrir. L'expérience prouvait qu'occuper les cabanes des paysans n'était pas une solution. Ce n'était pas correct. Après avoir passé la nuit dans l'une d'elles, à l'écart, nous avons pris le chemin de la montagne et dressé notre campement au bord d'un point d'eau, tout près du sommet de la colline, à Caracas.

C'est à ce moment-là que Manuel Fajardo vint me voir pour me demander s'il était envisageable que nous perdions la guerre. Notre réponse, indépendamment de l'euphorie d'une victoire, était toujours la même : la guerre, c'était incontestable, nous allions la gagner. Il m'expliqua alors qu'il m'avait posé cette question parce que Morán, le Galicien, avait prétendu que remporter cette guerre était impossible, que c'était perdu d'avance, et lui avait conseillé d'abandonner la campagne. J'ai voulu porter ces faits à la connaissance de Fidel Castro mais on m'avait devancé. Effectivement, en prévision, Morán l'avait déjà informé qu'il se livrait à des expériences pour sonder le moral des troupes. Nous sommes convenus que ce système n'était pas le mieux approprié à la situation, et Fidel a prononcé un petit sermon, insistant sur la nécessité d'une plus grande discipline et expliquant les dangers qui pouvaient découler d'un manquement à cette dernière. Trois délits, annonça-t-il, seraient passibles de la peine de mort : l'insubordination, la désertion et le défaitisme.

Ces jours-là, l'ambiance ne fut guère à la joie et à la bonne humeur. La colonne, dont l'esprit n'était pas encore forgé par la lutte, ni motivé par une conscience idéologique claire, ne parvenait pas à se consolider. Jour après jour, et l'un après l'autre, nos camarades finissaient par partir ; ils demandaient à assumer des fonctions en ville, où le risque était parfois plus grand. Mais, ce qu'ils voulaient avant tout, c'était fuir les conditions difficiles du maquis. La vie de la campagne poursuivait néanmoins son cours ; Morán, le Galicien, faisait preuve d'une activité frénétique pour trouver de la nourriture, ou pour nouer des contacts avec les paysans des environs.

C'est dans un tel contexte que nous nous trouvions le 30 janvier au matin. Eutimio Guerra, le traître, avait demandé quelques jours plus tôt l'autorisation de rendre visite à sa mère malade. Fidel la lui avait accordée, lui donnant même un peu d'argent pour l'occasion. Selon lui, le voyage devait durer quelques semaines. Nous n'avions pas encore pris conscience d'une série d'événements qui furent éclaircis par le comportement ultérieur de cet individu. Rebroussant chemin, Eutimio avait prétendu qu'il se trouvait dans les parages de Palma Mocha lorsqu'il avait appris que les forces du gouvernement étaient à notre poursuite ; il avait alors fait demi-tour pour nous avertir, mais n'avait trouvé que des cadavres de soldats dans la cabane de Delfín, l'un des paysans sur les terres duquel le combat d'Arroyo del Infierno avait eu lieu. Il avait alors suivi nos traces à travers la Sierra Maestra jusqu'à tomber sur nous. En réalité, la vérité était tout autre : cet homme avait été fait prisonnier et travaillait comme agent de l'ennemi, qui lui avait promis, en contrepartie de l'assassinat de Fidel, une récompense et un grade dans l'armée.

Suivant son plan, Eutimio avait de nouveau quitté notre campement la veille. C'est au réveil, le lendemain matin, après une nuit glaciale, que nous avons commencé à percevoir le vrombissement des avions. Nous étions en pleine jungle de montagne, et il nous était donc impossible de les localiser. Le réchaud où cuisait la nourriture se trouvait à deux cents mètres en contrebas, près d'un des points d'eau, là où **campait** la pointe de notre avant-garde. Soudain, on entendit un avion piquer, le crachement d'une mitrailleuse et, une fraction de seconde plus tard, le fracas des bombes. Cette situation était inédite, nous n'y étions pas préparés, et les tirs fusaient de tous les côtés. Les balles de calibre 50 explosaient au contact du sol et on avait l'impression, lorsqu'elles nous frôlaient, que les tirs provenaient de la montagne elle-même ; les mitrailleuses crachant leurs projectiles continuaient pourtant à crépiter dans l'air. Mais l'idée qu'il puisse s'agir également d'une attaque terrestre nous vint à l'esprit.

Mission me fut confiée d'attendre les hommes de l'avant-garde et de récupérer le matériel que nous avions abandonné, surpris par l'attaque aérienne. Le point de rencontre était la Caverne del Humo [« de la fumée »]. J'étais alors assisté de Chao, un vétéran de la guerre civile espagnole. Nous avons attendu quelques instants l'arrivée de nos camarades disparus, mais nul n'est venu. Nous sommes partis sur les traces de la colonne, en suivant une piste imprécise, chargés comme des mulets, au point que nous dûmes nous résoudre à nous asseoir un moment dans une clairière, pour souffler un peu. Au bout d'un court instant, nous avons entendu du bruit et perçu des mouvements ; c'étaient Guillermo García* – devenu depuis commandant – et Sergio Acuña. Membres du détachement d'avant-garde, ils tentaient de nous rejoindre en suivant la même piste aléatoire. Après nous être concertés, nous décidâmes, Guillermo García et moi-même, de retourner au campement voir ce qui s'y passait, les bruits s'étant tus. Les avions avaient disparu. Une scène de désolation s'offrit à nous : le réchaud avait été la cible de tirs d'une rare précision ; événement qui, par bonheur, ne se reproduisit plus au cours de cette guerre. La mitraille avait fait voler le fourneau en morceaux et une bombe avait explosé exactement au centre du campement de notre avant-garde ; **fort heureusement, après le départ de nos hommes**. Morán était parti avec un compagnon explorer les environs, mais il était revenu seul, annonçant qu'il avait aperçu les avions au loin, au nombre de cinq, et qu'en outre aucune troupe ne rôdait dans les parages. Nous continuâmes à avancer, courbés tous les cinq sous le poids de nos sacs, au milieu du spectacle accablant des cabanes de nos anciens amis, parties en fumée. Dans l'une d'entre elles, seuls rescapés du désastre, nous trouvâmes un chat qui, en nous voyant, émit un miaulement de lamentation et un cochon qui, alerté par notre présence, sortit en grognant. De la Caverne del Humo, nous connaissions le nom, mais ignorions où elle se trouvait exactement. Nous passâmes ainsi la nuit dans l'incertitude, espérant voir enfin nos camarades, mais craignant de tomber sur l'ennemi.

Le 31, nous prîmes position sur les hauteurs d'une colline dominant des champs cultivés, sur laquelle nous pensions trouver la Caverne del Humo. Quelques patrouilles de reconnaissance plus tard, nous n'avions toujours rien découvert. Sergio crut apercevoir deux hommes portant des casquettes de base-ball, mais il tarda à nous prévenir ; et les deux hommes s'étaient envolés. Nous partîmes, avec Guillermo, explorer la vallée, le lit de la rivière Ají, où un ami de Guillermo nous offrit un peu de nourriture. Cet ami nous apprit que les habitants du village étaient effrayés car les soldats avaient fait main basse sur la totalité des denrées de l'épicerie et avaient tout brûlé. Les mules avaient été réquisitionnées, et le muletier, exécuté. Ils avaient incendié l'épicerie de Ciro Frías et enlevé sa femme. Les auteurs de ces crimes, sous les ordres du colonel Casillas, hébergé pour la nuit dans le coin, avaient agi dès les premières lueurs du jour.

Le 1er février, épuisés par les marches des jours précédents, nous n'avons pas quitté notre petit campement, installé quasiment en plein air. À onze heures du matin, on entendit des détonations provenant de l'autre versant de la colline, suivies, quelques minutes plus tard, par des plaintes, comme si quelqu'un demandait de l'aide. Tout cela joua, semble-t-il, sur les nerfs de Sergio Acuña, qui abandonna sans bruit son fusil et sa cartouchière et déserta le poste de garde qui lui avait été confié. Nous avons inscrit dans notre journal de campagne ce qu'il avait emporté : un chapeau de paysan, une boîte de lait concentré et trois chorizos. Sur le moment, ce furent surtout le lait concentré et les saucissons que nous regrettâmes le plus. Quelques heures plus tard, nous entendîmes du bruit et, ignorant si le déserteur nous avait dénoncés, nous nous préparâmes à riposter. Mais Crescencio apparut à la tête d'une importante colonne constituée par la quasi-totalité de nos hommes et une nouvelle équipe qui venait de Manzanillo, sous les ordres de Roberto Pesant. Chez les nôtres, il manquait Sergio Acuña, le déserteur, et les camarades Calixto Morales, Calixto García et Manuel Acuña, plus une nouvelle recrue qui s'était perdue au cours de la fusillade du premier jour.

Nous redescendîmes dans la vallée de l'Ají et, chemin faisant, nous partageâmes les affaires apportées par le groupe de Manzanillo. Il y avait même du matériel chirurgical et du linge de rechange pour tout le monde. Nous fûmes très touchés de recevoir, en ces circonstances, des vêtements avec des initiales brodées par les jeunes filles de Manzanillo. Le lendemain, 2 février, cela faisait deux mois, jour pour jour, que le débarquement du *Granma* s'était produit, nous étions à nouveau un groupe homogène. La dizaine d'hommes de Manzanillo qui nous avait rejoints nous avait donné du baume au cœur, nous nous sentions plus forts et plus valeureux que jamais. Nous avons beaucoup parlé des conditions dans lesquelles nous nous étions laissé surprendre par l'attaque aérienne et nous sommes tous tombés d'accord sur le rôle qu'avaient joué le fourneau et la fumée qui s'en dégageait en guidant les avions jusqu'à nous. Pendant des mois, et peut-être même durant toute la guerre, les souvenirs de cette attaque ont pesé sur le moral des troupes ; et, de peur que l'incident ne se reproduise, nous n'avons plus jamais fait de feu à l'air libre en plein jour.

Nul n'aurait cru possible, et je pense que cela n'avait traversé l'esprit d'aucun d'entre nous, qu'à bord de l'avion envoyé en repérage pour informer Casillas de l'endroit exact de notre campement se trouvait celui que nous appelions le mouchard, le traître Eutimio Guerra. Pourtant, c'était bien lui. La maladie de sa mère n'avait été qu'un prétexte pour quitter le camp et partir retrouver l'assassin Casillas.

Malheureusement, Eutimio Guerra joua encore longtemps un rôle néfaste dans le déroulement de notre guerre de libération.

Surprise sur Los Altos de Espinosa

Après la surprise aérienne relatée précédemment, nous abandonnâmes la colline de Caracas, tentant de retourner sur nos pas à la rencontre de territoires familiers, d'où nous pourrions maintenir un contact direct avec la ville de Manzanillo, recevoir davantage d'aide extérieure et avoir une vision plus concrète de la situation du reste du pays.

Nous rebroussâmes donc chemin, traversant à nouveau la rivière Ají, parcourant des régions qui n'avaient plus de secret pour nous, jusqu'à la cabane du vieux Mendoza. Sur les sentiers en bord de crête, dans ces collines que l'homme n'arpentait plus depuis des années, nous devions nous frayer un chemin à coups de machette ; ce qui ralentissait considérablement notre progression. Nous passâmes la nuit sur l'un de ces sommets, pratiquement sans manger. Je me souviens encore, comme l'un des meilleurs festins de ma vie, de ce moment où le paysan Crespo s'est présenté à nous avec une boîte contenant quatre saucisses, reste de ses anciennes réserves, en disant que c'était pour les amis. Fidel, le paysan, quelques autres camarades et moi-même avons savouré cette maigre ration comme s'il s'était agi d'un somptueux banquet. Puis nous reprîmes notre route jusqu'à la maison du vieux Mendoza, à droite de Caracas, où celui-ci nous préparerait quelque chose à manger. Par devoir d'amitié envers Crescencio Pérez ou d'autres paysans qui faisaient partie de la troupe, et malgré la crainte de se faire prendre, le vieux Mendoza nous ouvrait toujours sa porte quand nous passions par là, nous recevant avec l'hospitalité sincère des gens de la campagne.

Cette marche me fut particulièrement pénible car une attaque de paludisme me fit perdre mes forces ; et c'est à Crespo et à l'inoubliable camarade Julio Zenón Acosta* que je dois le soutien qui me permit de venir à bout de ce terrible périple. En arrivant sur place, nous n'occupions jamais les maisons abandonnées ; mais mon état et celui du fameux Morán, qui trouvait toujours une occasion de tomber malade, étaient si critiques qu'on nous envoya dormir sous un toit pendant que la troupe surveillait les alentours, se joignant à nous seulement pour le repas.

Il devenait pressant de remettre un peu d'ordre dans la **guérilla**. Certains camarades étaient déprimés, d'autres sérieusement blessés, comme Ramiro Valdés, aujourd'hui ministre de l'Intérieur, et Ignacio Pérez, l'un des fils de Crescencio, mort depuis au champ d'honneur avec le grade de capitaine. Ramirito avait reçu un violent coup au genou ; genou qui souffrait déjà de graves blessures depuis l'attaque de la caserne Moncada ; si bien que nous n'eûmes d'autre choix que de le laisser sur place. D'autres garçons quittèrent le groupe ; la troupe gagna davantage dans leur départ qu'elle n'y perdit. Je me souviens de l'un d'eux qui avait été pris d'une crise de nerfs et s'était mis à crier, dans la solitude de la montagne et en pleine guérilla, qu'on lui avait parlé d'un campement avec une nourriture abondante et une défense antiaérienne, et qu'au lieu de cela il était traqué par les avions, n'avait pas d'endroit où dormir au sec, rien à se mettre sous la dent, ni même de quoi boire. C'était plus ou moins l'impression de tous les combattants les premiers jours de guérilla. Mais ceux qui résistaient aux premières épreuves s'habitueraient ensuite à la saleté, au manque d'eau, de nourriture, de toit, de sécurité, et à ne vivre qu'en se fiant à leur fusil et protégés par la cohésion et la résistance du petit noyau guérillero.

Ciro Frías, accompagné de camarades tout juste ralliés à la guérilla, vint porteur d'une série de nouvelles qui aujourd'hui nous font sourire, mais qui, à l'époque, nous avaient plongés dans la plus grande confusion : Díaz Tamayo[1] était sur le point de faire volte-face et de « négocier » avec les forces révolutionnaires ; Faustino avait pu collecter des milliers et des milliers de pesos ; enfin, tout le pays était en proie aux actes de sabotage, et le gouvernement, au bord du chaos. Puis une nouvelle triste mais riche d'enseignements : Sergio Acuña, qui avait déserté quelques jours plus tôt, avait trouvé refuge chez des parents à lui et s'était mis à raconter à ses cousines ses exploits de guérillero. Mais elles n'avaient pas été les seules à assister au récit, un certain Pedro Her-

1. Martín Díaz Tamayo, officier de l'armée qui seconda le coup d'État du 10 mars 1952, fut promu général de brigade par Batista, qui le nomma ensuite inspecteur général de l'armée, poste où il s'enrichit considérablement. Ce fut lui qui, après l'attaque de la Moncada, apporta l'ordre du dictateur de massacrer les survivants. (NdT)

rera avait lui aussi écouté d'une oreille attentive, puis s'était empressé d'aller le dénoncer à l'armée, ramenant avec lui le caporal Roselló[1]. Ce dernier avait torturé le déserteur avant de l'achever de quatre balles et, semble-t-il, de le pendre. Ce fut, pour la troupe, une leçon sur la valeur de la cohésion du groupe et sur l'absurdité de tenter d'échapper au destin collectif; mais, de surcroît, cela nous mettait devant l'évidente nécessité de changer rapidement de base puisque le déserteur avait sans doute parlé avant d'être occis. Et il connaissait la cabane de Florentino où nous nous trouvions.

À cet instant-là, un fait étrange nous revint en mémoire. Ce n'est que plus tard, par recoupements, que nous comprîmes qu'il n'était pas dû au hasard. Eutimio Guerra avait prétendu avoir rêvé de la mort de Sergio Acuña; il avait, de plus, précisé que le caporal Roselló était l'auteur du meurtre. Cette bizarrerie avait suscité une longue discussion philosophique autour du thème de la prédiction des événements par le rêve. Me lancer dans des exposés de type culturel ou politique faisait partie de mes tâches quotidiennes au sein de la troupe; **je tentai donc d'expliquer** qu'il s'agissait probablement d'une coïncidence extraordinaire, et que, d'autre part, nous savions tous que ce dénouement était prévisible, Roselló étant l'homme qui ravageait la région, etc. Universo Sánchez nous mit pourtant sur la voie en disant qu'on lui avait rapporté qu'Eutimio était un « contrebandier » puisqu'il était sorti la veille et était revenu avec une cinquantaine de boîtes de lait et une lampe de

1. L'identité de l'assassin n'a pas été confirmée. Note de l'auteur (NdA).

poche militaire. L'un des hommes qui insistaient le plus sur la thèse de l'illumination était un paysan analphabète de quarante-cinq ans dont j'ai déjà parlé : Julio Zenón Acosta. Il fut mon premier élève dans la Sierra et faisait de grands efforts pour apprendre à lire ; lorsque nous faisions halte pour nous reposer, je lui enseignais les premières lettres de l'alphabet. Nous en étions à l'étape du déchiffrement du A, du O, du E et du I. À force de volonté, et sans penser au temps perdu mais à celui qu'il avait encore devant lui, Julio Zenón s'attelait à la tâche. Son exemple aurait peut-être pu servir à bon nombre de paysans, parmi ses compagnons de guerre de cette année-là, originaires comme lui de cette région, ou encore à tous ceux qui connaîtraient son histoire. Car il fut l'un des meilleurs camarades de l'époque. C'était un homme infatigable, un de ceux qui connaissaient le mieux la région. C'était le camarade qui aidait toujours le combattant en détresse, la recrue de la ville qui n'avait pas encore assez de pratique et d'endurance pour se tirer seule d'embarras. C'était celui qui n'hésitait pas à parcourir des kilomètres pour chercher de l'eau pour ses compagnons, celui qui allumait un feu du premier coup, celui qui trouvait le petit bois sec nécessaire pour le faire démarrer, même les jours de pluie ; enfin, c'était l'homme-orchestre de cette épopée.

Une nuit, Eutimio avait demandé à Fidel s'il pouvait lui emprunter une couverture, puisqu'il n'en avait pas. Au sommet des collines, ce mois de février là, il faisait froid. Fidel lui avait répondu que, s'il la lui prêtait, ils risquaient de mourir de froid tous les deux ; il valait mieux qu'ils dorment ensemble sous les couvertures, auxquelles ils ajouteraient leurs deux manteaux.

Eutimio Guerra passa donc cette nuit-là en compagnie de Fidel, muni d'un pistolet de calibre 45 confié par Casillas pour le tuer, et d'une paire de grenades dont il devait se servir pour couvrir sa fuite jusqu'au pied de la colline. D'un air innocent, il nous avait aussi interrogés, Universo Sánchez et moi, qui étions à cette époque toujours aux côtés de Fidel, **sur les postes de garde**. Il nous avait dit : «Les postes de garde sont décisifs ; il faut toujours prévoir le pire.» Nous lui avions alors expliqué que trois hommes montaient la garde tout près de là ; nous-mêmes, les vétérans du *Granma* et hommes de confiance de Fidel, nous nous relayions toutes les nuits pour veiller sur sa sécurité. Eutimio passa donc la nuit aux côtés du chef de la révolution, tenant sa vie au bout de son arme, guettant l'occasion pour l'assassiner ; et, heureusement, il n'osa pas franchir le pas. Cette nuit-là, une bonne partie de la révolution de Cuba fut suspendue aux sombres oscillations psychologiques d'un traître, tiraillé entre le courage et la peur, voire la terreur, ou peut-être entre les scrupules et l'ambition ou encore l'appât du gain. Par chance, la part des facteurs d'inhibition l'emporta et le jour suivant se leva sans qu'il ait osé passer à l'acte.

Nous avions quitté la maison de Florentino et campions dans le lit d'un ruisseau à sec. Ciro Frías était retourné chez lui, tout près de là, et nous avait rapporté des poules et un peu de nourriture. Une longue nuit de pluie, endurée quasiment sans imperméable, se voyait compensée au matin par un bouillon chaud et quelque subsistance. Le bruit courut qu'Eutimio était également dans les parages. Eutimio allait et venait, c'était un homme de confiance. Il était venu nous retrouver dans la cabane de Florentino et nous avait alors expliqué que, après avoir rendu visite à sa mère malade, il avait assisté impuissant aux événements de Caracas et avait suivi nos traces pour nous rejoindre. Sa maman allait mieux. Il avait un culot extraordinaire : nous nous trouvions dans un endroit appelé Los Altos de Espinosa, tout près del Burro [« l'Âne »], colline de la chaîne El Lomón, à Caracas, que les avions mitraillaient sans relâche. Et Eutimio, prenant l'air d'un grand prédicateur, nous dit : « Je vous avais prévenus qu'aujourd'hui ils canarderaient la colline del Burro. » Les avions s'acharnaient sur la colline del Burro, et lui sautait de joie, tout content d'avoir eu raison.

Le 9 février 1957, Ciro Frías et Luis Crespo partirent, comme d'habitude, explorer les environs en quête de nourriture. Tout était calme. Lorsque, à dix heures du matin, une jeune recrue, un paysan du nom de Labrada, captura un homme qui rôdait dans le coin. C'était un parent de Crescencio qui travaillait dans le magasin de Celestino où se trouvait la troupe de Casillas. Il nous apprit que cette troupe comptait cent quarante soldats. Depuis notre position, nous pouvions effectivement les apercevoir au loin, sur une hauteur dégagée. En outre, le prisonnier nous rapporta qu'il s'était entretenu avec Eutimio ; celui-ci l'avait prévenu que, le lendemain, la zone serait bombardée. Les troupes de Casillas se déplaçaient sans que l'on puisse deviner quelles étaient leurs intentions. Fidel commença à se douter de quelque chose ; nous prenions enfin conscience de l'étrange conduite d'Eutimio. Les spéculations commencèrent.

L'après-midi, à une heure et demie, Fidel décida d'abandonner les lieux et de grimper au sommet de la colline, où nous attendîmes les camarades partis en exploration. Peu de temps après, Ciro Frías et Luis Crespo nous rejoignirent ; ils n'avaient rien vu d'étrange, tout était normal. Nous étions en pleine conversation lorsque Ciro Redondo* crut voir une ombre bouger ; il réclama le silence et arma son fusil. Soudain un coup de feu retentit, suivi d'une rafale de balles. Aussitôt l'air s'emplit de détonations et d'explosions. L'attaque se concentrait sur l'endroit où nous campions quelques minutes plus tôt. Le champ fut abandonné à la hâte. J'appris plus tard que Julio Zenón Acosta était resté pour toujours sur les hauteurs de cette colline. Le paysan inculte, l'agriculteur analphabète qui revendiquait les énormes tâches que la révolution aurait à accomplir après sa victoire, et qui s'y préparait en apprenant à lire, ce paysan ne pourrait pas aller au bout de son rêve. Nous nous sommes dispersés de tous les côtés. Mon sac à dos plein de médicaments, de nourriture de réserve, de livres et de couvertures ; ce sac qui faisait ma fierté resta sur place. Je parvins de justesse à saisir une couverture de l'armée batistienne, trophée du combat de La Plata, et à m'enfuir en l'emportant sous le bras.

Certains d'entre nous se retrouvèrent un peu plus loin : il y avait Almeida, Julito Díaz, Universo Sánchez, Camilo Cienfuegos, Guillermo García, Ciro Frías, Motolá, Pesant, Emilio Labrada, Yao et moi[1]. Ignorant le sort de nos compagnons, nous avons pris un chemin oblique pour échapper à la fusillade. Derrière nous claquaient les coups de feu isolés des soldats qui nous pre-

1. Un autre camarade faisait partie du groupe, mais son nom m'échappe. (NdA)

naient en chasse ; entraînés dans une course-poursuite, nous n'avions guère le temps d'effacer nos traces ; ils n'avaient aucun mal à nous suivre.

Ma montre indiquait cinq heures et quart quand nous sommes arrivés dans un lieu sauvage, au pied de la montagne. Après quelques hésitations, nous avons décidé qu'il valait mieux attendre la nuit à cet endroit. Si nous traversions la plaine à la lumière du jour, nous serions des cibles faciles ; et s'ils nous retrouvaient en suivant nos traces, notre position nous permettrait de nous défendre. Par chance, nul ennemi n'est apparu, et nous avons pu poursuivre notre route, guidés de manière approximative par Ciro Frías qui connaissait la région. Certains proposèrent de se diviser en deux patrouilles pour alléger la marche et rendre notre poursuite plus difficile ; mais Almeida et moi nous opposâmes à ce projet afin de conserver l'intégrité du groupe. L'endroit où nous nous trouvions s'appelait Limones [« Citrons »], il nous était familier ; des camarades suggérèrent de s'éloigner, mais Almeida, qui avait pris la tête du groupe en raison de son grade de capitaine, ordonna de continuer jusqu'à El Lomón, lieu de rendez-vous fixé par Fidel. On lui rétorqua qu'Eutimio connaissait El Lomón ; on pouvait donc craindre que l'armée nous y attende. Nous n'avions plus aucun doute sur le fait qu'Eutimio était le traître, mais Almeida décida néanmoins de suivre les ordres donnés par Fidel.

Le 12 février, après trois jours de séparation, nous avons rejoint Fidel à un endroit appelé Derecha de la Caridad [« Droite de la Charité »], près d'El Lomón. Là, nous eûmes la confirmation qu'Eutimio et le traître ne faisaient qu'un ; et l'on nous révéla toute l'histoire de sa forfaiture. Elle commençait au moment où, après la victoire de La Plata, Eutimio avait été arrêté par Casillas, lequel, au lieu de l'exécuter, lui avait offert une somme d'argent considérable pour assassiner Fidel. Nous apprîmes que c'était lui qui avait dévoilé à l'ennemi notre position à Caracas, lui, précisément, qui avait donné l'ordre à l'aviation de mitrailler la colline del Burro parce que c'était notre itinéraire (nous en avions changé à la dernière minute), et encore lui qui avait organisé l'attaque ciblée sur la petite fosse où nous avions trouvé refuge, au creux de la rivière. Heureusement, grâce à l'ordre de retraite donné par Fidel, nous n'avions eu à déplorer qu'une seule perte. Mais nous eûmes la tristesse d'apprendre aussi la mort de Julio Zenón Acosta. En revanche, un soldat au moins avait été tué, et d'autres blessés, pensait-on. Je dois avouer je ne pouvais guère revendiquer un quelconque rôle dans ce tableau de chasse ; mon action lors de cette rencontre s'étant limitée à une « retraite stratégique » à tire-d'aile. Nous étions donc de nouveau réunis, les douze hommes de notre groupe, à l'exception de Labrada qui s'était égaré la veille, plus les hommes qui accompagnaient Fidel : Raúl, Ameijeiras, Ciro Redondo, Manuel Fajardo, Echevarría, et Morán le Galicien. Au total dix-huit personnes ; c'était l'« armée révolutionnaire réunifiée » du 12 février 1957. Certains compagnons s'étaient dispersés ; d'autres, récemment recrutés, en avaient profité pour abandonner la guérilla, et nous avions perdu l'un des vétérans du *Granma*, Armando Rodríguez, qui portait toujours avec lui sa mitraillette Thompson. Les derniers jours, une grimace d'épouvante figeait ses traits quand il entendait des coups de feu, même relativement éloignés, autour de nos positions, au point que nous avions baptisé cette expression : « la grimace de l'encerclé ». Chaque fois que le visage d'un de nos hommes se crispait, et prenait l'expression d'un animal terrorisé comme celui de notre ancien compagnon la veille de l'attaque de Los Altos de Espinosa, nous pouvions pronostiquer que les choses finiraient mal. La grimace de l'encerclé était incompatible avec la vie de guérillero. « Grimace de l'encerclé » avait fini par passer la troisième vitesse, comme on disait dans notre nouveau langage guérillero, et déguerpir ; sa mitraillette a été retrouvée, longtemps après et loin de là, dans une baraque de paysan. Ses jambes lui avaient été bien plus utiles.

La fin d'un traître

Ce petit groupe réuni, nous décidâmes de quitter les collines d'El Lomón pour nous diriger vers de nouvelles régions. Sur le chemin, nous entrions en contact avec les paysans locaux et établissions les bases indispensables à notre subsistance. Peu à peu, nous nous éloignâmes de la Sierra Maestra pour gagner la plaine, où nous devions rencontrer les gens qui s'occupaient de l'organisation du Mouvement dans les villes.

Nous passâmes par un village du nom de La Montería pour rejoindre la ferme d'Epifanio Díaz, un paysan dont les enfants militaient au sein de la révolution. Cette ferme était située dans un massif rocheux, près d'un ruisseau où nous dressâmes notre camp.

Nous nous rapprochions de la ville pour pouvoir établir un contact plus étroit avec le reste du Mouvement ; notre vie nomade et clandestine rendant tout échange entre les deux parties du Mouvement 26-Juillet impossible.

Dans la pratique, nous étions divisés en deux groupes, avec des stratégies différentes. Les profondes divisions qui, des mois plus tard, mettraient en danger l'unité du

Mouvement ne s'étaient pas encore produites, mais on sentait déjà que les conceptions divergeaient.

Les plus grandes figures du Mouvement en ville nous rendirent visite dans cette ferme ; parmi elles, trois femmes aujourd'hui connues de tout le peuple cubain : Vilma Espín*, présidente actuelle de la Fédération des femmes et compagne de Raúl ; Haydée Santamaría*, présidente de la Casa de las Américas et compagne d'Armando Hart* ; et Celia Sánchez*, notre chère partenaire de tous les moments de lutte, qui, plus tard, s'enrôla définitivement dans la guérilla pour ne plus nous quitter. Faustino Pérez, un de nos vieux camarades de l'épopée du *Granma*, qui était parti en ville accomplir certaines missions, vint également nous faire part de ses informations, avant de retourner à son travail urbain. (Il fut arrêté peu de temps après.)

En outre, nous fîmes connaissance d'Armando Hart ; ce fut aussi, pour moi, la seule opportunité que j'eus de fréquenter le grand dirigeant du Mouvement à Santiago, Frank País*.

Frank País faisait partie des hommes qui s'imposent dès la première rencontre ; il ressemblait à peu près aux photos que l'on montre aujourd'hui, mais il avait surtout des yeux d'une extraordinaire profondeur.

Il est difficile de se référer à un compagnon désormais décédé, que l'on n'a vu qu'une seule fois et dont l'histoire appartient au peuple. La seule chose que je pourrais dire de lui, c'est qu'on lisait tout de suite dans son regard que cet homme était possédé par une cause, qu'il avait foi en elle. Il émanait de lui une force incontestable, c'était un homme au-dessus des autres. On l'appelle aujourd'hui « l'inoubliable Frank País » ; pour moi qui ne l'ai vu qu'une fois, c'est l'effet qu'il m'a fait. Frank est l'un parmi tant d'autres de nos camarades dont la vie, fauchée à la fleur de l'âge, serait aujourd'hui consacrée à l'action commune de la révolution socialiste. Cela fait partie du lourd tribut que le peuple cubain a dû verser pour conquérir sa liberté.

Par son seul exemple, sans mot dire, il nous donna une leçon d'ordre et de discipline, nettoyant nos fusils encrassés, comptant les balles et les rangeant pour qu'elles ne se perdent pas. Depuis ce jour, je me suis fait la promesse de veiller davantage sur mon arme (et je l'ai remplie, bien que je ne puisse affirmer être un modèle de méticulosité).

Ce petit bout de rocher fut aussi le théâtre d'autres événements. Pour la première fois, un journaliste vînt nous rendre visite, et ce journaliste venait de l'étranger. Il s'agissait du célèbre [Herbert] Matthews, qui, pour l'entretien, avait apporté avec lui un appareil photo de poche, avec lequel il prit des clichés diffusés ensuite à travers le monde, **en raison de la controverse alimentée** par les réactions stupides d'un ministre de Batista. Le traducteur était à cette époque Javier Pazos, qui s'enrôla ensuite dans les guérillas où il séjourna quelque temps.

Matthews, d'après ce que me relata Fidel, car je n'assistai pas à cet entretien, ne posa guère de questions captieuses, mais concrètes ; il se montrait comme un sympathisant de la révolution. Je me souviens des commentaires de Fidel racontant comment il avait répondu affirmativement à la question du journaliste qui demandait s'il se considérait comme anti-impérialiste et la manière dont il avait refusé de remettre ses armes à Batista, lui objectant qu'entre ses mains celles-ci ne serviraient pas à la défense intercontinentale, mais seulement à réprimer le peuple.

La visite de Matthews fut naturellement de courte durée. Nous nous sommes retrouvés seuls ; nous étions prêts à repartir. On nous avertit cependant qu'il fallait redoubler de vigilance, Eutimio rôdait dans les parages. Almeida fut rapidement chargé de partir à sa recherche. Julito Díaz, Ciro Frías, Camilo Cienfuegos et Efigenio Ameijeiras complétaient maintenant sa patrouille. Ce fut à Ciro Frías que revint concrètement la tâche de le capturer, ce qui ne fut pas très compliqué, et il l'amena devant nous. On trouva sur le traître un pistolet 45, trois grenades et un sauf-conduit établi de la main de Casillas. Se voyant prisonnier et pris en possession de toutes ces armes, il n'eut aucun doute sur son sort. Il tomba alors à genoux devant Fidel et demanda simplement qu'on le tue. Il annonça qu'il savait qu'il méritait la mort. En cet instant, il me parut soudain plus vieux ; des cheveux gris recouvraient ses tempes, chose que je n'avais pas remarquée auparavant. C'était un moment de tension inouï. Fidel le blâma sévèrement pour sa trahison ; tandis qu'Eutimio, qui reconnaissait ses fautes, voulait juste en finir. Tous ceux qui ont assisté à la scène gardent encore en mémoire le moment où Ciro Frías, le parrain de son fils, s'est adressé à lui, lui rappelant tout ce qu'il avait fait pour lui, les services que lui-même et son frère avaient rendus à la famille d'Eutimio, et comment **celui-ci** les avait remerciés en les trahissant, d'abord en faisant tuer le frère de Frías – après l'avoir dénoncé aux soldats qui l'avaient ensuite assassiné –, puis en manœuvrant pour faire exterminer tout le groupe. Sa condamnation, qu'Eutimio écouta en silence, tête baissée, fut longue et pathétique. On lui demanda s'il avait un dernier souhait ; il répondit que oui : il voulait que la révolution, ou plutôt nous, les combattants de la révolution, prenions soin de ses enfants.

La révolution tint sa promesse. Le nom d'Eutimio Guerra ressurgit aujourd'hui à la lumière de ces notes, mais il est oublié peut-être même par ses enfants. Ceux-ci sont inscrits sous un nom d'emprunt dans une des nombreuses écoles du pays et sont traités de la même façon que tous les enfants du peuple, se préparant à une vie meilleure. Mais, un jour, ils devront savoir que leur père fut exécuté par le pouvoir révolutionnaire en raison de sa trahison. Il est juste qu'ils apprennent que ce paysan qui se laissa tenter par la corruption et s'efforça de commettre une félonie, guidé par le désir de gloire et la cupidité, a non seulement reconnu ses fautes, ne s'est pas abaissé à implorer une clémence qu'il savait ne pas mériter, mais a dédié ses dernières pensées à ses enfants, requérant pour eux la sollicitude et la bienveillance de notre chef.

À ce moment-là, une violente tempête se leva, obscurcissant le ciel : des trombes d'eau se déversèrent, des éclairs déchirèrent l'atmosphère, et le grondement du tonnerre retentit. Ce fut sous un éclair de foudre et le coup de tonnerre qui lui fit écho que s'acheva la vie d'Eutimio Guerra, sans que les camarades présents entendent la détonation qui lui fut fatale.

Le lendemain, nous l'avons enterré à l'endroit même où il avait été exécuté. Mais je me souviens d'un petit incident qui se produisit alors. Manuel Fajardo voulut mettre une croix sur sa tombe ; je m'y opposai, car je pensais qu'il était très dangereux pour les propriétaires de la ferme de laisser là un témoignage de l'exécution. Il grava alors, sur un des arbres proches, une petite croix. Cette petite croix est donc le signe qui indique où sont enterrés les restes du traître.

Morán, le Galicien, profita de ce répit pour prendre congé. Il savait le peu de sympathie que nous éprouvions à son égard ; et surtout nous le considérions tous comme un déserteur en puissance (il avait disparu deux ou trois jours sous prétexte de prendre Eutimio en chasse, et s'était perdu dans la montagne).

Au moment où nous nous apprêtions à partir, un coup de feu éclata ; et nous retrouvâmes Morán, la jambe transpercée d'une balle. Les camarades qui se trouvaient non loin de là soutinrent, au cours de discussions envenimées, pour certains que c'était une balle perdue, pour les autres que Morán s'était lui-même tiré une balle dans la jambe pour rester avec nous.

L'histoire postérieure de Morán, qui s'achèvera par sa trahison et sa mort de la main même des révolutionnaires de Guantánamo, donne plutôt raisons aux tenants de la seconde version.

En partant, Frank País promit d'envoyer des hommes dès les premiers jours de mars, le point de rencontre serait la maison d'Epifanio Díaz, dans la région du Jíbaro.

Jours amers

Les jours qui suivirent notre départ de la ferme d'Epifanio Díaz représentent, pour moi, la période la plus éprouvante de cette guerre. Ces notes ont pour dessein de donner une idée de ce qu'endurèrent tous les combattants de la première partie de notre lutte révolutionnaire. Si, dans cet épisode de souvenirs, je dois privilégier les références aux événements que j'ai personnellement vécus, c'est pour respecter l'enchaînement des épisodes ; il m'était en effet impossible de les dissocier sans entamer l'unité du récit.

Lorsque nous prîmes congé d'Epifanio, notre groupe révolutionnaire se composait de dix-sept hommes de l'armée d'origine et de trois nouveaux compagnons : Gil, Sotolongo et Raúl Díaz. Ces trois derniers étaient arrivés sur le *Granma*, s'étaient cachés pendant un certain temps dans les environs de Manzanillo et, apprenant notre existence, avaient décidé de s'enrôler dans notre armée. Leur histoire était semblable à la nôtre : ils avaient réussi à échapper à la persécution des soldats, à trouver refuge chez un paysan, puis chez un autre, à atteindre Manzanillo et à se faire oublier. Leur sort était désormais lié à celui de toute la colonne. À cette époque, comme on a pu le voir, nous avions du mal à grossir nos rangs ; des hommes nous rejoignaient, tandis que d'autres partaient. Les conditions physiques de la lutte étaient rudes, mais les conditions morales l'étaient encore davantage ; et nous vivions avec le sentiment permanent d'être assiégés.

Nous avancions alors sans but défini et à faible allure, nous dissimulant dans de petits massifs rocailleux, dans une zone où l'élevage avait pris le pas sur la végétation, et où le relief était relativement plat. Une nuit, nous apprîmes, grâce au petit poste transistor de Fidel, que l'un de nos compagnons du *Granma*, parti avec Crescencio Pérez, avait été capturé. Nous savions déjà – Eutimio nous l'avait avoué – qu'il avait été fait prisonnier, mais, jusque-là, nous n'avions guère eu de confirmation officielle. Nous savions à présent qu'il était encore en vie. On ne ressortait pas toujours vivant d'un interrogatoire de l'armée de Batista. À tout instant, nous entendions, un peu partout, des tirs de mitrailleuses de soldats visant des massifs boisés où, en général, même après les avoir arrosés d'un feu intense, la troupe ennemie n'osait guère pénétrer.

Dans mon journal de campagne, j'avais noté, le 22 février, que je commençais à ressentir les premiers symptômes d'une forte crise d'asthme qui pouvait s'aggraver puisque je n'avais pas apporté mes médicaments. Notre prochain contact devait avoir lieu le 5 mars ; il fallait donc attendre encore quelques jours avant de pouvoir m'en procurer.

Nous avancions d'un pas tranquille puisque nous n'avions pas d'endroit où nous rendre, tâchant simplement de tuer le temps en attendant le 5 mars, jour où Frank País devait nous envoyer un groupe d'hommes armés. Nous avions décidé de **consolider** notre petit front ; et puisqu'il était si difficile de le renforcer en hommes, toutes les armes disponibles à Santiago devaient monter à la Sierra Maestra.

Je me souviens **d'une fois** où le lever du jour nous avait surpris au bord d'une petite rivière pratiquement dénuée de végétation ; nous passâmes une journée précaire à cet endroit. C'était une vallée proche de Las Mercedes, je crois que l'endroit s'appelle (les noms se confondent désormais dans ma mémoire) La Majagua [sorte d'hibiscus]. Nous arrivâmes de nuit chez le vieil Emiliano*, l'un des nombreux paysans qui, à cette époque, mourraient d'angoisse en nous voyant arriver, mais n'hésitaient pas à risquer leur vie pour nous. Ces hommes-là contribuaient, par leurs actions courageuses, à l'épanouissement de notre révolution. C'était la saison des pluies dans la Sierra ; et, toutes les nuits, le temps d'arriver chez les paysans – **au péril** de nos vies puisque la région était infestée de soldats –, nous étions trempés jusqu'aux os.

Les crises d'asthme étaient si fortes et rapprochées qu'elles m'empêchaient d'avancer, et nous dûmes camper dans un petit champ de café, près d'une cabane de paysan, le temps de reprendre des forces. À l'époque dont je parle, le 27 ou le 28 février, la censure fut levée dans le pays et la radio donnait en permanence des nouvelles de ce qui s'était passé les mois précédents. On parlait des actions terroristes et de l'entretien du journaliste Herbert L. Matthews avec Fidel : le ministre de la Défense fit alors sa célèbre déclaration, affirmant que l'article de Matthews était un canular et le défiant de publier la photo de l'entrevue.

À cette période, Hermes, fils du vieil Emiliano, nous aidait à trouver de la nourriture et nous indiquait les chemins sans risque. Mais, le 28 au matin, Hermes ne vint pas nous rendre sa visite habituelle. Fidel ordonna d'évacuer sur-le-champ et d'occuper une autre position, d'où l'on dominerait les sentiers alentour, puisque nous ignorions ce qui allait se passer. Luis Crespo et Universo Sánchez étaient chargés de faire le guet, lorsque, vers quatre heures, ce dernier vit une importante troupe de soldats apparaître **sur la route qui mène** à Las Vegas, précisément pour nous couper la route. Seule solution : courir à toute vitesse pour atteindre le sommet de la colline et passer sur l'autre versant avant que les troupes nous fassent obstacle. Ce n'était pas infaisable, puisque nous les avions aperçues à temps.

Les mortiers et les mitraillettes se mirent à faire feu vers nos positions, ce qui prouvait bien que l'armée de Batista avait été informée de notre présence en ces lieux. Tous nos hommes purent, sans encombre, passer de l'autre côté de la colline ; mais, en ce qui me concerne, je dus fournir un effort surhumain. J'y arrivai, mais en proie à une telle crise d'asthme que chacun de mes pas était une torture. Je me rappelle des efforts que faisait Crespo pour m'aider à avancer ; quand je n'en pouvais plus et les suppliais de m'abandonner, le paysan, avec ce vocabulaire fleuri qui caractérisait nos guérilleros, me lançait : « Argentin de…, tu vas avancer ou il faut que je te donne des coups de crosse ? » Tout en disant cela, il me chargeait sur son épaule, traînant, en plus du poids de son propre corps, le mien et celui de mon sac à dos, pour gravir cette colline au terrain rendu glissant par la pluie qui se déversait sur nous.

Nous arrivâmes à une cabane, au lieu-dit Purgatorio [«Purgatoire»]. Fidel se fit passer pour le commandant González, de l'armée de Batista, à la recherche des fugitifs. Le propriétaire de la cabane, froidement courtois, nous fit entrer et nous offrit l'hospitalité. Un autre visiteur était présent : il s'agissait d'un habitant d'une bâtisse voisine, admirateur béat de Batista. Mon état physique m'empêcha de goûter pleinement au savoureux dialogue de Fidel, dans son rôle de commandant González. Et le paysan, de lui donner des conseils et de s'étonner sur les raisons qui poussaient ce garçon, ce Fidel Castro, à courir la montagne en tirant des coups de feu.

Il fallait prendre une décision, je ne pouvais pas continuer. Lorsque le voisin indiscret prit congé, Fidel annonça au paysan sa véritable identité. L'homme le prit immédiatement dans ses bras, lui disant qu'il était un ancien militant du Parti orthodoxe, qu'il avait toujours été pour Chibás*, et qu'il pouvait lui demander tout ce qu'il voulait. L'urgence était d'envoyer ce paysan à Manzanillo pour prendre contact avec le Mouvement et, surtout, acheter les médicaments ; il fallait me trouver un coin près de la maison où je puisse m'abriter sans que personne, pas même la femme du paysan, ne soupçonne ma présence.

Le dernier **combattant** à intégrer la troupe, un homme d'une moralité douteuse mais très costaud, fut désigné pour rester en ma compagnie. Fidel me laissa généreusement, pour nous défendre, un fusil Johnson à répétition, l'un des bijoux de notre guérilla. Nous fîmes mine de sortir tous ensemble dans la même direction ;

et, quelques mètres plus loin, mon nouveau compagnon (que nous appelions El Maestro) et moi-même nous enfonçâmes dans la montagne, au lieu convenu, pour attendre la suite des événements. Ce jour-là, le 28 février, nous apprîmes que Matthews avait appelé par téléphone et annoncé qu'il allait publier les fameuses photos de l'entretien. Díaz Tamayo avait publiquement mis en doute l'authenticité de cette rencontre ; selon lui, nul ne pouvait franchir les barrages de l'armée. Par ailleurs, Armando Hart était prisonnier, accusé d'être le second chef du Mouvement.

Le paysan accomplit bravement sa mission et revint avec des doses d'adrénaline. C'est à partir de ce moment que commença mon calvaire ; je vécus les dix jours les plus amers de ma lutte dans la Sierra. M'appuyant d'arbre en arbre et sur la crosse d'un fusil, accompagné d'un camarade terrorisé, qui tremblait comme une feuille au moindre coup de feu, ou piquait une crise de nerfs chaque fois que mon asthme me faisait tousser en zone critique, nous avons parcouru en dix jours une distance qui, en temps normal, nous aurait pris à peine plus d'une journée. La date de la rencontre était fixée au 5 mars ; mais il nous fut impossible de la respecter. En raison des soldats qui encerclaient la zone et de ma mobilité restreinte, ce n'est que le 11 mars que nous pûmes atteindre l'accueillante ferme d'Epifanio Díaz.

Entre-temps, des événements, déjà connus des habitants de la ferme, s'étaient produits. Le groupe de dix-huit hommes de Fidel s'était divisé par erreur, pensant que les soldats allaient de nouveau les attaquer, au lieu-dit Altos de Meriño. Douze hommes avaient suivi Fidel et six étaient partis avec Ciro Frías. Puis Ciro Frías était tombé dans une embuscade ; mais, heureusement, lui et ses compagnons s'en étaient sortis indemnes et se cachaient dans les parages. À l'exception de Yayo, qui, faisant route vers Manzanillo sans arme, s'était arrêté chez Epifanio Díaz et nous apprit toute l'histoire. Frank País avait été fait prisonnier à Santiago, mais les renforts qu'il devait nous envoyer étaient prêts. Nous pûmes rencontrer le chef de ce nouveau groupe d'hommes : il s'agissait de Jorge Sotús, qui portait le grade de capitaine. Il n'avait pas pu faire venir ses hommes le 5, car la nouvelle s'était éventée et les routes étaient barrées. Nous convînmes ensemble des mesures à prendre pour permettre la venue de cette troupe qui **devait se composer** d'une cinquantaine d'hommes.

Les renforts

Le 13 mars, tandis que nous espérions toujours l'arrivée de la nouvelle troupe révolutionnaire, la radio diffusa la nouvelle qu'on avait tenté de tuer Batista. Les noms de certains des patriotes morts durant l'assaut étaient cités. En premier venait José Antonio Echeverría*, dirigeant du mouvement étudiant, puis d'autres, comme Menelao Mora*. Des personnes étrangères à l'événement avaient aussi succombées ; le lendemain, on apprit que Pelayo Cuervo Navarro*, combattant du parti orthodoxe qui avait mené l'opposition face à Batista, avait été assassiné, et son corps, jeté dans un coin d'El Laguito, le très chic et aristocratique quartier du Country Club. Ironie de l'histoire, les assassins de Pelayo Cuervo Navarro et les fils de ce dernier se retrouveraient côte à côte, en 1961, dans l'invasion manquée de Playa Girón pour « libérer » Cuba de « l'opprobre communiste ». Paradoxe qui mérite d'être souligné.

Du rideau de censure s'échappaient quelques informations concernant les détails de l'attaque, dont le peuple de Cuba garde encore le souvenir. Personnellement, je n'avais pas connu le dirigeant du mouvement étudiant. En revanche, j'avais pu rencontrer certains de ses compagnons au Mexique, à l'occasion de l'accord pour une action commune établi par le Mouvement 26-Juillet et le Directoire des étudiants. Ces compagnons étaient le commandant Faure Chomón*, Fructuoso Rodríguez* et Joe Westbrook* ; tous avaient participé à l'attaque.

On s'en souvient : il s'en était fallu de peu pour que les assaillants du Directoire atteignent le troisième étage où se trouvait le dictateur, et ce qui aurait dû être un coup d'État réussi tourna au massacre. Tous ceux qui n'avaient pu fuir se trouvèrent pris au piège à l'intérieur du Palais présidentiel transformé en souricière.

L'arrivée de nos renforts était annoncée pour le 15 mars, nous avons attendu de longues heures à l'endroit convenu, dans un canyon où le chemin s'enfonce entre les rochers, ce qui nous permettait d'œuvrer discrètement. Mais personne n'est venu. Nous avons appris plus tard qu'ils avaient dû faire face à quelques complications. Le 16, au petit matin, **la troupe est enfin arrivée, dans un tel état de fatigue** que les hommes n'ont pu faire que quelques pas ; il fallut se reposer dans un bosquet pour attendre le lever du jour. Le propriétaire des camions qui devaient amener les renforts était un riziculteur de la région qui, à la suite de cette opération, effrayé par la tournure que prenaient les événements, demanda l'asile politique dans une ambassade et s'envola pour le Costa Rica, d'où il revint plus tard converti en héros à bord de l'avion qui rapportait une provision d'armes de ce pays. Il s'appelait Huber Matos.

La nouvelle garnison était donc constituée d'une cinquantaine d'hommes ; mais seule une trentaine d'entre eux était armée. Ils apportaient deux fusils-mitrailleurs, un Mazden et un Johnson. Les quelques mois passés dans la Sierra avaient fait de nous des vétérans ; et nous remarquions dans la nouvelle troupe tous les défauts que possédait l'armée du *Granma* à son arrivée : le manque de discipline, le défaut de réaction aux difficultés sur le terrain, l'absence de décision, l'incapacité de s'adapter rapidement à la vie dans le maquis. Le groupe des cinquante hommes était dirigé par le capitaine Jorge Sotús, et divisé en cinq escouades de dix hommes chacune, dont les chefs étaient lieutenants ; les grades des officiers étaient délivrés par l'organisation qui opérait dans la vallée et en instance de ratification. Les cinq lieutenants se nommaient : Domínguez, tué peu après à Pino del Agua ; le camarade René Ramos Latour*, mort héroïquement au combat, lors de l'ultime offensive de la dictature, organisateur des milices de la plaine ; Pedrín Soto*, notre vieux compagnon du *Granma*, qui avait fini par rejoindre nos troupes, tombé également au combat et qui fut promu au grade de commandant à titre posthume par Raúl Castro, pour son action au sein du second front oriental « Frank País » ; puis le camarade Pena*, étudiant de Santiago, qui obtint le grade de commandant et mit fin à ses jours après la révolution ; enfin le lieutenant Hermo, seul chef de groupe **encore vivant aujourd'hui**.

Parmi tous les problèmes que posait cette nouvelle garnison, l'un des principaux était le manque d'entraînement à la marche ; leur chef, Jorge Sotús, était l'un des moins endurants et restait toujours à la traîne, donnant un exemple déplorable à toute la troupe. En outre, on m'avait donné l'ordre de prendre ce nouveau bataillon en charge, mais, en en parlant avec Sotús, il me rétorqua qu'il avait pour mission de le remettre à Fidel en mains propres et qu'il ne pouvait le confier à personne d'autre avant cela, qu'il en resterait le chef, etc., etc. À cette époque, je souffrais encore du complexe d'être étranger, et je n'ai pas voulu en venir à prendre des mesures extrêmes ; pourtant il régnait dans la troupe un malaise grandissant. À force de petits trajets très courts qui prenaient des heures en raison du manque de préparation, nous avons fini par arriver au lieu-dit La Derecha, où nous avions rendez-vous avec Fidel Castro. Le petit groupe de camarades, dont je faisais partie, avec Manuel Fajardo, Guillermo García, Juventino, Pesant, les trois frères Sotomayor, et Ciro Frías était arrivé sur place et attendait Fidel.

À ce stade, les différences entre les deux groupes étaient flagrantes : le nôtre était discipliné, compact, aguerri ; celui de la bleusaille souffrait des troubles ordinaires des premiers jours et n'était guère habitué à ne faire qu'un repas quotidien ; de plus, quand ils ne trouvaient pas la ration à leur goût, ils ne la mangeaient pas. Ces novices transportaient dans leurs sacs à dos toute une multitude d'objets inutiles ; et, pour soulager leurs épaules du poids excessif que leur fardeau leur infligeait, ils préféraient se débarrasser d'une boîte de lait concentré plutôt que d'une serviette de toilette (vrai crime de lèse-guérilla). Nous, nous en profitions pour récolter derrière eux les boîtes et tous les aliments abandonnés sur le chemin. Une fois installés à La Derecha, en raison des frictions constantes entre Jorge Sotús, esprit autoritaire et asocial, et la troupe en général, la situation devint franchement tendue. Nous dûmes prendre des précautions particulières ; René Ramos, dont le nom de guerre était Daniel, fut chargé de surveiller la sortie de notre campement, à la tête d'un petit groupe armé de mitraillettes. Garantie nécessaire pour assurer la paix et l'ordre.

Plus tard, Jorge Sotús fut envoyé en mission spéciale à Miami. Là, il trahit la révolution en s'alliant à Felipe Pazos[1], qui, poussé par son ambition de pouvoir démesurée, et oubliant ses engagements, se proposa comme président provisoire suivant un scénario arrangé par le Département d'État américain.

Puis le capitaine Sotús donna des signes de vouloir se réhabiliter ; Raúl Castro lui tendit la main, parce que cette révolution n'a jamais tourné le dos à tous les égarés qui ont voulu se racheter. Pourtant, cela n'a pas empêché Sotús de conspirer contre le gouvernement révolutionnaire. Il a été condamné à vingt années de prison et a réussi à s'évader grâce à la complicité de l'un de ses gardiens, parti se terrer avec lui dans le paradis des repaires de la vermine : les États-Unis.

À ce moment-là, nous nous efforcions néanmoins de l'aider du mieux possible, d'arrondir les angles avec les nouvelles recrues et de lui faire comprendre le caractère

1. Felipe Pazos (1912-2001). Économiste et politicien cubain, il fit partie de la délégation représentant Cuba aux accords de Bretton Woods (1944). Fondateur de la Banque nationale de Cuba (BNC), il en fut son premier directeur de 1950 à 1952. Conseiller de la Banque mondiale, il enseigna l'économie à l'université de Villanueva et à l'université d'Oriente. Opposant à Batista, il se rapprocha du Mouvement 26-Juillet et reprit provisoirement la direction de la BNC après la victoire de la révolution. Démis de ses fonctions pour obstruction à la politique du gouvernement, il s'exila aux États-Unis et travailla pour le programme de l'Alliance pour le Progrès au sein de l'Organisation des États d'Amérique, et pour le Conseil interaméricain économique et social. (NdT)

indispensable de la discipline. Guillermo García partit chercher Fidel dans les environs de Caracas, tandis que, de mon côté, j'effectuai un court trajet pour ramener Ramiro Valdés, à demi remis de sa blessure à la jambe. La nuit du 24 mars, Fidel arriva. Le voir apparaître entouré de ses douze compagnons qui marchaient avec fière allure à ses côtés fut impressionnant. Le contraste entre ces hommes rompus à la guérilla et les recrues fraîches émoulues qu'on nous envoyait en renfort était saisissant : les premiers, barbus, portaient des sacs faits de bric et de broc qu'ils avaient attachés comme ils le pouvaient; les nouveaux, le visage glabre, l'uniforme à peine froissé, étaient équipés de sacs tous identiques et impeccables. J'expliquai à Fidel les problèmes que nous avions rencontrés et nous nous retrouvâmes en petit comité – Fidel, Raúl, Almeida, Jorge Sotús, Ciro Frías, Guillermo García, Camilo Cienfuegos, Manuel Fajardo et moi – pour décider de l'attitude à venir. Fidel me reprocha de ne pas avoir su imposer l'autorité qu'il m'avait conférée et d'avoir laissé le commandement des opérations au nouveau venu, Sotús, pour lequel on ne ressentait aucune animosité particulière, mais dont le comportement, jugeait Fidel, n'avait nulle raison d'être en de tels moments. On discuta également de la formation des nouveaux pelotons, en comptant la nouvelle troupe, pour former trois groupes sous le commandement des capitaines Raúl Castro, Juan Almeida et Jorge Sotús ; Camilo Cienfuegos prendrait la direction de l'avant-garde, tandis qu'Efigenio Ameijeiras s'occuperait de l'arrière-garde. Mon rôle était celui de médecin de la troupe ; Universo Sánchez serait le chef de l'escouade assignée à l'état-major.

Forte de ces nouveaux effectifs, notre troupe acquérait une certaine prestance ; de plus, nous disposions à présent de deux fusils-mitrailleurs, quoique d'efficacité douteuse étant donné leur vétusté et leur entretien médiocre. Nous étions tout de même une armée imposante et nous envisageâmes de passer rapidement à l'action. Mon opinion était d'attaquer le premier poste de soldats pour initier, sans perdre de temps, nos nouveaux camarades au combat. Mais Fidel et les autres membres du conseil estimèrent préférable de les entraîner pendant un bon moment aux longues marches, pour les habituer aux rigueurs de la vie dans le maquis, à se déplacer dans la forêt et sur les sentiers escarpés des montagnes. Nous décidâmes donc de sortir vers l'est et de marcher le plus longtemps possible dans l'espoir de tomber sur des soldats, histoire de donner une leçon élémentaire de pratique de la guérilla à nos apprentis guerriers.

La troupe se prépara dans l'enthousiasme et la bonne humeur, prête à accomplir son devoir et à affronter son baptême du sang, qui serait célébré à El Uvero.

La forge des rebelles

Les mois de mars et d'avril 1957 furent consacrés à la réorganisation et à l'instruction des troupes rebelles. En partant de La Derecha, notre armée comptait, avec les renforts, environ quatre-vingts hommes ainsi répartis :

L'avant-garde, dirigée par Camilo, comprenait quatre hommes. Le peloton suivant, conduit par Raúl Castro, était composé de trois escouades commandées chacune par un lieutenant : Ramiro Valdés, Julito Díaz et Nano Díaz*. Ces deux camarades, qui, en dépit de leur patronyme commun, Díaz, n'avaient aucun lien de parenté, moururent tous deux en héros au cours de la bataille d'El Uvero. L'un était natif de Santiago ; la raffinerie Hermanos Díaz, située dans cette même ville, s'honore aujourd'hui de porter ce nom en souvenir de Nano et de son frère tombé au combat à Santiago de Cuba. L'autre, un camarade d'Artemisa, vétéran du *Granma* et de la Moncada, accomplit son dernier devoir lors de la bataille d'El Uvero. Trois lieutenants étaient sous les ordres de Jorge Sotús, alors capitaine : Ciro Frías, mort sur le front « Frank País », à Santiago ; Guillermo García, actuellement chef de l'armée de la région d'Occidente, et René Ramos Latour, mort avec le grade de commandant dans la Sierra Maestra. Puis venait l'état-major, dirigé par Fidel, commandant en chef : Ciro Redondo, Manuel Fajardo et Universo Sánchez, aujourd'hui tous deux commandants dans l'armée, Crespo le paysan, commandant lui aussi, et moi, le médecin de la troupe.

Le peloton qui suivait, dans la marche linéaire de la colonne, était celui du capitaine Almeida, qui avait pour lieutenants Hermo, Guillermo Domínguez, mort à Pino del Agua, et Hermes Peña*. Le lieutenant Efigenio Ameijeras fermait la marche avec trois hommes, constituant ainsi l'arrière-garde.

Ainsi structurée, notre armée s'organisait en escouades. Les hommes apprenaient à cuisiner au sein de leur groupe, et les vivres, les médicaments et les armes étaient distribués en respectant ces formations. Chaque escouade, ou du moins chaque peloton, avait son vétéran qui enseignait aux autres la cuisine, l'art de tirer profit de tous les aliments, la façon de préparer son sac, et la technique de la marche en montagne.

Le trajet entre la région de La Derecha, d'El Lomón et El Uvero peut s'effectuer en quelques heures d'automobile, mais, pour nous autres, il signifia des mois de marche lente, en prenant maintes précautions pour mener à bien notre mission : préparer les hommes au combat et aux activités futures. Nous passâmes ainsi à nouveau par Los Altos de Espinosa, où tous les combattants présents lors de l'attaque s'inclinèrent devant la tombe de Julio Zenón, notre compagnon tombé sous les balles. Je retrouvai un morceau de ma couverture, encore prise dans les ronces, témoignage de la soudaineté de notre « retraite stratégique ». Je la rangeai dans mon sac, priant de ne plus jamais avoir l'occasion d'égarer mes affaires de cette façon.

On me confia un nouveau compagnon – il s'appelait Paulino – comme assistant pour porter les médicaments et me soulager un peu de mon travail ; de sorte que je pus me consacrer quelques minutes par jour, après la marche, à la santé de notre troupe. Nous repassâmes également par la Loma de Caracas, où nous avions fait cette si désagréable rencontre avec l'aviation ennemie après la trahison de Guerra ; et nous retrouvâmes un des fusils récupérés à l'issue du combat de La Plata et qu'un de nos hommes avait dû abandonner pour ne pas être gêné dans sa course. Désormais, la troupe n'avait plus de fusils en trop ; au contraire, elle en manquait. C'était une période nouvelle. Un changement qualitatif s'était produit ; il existait toute une zone que l'armée de Batista prenait garde de pénétrer afin de ne pas se retrouver nez à nez avec nous. Il faut reconnaître que, nous non plus, nous n'étions pas très chauds à l'idée de tomber sur elle. La situation politique de cette époque déclinait toute une palette d'opportunismes. Les voix bien connues de Pardo Llada, de Conte Agüero[1] et d'autres rapaces de même acabit se répandaient en déclarations démagogiques, appelant à la concorde et à la paix, tout

1. Conte Agüero, Luis (1924). Journaliste et politicien orthodoxe originaire de Santiago de Cuba. Diplômé en lettres et philosophie de l'université de La Havane, il rejoint le mouvement d'Eddy Chibás et devient l'un des commentateurs radio les plus populaires de l'Oriente. Emprisonné par Batista, il est libéré lors de l'amnistie générale de mai 1955. Exilé au Venezuela en 1958, il rentre à Cuba après la victoire de janvier 1959 et commence à s'opposer au processus révolutionnaire. En 1960, il part pour les États-Unis, où il se met à travailler pour la CIA. (NdT)

en critiquant mollement le gouvernement. Le gouvernement avait parlé de paix ; le nouveau Premier ministre, Rivero Agüero, avait annoncé qu'il irait, si cela était nécessaire, jusqu'à la Sierra Maestra pour faire revenir le calme dans le pays. Cependant, quelques jours plus tard, Batista indiqua que ce n'était pas la peine de parler avec Fidel ou les rebelles. Fidel ne se trouvait pas, selon lui, dans la Sierra ; là-bas, il n'y avait personne. Il n'y avait aucune raison de vouloir s'entretenir avec cette « bande de hors-la-loi ».

Le camp de Batista exprimait ainsi sa volonté de poursuivre le combat, seul point sur lequel nous étions d'accord, puisque nous n'avions qu'un désir : continuer la lutte à tout prix. Le colonel Barrera, réputé pour sa gourmandise envers les rations de ses propres soldats, fut, à cette époque, nommé chef des opérations de l'armée batistienne ; ce même colonel qui, plus tard, depuis Caracas, la capitale du Venezuela, où il était attaché militaire, regarda tranquillement s'éteindre le phénomène Batista.

Quelques sympathiques personnages servirent à la propagande, quasi commerciale, de notre mouvement aux États-Unis ; et nous causèrent, pour deux d'entre eux surtout, une série d'ennuis. Il s'agissait de trois jeunes Yankees de la base navale de Guantánamo, qui avaient échappé à leurs parents et s'étaient enrôlés dans l'armée révolutionnaire. Désespérés d'entendre jamais le premier coup de feu, et épuisés par le climat de la Sierra et les privations un peu trop sévères à leur goût, deux d'entre eux profitèrent de la venue du journaliste Bob Taber pour repartir avec lui. Le troisième participa à la bataille d'El Uvero, puis, malade, finit également par abandonner ; mais au moins il avait combattu. Ces garçons n'étaient pas préparés idéologiquement à la révolution et, finalement, en notre compagnie, ils ne firent qu'assouvir leur soif d'aventure durant quelques mois. Nous nous étions attachés à eux, mais n'en fûmes pas moins soulagés de les voir partir. Surtout moi qui, en tant que médecin, devais les consoler chaque fois qu'ils venaient geindre sur mon épaule parce qu'ils ne supportaient pas les rudes conditions de la vie de guérillero.

Ces jours-là, précisément, le gouvernement promena, dans un avion de l'armée et à plusieurs kilomètres d'altitude, une poignée de journalistes, pour leur montrer qu'il ne restait plus de combattants dans la Sierra. Ce fut une bien curieuse opération qui ne convainquit personne, et une démonstration de plus de la manière de procéder du gouvernement batistien pour tromper l'opinion publique, avec l'aide de tous les Conte Agüero déguisés en révolutionnaires qui s'adressaient quotidiennement à la presse en proférant de fausses déclarations.

Entre-temps, on m'accorda enfin le droit de dormir dans un hamac en toile de coton. Le hamac est un bien précieux que je n'avais pas pu obtenir avant, en raison de la dure loi de la guérilla, qui imposait que seuls ceux qui s'étaient déjà fabriqué leur hamac de jute pouvaient avoir droit à un hamac en coton ; et ce pour combattre la fainéantise. Tout le monde pouvait confectionner son propre hamac de jute, et le fait d'en avoir un donnait la priorité sur le prochain hamac en coton disponible. Mais, en ce qui me concerne, je ne pouvais pas tisser de hamac en toile de jute à cause de mon affection allergique ; les fibres de la jute me rendaient malade. Je devais donc dormir à même le sol. Et comme je n'avais pas de hamac en jute, impossible d'en recevoir un en coton. Ces petits désagréments quotidiens font partie de la tragédie individuelle de toute guérilla. Pourtant, Fidel se rendit compte de ma gêne et ordonna qu'on m'attribue le prochain hamac. Cela se passait sur les berges du fleuve de La Plata, en gravissant les derniers contreforts pour atteindre Palma Mocha et un jour après avoir mangé notre premier cheval.

Ce cheval signifia pour nous davantage qu'une nourriture de luxe. Ce fut aussi une sorte d'épreuve du feu sur la capacité d'adaptation de nos combattants. Les paysans de notre guérilla, indignés, refusèrent d'avaler leur part de **viande** ; certains comparèrent même Manuel Fajardo, qui était boucher d'abattoir dans la vie civile, à un assassin lorsqu'on fit appel à son expérience pour tuer ce premier animal.

Ce cheval appartenait à un fermier du nom de Popa, sur l'autre rive du fleuve de La Plata. Grâce à la campagne d'alphabétisation, Popa doit maintenant savoir lire ; il pourra donc, si le journal *Verde Olivo* passe entre ses mains, se rappeler cette nuit où trois guérilleros à la mine patibulaire frappèrent à la porte de sa cabane, le prirent en plus, injustement, pour un mouchard de l'armée et lui enlevèrent son vieux cheval, au dos couvert de plaies causées par le port du bât, qui devint, quelques heures plus tard, notre pitance et dont la viande constitua un mets exquis pour certains et une épreuve pour les estomacs délicats des paysans, pour qui mastiquer la chair du meilleur ami de l'homme équivalait à commettre un acte de cannibalisme.

Un entretien célèbre

À la mi-avril 1957, nous étions de retour dans la région de Palma Mocha, proche du mont Turquino, pour entraîner notre armée. À cette époque, les hommes qui nous étaient les plus précieux dans la lutte en montagne étaient ceux d'origine paysanne.

Guillermo García et Ciro Frías, accompagnés de patrouilles de paysans, allaient et venaient d'un endroit à l'autre de la Sierra, récoltant des nouvelles fraîches, explorant les parages et rapportant de la nourriture. Ils constituaient en fait les véritables avant-gardes mobiles de notre armée. Nous étions à nouveau tout près d'Arroyo del Infierno, théâtre de l'un de nos combats passés. Les paysans venaient nous saluer et nous racontaient toute la tragédie qui s'était déroulée avant et après l'attaque : qui était l'homme qui avait mené les soldats directement jusqu'à nous, puis combien de soldats avaient été tués ; et, enfin, maîtres dans l'art de divulguer les nouvelles orales, ces paysans nous informaient amplement de tout ce qui se passait dans la région.

Fidel, qui à ce moment-là n'avait plus sa radio, demanda à un fermier du coin de lui céder la sienne ; ce qui nous permit d'écouter, sur un grand poste transporté dans le sac à dos d'un des hommes, les nouvelles en direct de La Havane. Le ton des informations à la radio avait retrouvé une **certaine clarté et même quelque véracité**, conséquence sans doute du rétablissement des prétendues garanties et de la levée de la censure.

Guillermo García, impressionnant dans un uniforme de caporal de l'armée batistienne, flanqué de deux hommes déguisés en soldats, partit chercher le paysan qui avait guidé l'armée ennemie jusqu'à nous **à Arroyo del Infierno. Ils s'y rendaient** « sur ordre du colonel » et le ramenèrent dès le lendemain. L'homme avait été dupe, mais, lorsqu'il aperçut la troupe dépenaillée, il comprit ce qui l'attendait. Non sans un certain cynisme, il nous raconta la nature de ses relations avec l'armée et comment il avait dit à ce « salaud de Casillas » – ce furent ses paroles – qu'il pouvait parfaitement nous localiser, et même conduire l'armée à notre campement, puisqu'il nous avait espionnés. Pourtant, ils ne l'avaient pas écouté.

C'est ainsi qu'un jour, sur une des collines de Palma Mocha, mourut l'homme qui nous avait dénoncés. Il fut enterré sur place, dans la terre de la Sierra Maestra.

À la même période arriva un message de Celia [Sánchez], nous annonçant sa venue avec deux journalistes américains pour réaliser un entretien avec Fidel, au sujet des trois jeunes Américains de Guantánamo. **En outre**, elle envoyait un peu d'argent recueilli parmi les sympathisants du Mouvement.

Il fut décidé que Lalo Sardiñas conduirait les Américains en passant par Estrada Palma, région qu'il connaissait bien puisqu'il l'avait parcourue du temps où il était commerçant. De notre côté, nous nous occupions d'entrer en contact avec des paysans qui serviraient d'intermédiaires et seraient capables de gérer des campements permanents, susceptibles de devenir de véritables bases de contact avec notre zone d'action qui s'élargissait de jour en jour. Nous repérions les fermes où nos troupes pouvaient se ravitailler, et y installions des réserves où nous puisions, selon nos besoins. Ces fermes servaient également de relais de poste pour nos messagers, qui se déplaçaient d'un coin à l'autre de la Sierra.

Les paysans de la région, habitués aux randonnées sur la Sierra, font preuve d'une capacité extraordinaire à couvrir de très longues distances en un temps réduit. Nous étions donc constamment induits en erreur par leurs affirmations ; une demi-heure de marche représente pour eux le « temps d'un chant du coq », caricature de ce type d'information qui, selon les paysans, se révèle toujours exacte, bien que leur notion du temps et de l'heure n'ait guère grand-chose à voir avec celle de l'homme de la ville.

Trois jours après le départ de Lalo Sardiñas, des nouvelles arrivèrent annonçant que six personnes avaient été aperçues dans la région de Santo Domingo ; ce groupe comprenait deux femmes, deux Américains, les journalistes, et deux accompagnants dont on ignorait l'identité. Mais les nouvelles étaient contradictoires ; on disait que les soldats avaient eu vent de leur présence par un cafteur et qu'ils avaient encerclé la maison où ils se trouvaient. Les nouvelles vont et viennent avec une extraordinaire rapidité dans la Sierra, mais elles se déforment tout aussi vite. Camilo partit accompagné d'un peloton avec l'ordre de libérer coûte que coûte les Américains et Celia Sánchez. À notre grande surprise, ceux-ci arrivèrent sains et saufs. La fausse alerte était due à un mouvement de soldats provoqué par une dénonciation ; événement qui n'avait rien d'exceptionnel à cette époque, étant donné le caractère arriéré de certains paysans.

Le 23 avril, le journaliste Bob Taber, assisté d'un cameraman, se présenta à nous, en compagnie de Celia Sánchez et de Haydée Santamaría et des envoyés du Mouvement du Llano [« la plaine »], le commandant Marcos Iglesias*, alias « Nicaragua », à cette époque responsable du groupe d'action à Santiago, et Marcelo Fernández*, coordinateur du Mouvement – actuellement président de la Banque nationale –, comme interprète, en raison de ses connaissances de l'anglais.

Nous passâmes les jours suivants à tenter de démontrer, de façon protocolaire, nos forces aux Américains, tout en éludant certaines questions qui nous semblaient trop indiscrètes ; nous ne savions pas qui étaient ces journalistes. Cependant, après quelque temps passé à nos côtés, leur façon de considérer les choses ayant évolué au contact de notre vie primitive, bien qu'il leur fallût admettre qu'ils avaient du mal à s'y acclimater et qu'ils n'avaient pas grand-chose de commun avec nous, nous leur permîmes de réaliser des entretiens poussés, très fidèles à la réalité.

Au même moment, un des personnages les plus sympathiques et estimés de notre guerre révolutionnaire, El Vaquerito*, intégra notre armée. El Vaquerito, accompagné d'un autre combattant qui désirait se joindre à nous, apparut un beau jour en déclarant que cela faisait plus d'un mois qu'il nous cherchait. Il disait être originaire de Morón, dans la région de Camagüey. Comme de coutume, nous procédâmes à son interrogatoire et à son instruction en rudiments d'orientation politique; tâche qui m'incombait fréquemment. El Vaquerito n'avait pas la moindre idée politique; il avait avant tout l'air d'un gamin joyeux et serein, qui considérait tout cela comme une aventure merveilleuse. Il était arrivé nu-pieds, et Celia Sánchez lui prêta une paire de bottes dont elle n'avait pas besoin, de fabrication ou de type mexicain. C'étaient les seuls souliers à sa pointure, étant donné sa petite stature. Avec ses nouvelles bottes et un large sombrero de paysan, il ressemblait à un vacher mexicain; de là lui vint le surnom d'«El Vaquerito».

Comme on le sait, El Vaquerito ne vit pas la fin de la lutte révolutionnaire; chef du peloton suicide de la Colonne 8, il mourut la veille de la prise de Santa Clara. Il nous reste de lui l'image de sa gaîté communicative, de sa jovialité à toute épreuve, et de sa façon étonnante et romanesque d'affronter le danger. El Vaquerito était un formidable mystificateur, il n'a peut-être jamais soutenu une conversation sans embellir tant et si bien la vérité qu'elle en devenait presque méconnaissable. Mais dans ses actions, comme messager dans les premiers temps, puis comme soldat ou chef du peloton suicide, El Vaquerito démontrait que, pour lui, la frontière entre la réalité et la fantaisie était incertaine; et les exploits que son esprit agile inventait, il les réalisait sur le champ de bataille. À la fin de cette épopée dont il ne put voir le couronnement, sa témérité sans limite était devenue une légende.

Un soir, à l'issue d'une de nos séances de conversation nocturnes, j'interrogeai El Vaquerito sur sa vie passée. Il commença à nous raconter son histoire; et, fort discrètement, je pris des notes avec un crayon. Lorsqu'il eut terminé, après une pléthore de brillantes anecdotes, on lui demanda quel était son âge. El Vaquerito, à cette époque, avait à peine plus de vingt ans ; mais, une fois la somme de toutes ses actions et prouesses effectuée, il en ressortit que notre ami s'était déjà mis à l'œuvre cinq ans avant sa naissance.

Notre camarade Nicaragua nous apprit qu'il restait des armes à Santiago, provenant de l'attaque du Palais. Dix mitraillettes, onze fusils Johnson et six mousquetons, selon lui. Il y en avait même davantage, mais on pensait former un nouveau front dans la région de Central Miranda et y transférer une partie des armes. Fidel s'opposait à cette idée et donna l'ordre que l'on monte toutes les armes possibles pour renforcer notre front, n'autorisant l'envoi que de quelques-unes sur le second. Nous poursuivîmes notre route, nous éloignant de la fâcheuse compagnie de soldats qui rôdaient dans le coin. Auparavant, nous décidâmes de gravir le mont Turquino, le plus haut du pays, opération quasi mystique de par l'altitude à laquelle il culmine ; et puis, nous étions déjà sur la crête de la Sierra Maestra, donc plus très loin de son sommet.

Tous les hommes de la colonne grimpèrent au mont Turquino, y compris le journaliste Bob Taber, qui acheva son reportage sur le Mouvement du haut des cimes, en réalisant un film qui fut diffusé par la télévision américaine, à l'époque où nous n'étions pas encore sa bête noire. (Exemple illustratif : un paysan, qui nous avait rejoints, déclara que Casillas lui avait offert trois cents dollars et une vache pleine s'il tuait Fidel.) Les Américains n'étaient pas les seuls à sous-estimer la valeur de notre chef!

D'après l'altimètre que nous avions apporté dans nos affaires, le Turquino s'élevait à 1 850 mètres au-dessus du niveau de la mer. Donnée que je signale tant elle me paraît étrange ; d'ailleurs, nous n'avons jamais fait vérifier cet altimètre. Cependant, au niveau de la mer, il semblait plutôt fiable ; mais cette altitude du Turquino diffère des données officielles.

Une compagnie de l'armée de Batista était sur nos traces ; Guillermo fut donc chargé, avec un groupe de combattants, de l'accueillir avec leurs fusils. À cause de mon asthme, qui m'obligeait à rester en queue de colonne et m'interdisait tout effort supplémentaire, je ne pouvais pas participer à l'embuscade ; on me prit donc la mitrailleuse Thompson que je portais. On mit trois jours à me la rendre. Ces trois jours furent les pires que je passai dans la Sierra ; à tout instant, les soldats de Batista pouvaient nous tomber dessus, et, moi, j'étais totalement désarmé.

En ces jours de 1957, Bob Taber, qui avait terminé son reportage, repartit avec deux des jeunes Américains pour Guantánamo, où ils parvinrent sans incident. De notre côté, nous poursuivîmes notre longue marche, longeant la crête de la Maestra ou encore ses flancs, prenant des contacts ici ou là, explorant de nouvelles contrées, et diffusant la révolution et la légende de notre troupe de barbus dans toute la Sierra. L'esprit nouveau se répandait dans la Maestra. Les paysans venaient sans crainte à notre rencontre, et nous ne redoutions pas leur présence ; notre force relative avait considérablement augmenté et nous nous sentions parés pour résister à toute attaque éventuelle de l'armée batistienne ; et plus proches que jamais de nos amis paysans.

Journées de marche

Les quinze premiers jours du mois de mai furent entièrement consacrés à la marche pour atteindre, au plus vite, notre destination. Au début du mois, nous nous trouvions sur un versant de la crête de la Maestra, proche du mont Turquino ; nous traversions des zones qui devinrent, par la suite, le théâtre de la plupart des victoires de la révolution. Nous passâmes par Santa Ana, par El Hombrito, puis, après le mont Verde, par la ferme d'Escudero, dans la Maestra, pour aboutir à la colline d'El Burro.

Nous faisions ce voyage vers l'est pour trouver des armes qui devaient, nous avait-on promis, arriver de Santiago puis être transportées dans la région de la colline d'El Burro, tout près du village d'El Oro de Guisa. Au cours de ce trajet qui nous prit environ deux semaines, une nuit, allant accomplir une mission de moindre importance, je me trompai de chemin et restai perdu **deux** jours durant avant de revoir une figure humaine dans un hameau appelé El Hombrito. Cette expérience me fit comprendre que nous portions tout le nécessaire à notre survie sur notre dos. Le sel et l'huile, si indispensables ; quelques aliments en conserve, entre autre, du lait concentré ; tout l'équipement pour dormir, faire du feu et cuisiner ; plus un accessoire qui avait jusque-là toute ma confiance, une boussole.

Constatant que j'étais perdu, le lendemain matin de cette fameuse nuit, je décidai de me guider à l'aide de ma boussole. Ce n'est qu'au bout d'un jour et demi d'errance que je réalisai que j'étais de plus en plus égaré. Je me suis alors adressé aux habitants d'une ferme isolée, qui m'ont ramené au camp rebelle. Cette anecdote nous fit comprendre que, sur des terrains aussi accidentés que la Sierra Maestra, la boussole ne pouvait servir que pour nous donner une idée de l'orientation générale ; mais en aucun cas pour indiquer une direction précise. Pour cela, il fallait avoir recours aux guides ou faire appel à ses propres connaissances de la région ; connaissances que je pouvais maintenant revendiquer pour avoir exploré tous les recoins d'El Hombrito.

Les retrouvailles avec la troupe furent particulièrement émouvantes ; les hommes m'accueillirent avec chaleur. Quand j'arrivai, un tribunal populaire venait de procéder au jugement de trois traîtres ; l'un d'entre eux, un certain Nápoles, venait d'être condamné à mort. Camilo jouait le rôle de président du tribunal.

À cette époque, je devais remplir mon devoir de médecin et, dans chaque petit village ou hameau que nous traversions, je m'employais à soigner la population. Cette activité se révélait toutefois assez monotone ; je n'avais pas beaucoup de médicaments à proposer, et les cas cliniques que je rencontrais dans la Sierra ne présentaient pas une grande variété : des femmes au vieillissement prématuré, dont toutes les dents étaient tombées, des enfants au ventre gonflé, des cas de parasitisme, de rachitisme, d'avitaminose en général ; c'étaient là les affections dont souffraient les habitants de la Sierra. À présent, ces maladies n'ont pas disparu, mais elles sont moins répandues. Les enfants de la Sierra Maestra sont, depuis, partis étudier à la cité scolaire « Camilo Cienfuegos » ; ils sont maintenant grands, en bonne santé. Ces enfants n'ont plus rien à voir avec les premiers pensionnaires squelettiques qu'ils étaient à leur arrivée dans notre cité scolaire pionnière.

Je me souviens d'une fillette qui assistait à la consultation que je donnais aux femmes de la région ; ces femmes attendaient quasi religieusement le diagnostic de leurs maux, dans l'unique pièce de la masure qui me servait de dispensaire. La fillette, quand vint le tour de sa mère, après celui des nombreuses femmes qu'elle avait observées avec la plus grande attention, chuchota à son oreille : « Maman, ce docteur dit la même chose à tout le monde. »

Et c'était vrai. Mes connaissances ne servaient pas à grand-chose. Ces femmes souffraient de la même pathologie et racontaient toutes, sans le savoir, la même histoire. Que se serait-il passé si le médecin, à ce moment-là, avait interprété l'épuisement étrange dont se plaignait cette jeune mère d'une flopée d'enfants, quand elle portait un seau d'eau de la rivière jusqu'à la maison, comme la simple conséquence d'un excès de travail si mal compensé par une nourriture d'une rareté et d'une médiocrité désespérantes ? Cette femme ne comprend pas cette fatigue puisque, toute sa vie, elle a répété les mêmes gestes, porté les mêmes seaux d'eau au même endroit ; et c'est seulement maintenant qu'elle ressent cette lassitude l'envahir. Les enfants de la Sierra naissent et grandissent dans la rigueur de cette vie rustique et sans pitié. Trimant à des besognes ingrates et sans recevoir de soins, ils vieillissent avant l'âge. C'est au contact de ces gens que nous avons commencé à prendre conscience de la nécessité d'un changement radical dans la vie du peuple. L'idée d'une réforme agraire prenait corps dans notre esprit, et la communion avec le peuple cessa d'être une théorie pour devenir partie intégrante de notre être.

La guérilla et la paysannerie ne devenaient plus qu'un, sans que nul ne puisse dire exactement quand cette fusion s'était produite, ni à quel moment nous étions devenus intimement convaincus que nous faisions partie de la masse paysanne. Je sais seulement, en ce qui me concerne, que ces consultations dans la Sierra ont transformé ce désir spontané, quasiment lyrique, en une force d'une valeur définie et plus sereine. Jamais ce pauvre et loyal peuple de la Sierra Maestra n'a soupçonné qu'il avait participé à ce point à forger notre idéologie révolutionnaire.

À cette occasion, Guillermo García fut élevé au grade de capitaine et chargé de s'occuper de toutes les nouvelles recrues paysannes qui ralliaient nos troupes. Peut-être le camarade Guillermo n'a-t-il guère souvenir de cette date ; je l'ai notée dans mon journal de campagne : 6 mai 1957.

Le lendemain, Haydée Santamaría partait, munie d'indications précises de Fidel pour établir les contacts nécessaires ; mais, vingt-quatre heures plus tard, nous apprîmes que Nicaragua, le commandant Marcos Iglesias, chargé de nous livrer les armes, avait été capturé. Cette arrestation provoqua dans nos rangs un grand désarroi ; on ne voyait pas comment récupérer les armes. Malgré tout, nous nous résolûmes à reprendre la route vers le point de rencontre.

Nous arrivâmes près de Pino del Agua, sur la ligne de crête de la Sierra Maestra : il y avait là deux cabanes inhabitées et une tombe abandonnée, dans un creux de la montagne. Près d'une grande route, l'une de nos patrouilles captura un caporal de l'armée adverse. Ce caporal était réputé pour ses crimes sous Machado, ce qui poussa certains de nos hommes à réclamer son exécution ; mais Fidel refusa. Il ordonna simplement que le prisonnier soit confié à la surveillance des nouvelles recrues, qui n'avaient pas encore le droit de porter des fusils, mais il fut averti que toute tentative de fuite lui coûterait la vie.

Déléguant une partie de nos hommes à la garde du prisonnier, nous poursuivîmes la route, dans l'espoir de trouver les armes à l'endroit convenu et de revenir avec elles. Ce fut une longue marche ; nous n'étions pourtant pas chargés, nos sacs étaient restés au campement. Malheureusement, cette excursion ne donna rien ; le matériel n'était pas arrivé ; ce que nous mîmes sur le compte de la détention de Nicaragua. Nous fîmes halte dans une épicerie, pour nous ravitailler, puis repartîmes vers le campement avec une charge différente de celle escomptée, mais qui serait tout de même bien accueillie.

Nous reprîmes le même chemin, à faible allure, fatigués, longeant les crêtes de la Sierra Maestra, et traversant avec prudence les terrains découverts. Soudain, des coups de feu fusèrent dans notre direction ; Guillermo Domínguez, un de nos lieutenants venus avec les renforts de Santiago, était parti en avant pour rejoindre plus tôt le campement. Nous étions inquiets pour lui. On se prépara à toute éventualité, et quelques-uns de nos hommes partirent en éclaireurs. Après un moment qui nous parut interminable, nos combattants revinrent, accompagnés d'un camarade, Fiallo, qui faisait depuis peu partie du groupe de Crescencio ; il avait été enrôlé pendant notre absence. Il venait du campement et nous signala qu'un de nos hommes avait été abattu. Ils étaient tombés sur des soldats qui s'étaient repliés en direction de Pino del Agua, où se trouvait un détachement plus important. Nous avançâmes avec moult précautions. Je reconnus immédiatement le cadavre qui gisait sur le chemin.

C'était bien Guillermo Domínguez. Son pull était remonté jusqu'aux épaules. Son coude gauche était traversé par une balle ; il avait reçu un coup de baïonnette au-dessus du sein gauche et sa tête était littéralement éclatée par le tir, apparemment, de son propre fusil. Des projectiles incrustés dans les chairs lacérées de notre infortuné camarade en témoignaient.

Nous pûmes reconstruire les événements en analysant les différentes données : les soldats, sans doute à la recherche de leur compagnon prisonnier, le caporal, avaient entendu Domínguez arriver ; ayant emprunté le même chemin la veille à l'allée, celui-ci venait en confiance ; il fut arrêté par les soldats. Mais des hommes de Crescencio venaient à notre rencontre dans la direction opposée (tout cela se passait sur les hauteurs de la Maestra) ; surprenant les soldats à revers, ils avaient ouvert le feu. Avant de fuir, les sbires de Batista avaient assassiné notre camarade Domínguez.

Pino del Agua est une scierie en pleine Sierra et le chemin suivi par les soldats une ancienne voie servant à charrier le bois, que nous devions traverser après l'avoir longée sur une centaine de mètres, pour poursuivre notre étroit sentier sur la ligne de partage des eaux. Notre camarade n'avait pas pris les précautions élémentaires, inhérentes à la situation, et il eut la malchance de se trouver là en même temps que les soldats. Son destin tragique nous servit de leçon pour l'avenir.

L'arrivée des armes

Près de la scierie de Pino del Agua, nous sacrifiâmes le magnifique cheval que montait le caporal prisonnier lors de sa capture ; l'animal ne nous était d'aucune utilité dans les forêts impénétrables de la Sierra et nous manquions cruellement de nourriture. Le pire, c'est que son cavalier insistait pour nous confier son cheval, prêté par un ami ; il nous priait de le lui restituer s'il lui arrivait quelque chose et nous indiquait même l'adresse du propriétaire de l'animal, tout en dégustant, à son insu, le ragoût et la soupe concoctée avec le fidèle destrier. La viande de cheval ou de tout animal de la Sierra apportait un complément non négligeable à notre diète quotidienne.

Ce jour-là, la radio diffusa l'annonce de la condamnation de nos compagnons du *Granma* ; condamnation à laquelle un magistrat s'était opposé en votant contre la sanction. Cet homme était le juge Urrutia, dont le geste honorable lui valut d'être nommé président provisoire de la République après notre victoire du 1er janvier 1959. Ce geste en soi, la prise de position peu commune de ce magistrat, ne révélait rien de plus qu'une certaine dignité d'esprit – ce dont il ne manquait pas à ce moment-là, c'est vrai –, mais il eut pour conséquence l'intronisation d'un mauvais président, incapable de comprendre le processus politique qui se déroulait sous ses yeux, incapable d'assimiler la portée d'une révolution qui n'était pas faite pour sa mentalité rétrograde. Sa personnalité et son refus de rester à sa place nous causèrent quantité de problèmes, jusqu'à ce que cela se concrétise, devant le rejet unanime du peuple, par sa démission du poste de président le jour de la célébration du premier anniversaire du 26 juillet, jour de la liberté.

La même semaine, un contact de Santiago – qui se prénommait Andrés – vint nous annoncer la bonne nouvelle : les armes étaient en lieu sûr et seraient livrées quelques jours plus tard. Le lieu de remise du matériel serait une scierie de la région de la côte sous le contrôle des frères Babún, qui transféreraient les armes avec la complicité de gars de la ville qui espéraient faire des affaires juteuses en intervenant dans la révolution. (La suite des événements ne leur fut guère propice, et trois des fils d'un des membres de l'entreprise Babún eurent le piètre privilège de compter parmi les paysans prisonniers de Girón.)

C'est curieux de voir comment, à cette époque, toute une série de personnages pensaient profiter de la révolution à leurs fins propres et rendaient de petits services pour pouvoir ensuite jouir d'éventuelles libéralités que, pensaient-ils, le nouveau pouvoir leur accorderait – en l'occurrence, la concession de toutes les montagnes environnantes pour un abattage massif et sans pitié des forêts, ajoutée à l'expulsion des paysans, dans le but d'accroître les terres exploitables de la famille Babún. À cette même période, un journaliste américain, de la même espèce que les Babún, nous avait rejoints. Il était d'origine hongroise et s'appelait Andrew Saint George.

À cette occasion, il ne montra qu'une face de son personnage, la moins mauvaise : celle du journaliste yankee. Mais il était aussi agent du FBI. Étant la seule personne de la troupe à parler le français (personne à l'époque ne connaissait l'anglais), je fus chargé de m'en occuper et, sincèrement, le danger que représentait l'individu, qui jettera le masque lors d'un second entretien ultérieur, ne me sauta alors pas aux yeux.

Portant un poids considérable sur nos épaules, nous longions Pino del Agua et traversions des zones très escarpées pour atteindre les sources de la rivière Peladero. À partir de ce cours d'eau, nous retrouvâmes un affluent, le ruisseau Del Indio, au bord duquel nous campâmes deux jours, profitant de ce répit pour nous restaurer et attendre des nouvelles du transfert des armes. Nous passions par de petits villages de paysans, où nous instaurions une sorte de pouvoir révolutionnaire non légalisé, y laissant des sympathisants chargés de nous informer de tout ce qui se passait, y compris des déplacements de l'armée ennemie. Mais nous gardions le maquis. **De temps à autre**, il nous arrivait d'investir à **l'improviste** un petit hameau, et quelques-uns d'entre nous passaient la nuit en compagnie des villageois ; toutefois, la plupart des hommes demeuraient dans la montagne. La journée, nous restions tous sous la protection de la forêt.

Notre pire ennemi en cette période de l'année était la « *macagüera* », une espèce de taon surnommé ainsi parce qu'il pond ses œufs et naît sur l'arbre appelé « *Macagua* ». Pour notre infortune, c'est précisément au printemps que cette bestiole prolifère dans les montagnes. La «*macaguëra*» piquait le corps aux endroits découverts; et, en nous grattant, vu notre état de saleté, les plaies s'infectaient de façon fulgurante et provoquaient des abcès plus ou moins graves. Les parties des membres restées à l'air libre, les poignets et le cou arboraient le triste témoignage du passage de la «**mouche**».

Enfin, le 18 mai, des nouvelles des armes nous parvinrent, ainsi que leur composition, plus ou moins approximative. **Se répandant comme une traînée de poudre** parmi les combattants, cette annonce provoqua de grands remous dans tout le campement. Tous espéraient améliorer leur équipement de combat, avec le secret espoir d'obtenir une nouvelle arme, que ce soit directement du lot qui arrivait ou parce que l'avancement des plus âgés leur permettrait d'hériter d'une arme, même défectueuse, que ceux-ci auraient abandonnée au profit d'une neuve. Nous apprîmes également que le film du journaliste Bob Taber sur la Sierra Maestra avait été diffusé et avait obtenu un grand succès aux États-Unis. Cet événement réjouit tout le monde, excepté Andrew Saint George, qui, malgré son activité comme agent du FBI, avait sa petite fierté journalistique et se sentait frustré. Le lendemain **de cette mauvaise nouvelle**, il embarquait à bord d'un yacht en partance pour Santiago de Cuba et quittait définitivement l'exploitation des Babún.

Le jour même, on remarqua l'absence d'un de nos hommes. Ce combattant manquant à l'appel représentait maintenant un danger, puisqu'il connaissait, comme tout le reste du campement, la nouvelle du transfert des armes. On envoya des patrouilles à sa poursuite. À leur retour, plusieurs jours plus tard, celles-ci **annoncèrent que** le déserteur avait réussi à prendre un bateau à Santiago. Nous supposâmes que son intention était de prévenir les autorités ; pourtant, l'avenir nous démontrerait qu'il n'en était rien : sa seule incapacité physique et morale à supporter nos conditions de vie extrêmes avait eu raison de sa résistance de combattant de la révolution. Quoi qu'il en soit, il nous fallut renforcer notre vigilance. La lutte contre le manque de préparation physique, idéologique et morale de nos combattants était quotidienne ; mais les résultats n'étaient pas toujours à la hauteur. La plupart du temps, les hommes demandaient la permission de sortir du camp pour des raisons plus ou moins douteuses. Si on la leur refusait, il se passait ce qui venait d'arriver avec ce déserteur. Il ne faut pas oublier que la désertion était punie de peine de mort, applicable sur le lieu de détention.

Les armes arrivèrent à la nuit tombée. Pour nous, ce fut l'un des spectacles les plus merveilleux qui soient ; ces instruments de mort étaient exposés au regard concupiscent des guérilleros. Trois mitrailleuses sur tripode, trois mitraillettes Madzen, neuf fusils M-1, dix fusils automatiques Johnson et, au total, six mille cartouches. Les fusils M-1 ne comptaient que quarante-cinq munitions par unité, mais faisaient partie des armes les plus recherchées ; ils furent donc répartis en fonction des mérites des combattants et de leur temps passé dans la Sierra. L'un de ces fusils fut attribué à Ramiro Valdés, aujourd'hui commandant, et deux autres au peloton d'avant-garde que dirigeait Camilo. Les quatre restants furent réservés à la protection des mitrailleuses sur tripode. Une des mitraillettes revint au peloton du capitaine Jorge Sotús, une autre à celui d'Almeida, et la troisième à l'état-major, son maniement incombant à votre serviteur. Les mitrailleuses furent distribuées à Raúl, à Guillermo, puis à Crescencio Pérez. Responsable d'une arme de longue portée, je devenais un combattant direct – bien qu'occasionnel, ma tâche permanente restant celle de médecin. Une nouvelle ère commençait pour moi dans la Sierra.

Je me souviendrai toujours de l'instant où l'on me remit cette mitraillette. Elle était ancienne et de qualité médiocre, mais, dans de telles circonstances, c'était une précieuse acquisition. Quatre hommes avaient été délégués à la protection de cette pièce. Tous les quatre suivirent par la suite des trajectoires bien différentes : après la victoire de la révolution, les deux frères Cipriano et Manuel Beáton assassinèrent le commandant Cristino Naranjo* avant de s'enfuir dans les montagnes de la province d'Oriente, jusqu'à ce qu'un paysan parvienne à les rattraper ; ils furent fusillés. Le troisième était un adolescent de quinze ans, Joel Iglesias*, qui devait transporter presque en permanence les chargeurs de la mitraillette ; il est maintenant commandant de l'Armée rebelle. Le dernier, Oñate, est devenu **capitaine** de notre armée ; mais, à l'époque, nous le **surnommions** affectueusement « Cantinflas »[1]. L'odyssée de la troupe pour acquérir une puissance combative et une force idéologique ne se cantonna pas à la seule arrivée des armes. Quelques jours plus tard, le 23 mai, Fidel ordonnait de nouveaux départs de combattants, dont une escouade complète. Notre armée se trouva réduite à cent vingt-

1. Acteur comique mexicain (1911-1993). (NdT)

six hommes, la plupart armés ; quatre-vingts d'entre eux avec du matériel de qualité.

De l'escouade qui dut abandonner la lutte, son chef y compris, il ne nous restait qu'un homme, Crucito*. Il devint ensuite l'un des combattants les plus estimés. Crucito était un poète naturel et se retrouvait souvent avec le poète citadin Calixto Morales, un ancien du *Granma*, qui se surnommait lui-même « le rossignol des champs » ; ce à quoi Crucito, dans ses poèmes campagnards, répondait toujours ironiquement par le refrain suivant, à l'attention de Calixto : « Espèce de troubadour des cimes ».

Ce magnifique camarade profitait de chaque instant de repos pour fumer sa pipe et traduire en poésie toute l'histoire de la révolution, jusqu'au départ du *Granma*. Comme nous disposions de très peu de papier dans la Sierra, il apprenait ses vers au fur et à mesure de leur composition. Si bien qu'il ne laissa aucune trace de ses œuvres lorsqu'une balle mit fin à sa vie durant la bataille de Pino del Agua.

Dans cette région de scieries, nous bénéficiions de l'aide appréciable d'Enrique López, ami d'enfance de Fidel et de Raúl, qui était à l'époque employé chez les frères Babún. Enrique nous servait d'intermédiaire pour le ravitaillement et nous indiquait comment mobiliser nos forces sur toute la zone en prenant le moins de risques possible. Les parages étaient sillonnés de chemins qu'empruntaient les camions de l'armée ; nous tentâmes à plusieurs reprises d'en intercepter un ou deux, dans une embuscade, mais sans succès. Cela eût pourtant été de bon augure pour l'opération qui approchait, une des plus importantes sur le plan psychologique de toute l'histoire de la guerre, la bataille d'El Uvero.

Le 25 mai, nous apprîmes qu'un groupe d'expéditionnaires, dirigé par Calixto Sánchez*, venait de débarquer de la vedette *El Corintia,* à Mayari. Nous apprendrions quelques jours plus tard le désastre de cette expédition ; [l'ancien président] Prío [Socarrás] avait envoyé ses hommes à la mort sans jamais se décider à les accompagner. La nouvelle de ce débarquement nous révéla l'impérieuse nécessité de distraire les forces ennemies ; nous devions aider ces hommes à atteindre un lieu sûr pour qu'ils puissent se réorganiser et commencer à entreprendre leurs actions. Nous faisions tout cela par solidarité envers des combattants comme nous, bien que nous ignorions tout de leur composition sociale ou des vrais objectifs de ce débarquement.

Au sujet des camions, nous eûmes, Fidel et moi-même, une discussion fort intéressante. Mon opinion était que nous ne devions pas perdre l'occasion de nous emparer d'un camion et qu'il fallait nous concentrer tout particulièrement sur les pièges à leur tendre tandis qu'ils montaient et dévalaient les chemins de montagne en toute insouciance. Mais Fidel avait déjà à l'esprit l'action d'El Uvero, et il pensait que l'attaque de la caserne nous servirait davantage et que notre succès en serait d'autant plus retentissant ; cet exploit aurait un impact psychologique important et résonnerait dans tout le pays, ce qui ne risquait pas d'arriver avec la prise d'un camion, nouvelle qui serait traduite par la presse et la radio en accident de la route, ayant provoqué des morts et des blessés. Et même si les gens se doutaient de la vérité, rien ne transparaîtrait de notre présence effective dans la Sierra. Cela ne signifiait pas que l'idée de s'emparer d'un camion fût totalement abandonnée, mais une telle initiative devait avoir lieu dans des conditions optimales et ne devait en aucun cas devenir le centre de nos activités.

Aujourd'hui, plusieurs années après cette discussion au cours de laquelle Fidel prit sa décision, sans parvenir toutefois à me convaincre, je dois reconnaître que son jugement était juste et qu'entreprendre une action isolée sur l'une des patrouilles qui voyageaient en camion aurait été infiniment moins productif. Mais, à cette époque-là, l'envie de livrer combat qui taraudait la plupart d'entre nous nous poussait à adopter des attitudes toujours plus drastiques, faisant fi de toute patience et, certainement, sans vision globale qui nous aurait permis d'apprécier les objectifs à long terme. De toute manière, nous en étions déjà aux derniers préparatifs pour l'action d'El Uvero.

Le combat d'El Uvero

Une fois le point d'attaque identifié, il nous restait à préciser sous quelle forme la bataille serait livrée ; il fallait régler des problèmes importants comme vérifier la quantité de soldats sur place, le nombre de postes de garde, le type de communication qu'ils utilisaient, les voies d'accès, la population civile et sa localisation dans l'enceinte de la caserne, etc. Pour résoudre toutes ces contingences, le camarade [Gilberto] Cardero, devenu ensuite commandant de l'Armée rebelle, qui était alors, si je me souviens bien, gendre de l'administrateur de la scierie, nous fut d'une aide inestimable.

Nous supposions que l'armée possédait des données plus ou moins exactes sur notre présence dans la zone, puisque nous avions capturé une paire d'espions munis de leurs pièces d'identité, qui reconnurent avoir été envoyés par [le colonel Joaquín] Casillas pour surveiller les positions de l'Armée rebelle et ses lieux de rassemblement habituels. Le spectacle de ces deux hommes implorant notre clémence était tout à la fois répugnant et pathétique ; mais, dans ces moments difficiles, les lois de la guerre ne pouvaient être enfreintes, et les deux espions furent exécutés dès le lendemain.

Le jour même, 27 mai [1957], l'état-major et tous les officiers se réunirent. Fidel annonça que le combat aurait lieu sous les prochaines quarante-huit heures; nous devions rassembler nos troupes et les équipements pour nous tenir prêts à partir. Il ne nous en dit guère plus.

Connaissant parfaitement la caserne d'El Uvero, ses entrées, sorties et chemins d'accès, Cadero nous servirait de guide. Nous nous mîmes en marche à la nuit tombée. La route était longue, environ seize kilomètres, tout en descente; l'entreprise Babún avait fait spécialement construire ces routes pour faciliter le transport du bois. Il nous fallut tout de même pas moins de huit heures de marche, car nous devions redoubler de précautions, surtout à l'approche de l'objectif, lieu de tous les dangers. Une fois sur place, on donna les consignes d'attaque; elles étaient simples : il fallait neutraliser les postes de garde et cribler la caserne de balles.

Nous savions que la caserne ne possédait pas de système de défense majeur, à l'exception de quelques parapets disséminées dans les environs. Les points forts restaient les postes de garde de trois ou quatre hommes chacun, disposés stratégiquement autour de la caserne. Une colline, située en face, accueillerait le siège de notre état-major pour superviser l'assaut. Approcher à quelques mètres des bâtiments était relativement facile, grâce au rideau de collines qui entourait la caserne. Une des instructions formelles était de ne pas tirer sur les maisons d'habitation, qui abritaient des femmes et des enfants, y compris, d'ailleurs, la femme de l'administrateur qui avait été avertie de l'attaque mais avait refusé de sortir, de peur d'éveiller les soupçons. La population civile était notre préoccupation majeure; et nous en tînmes compte au moment de répartir les positions d'attaque.

La caserne d'El Uvero était en bordure de mer, les pieds dans l'eau; la cerner n'exigeait donc que trois points d'attaque.

On envoya les pelotons commandés par Jorge Sotús et Guillermo García neutraliser le poste de garde situé en surplomb du chemin que nous avions en partie emprunté pour venir de Peladero en longeant la mer. [Juan] Almeida devait se charger de liquider un autre poste qui se trouvait face à la montagne, plus ou moins au nord; Fidel se positionnerait sur la colline qui dominait la caserne, tandis que Raúl avancerait avec son peloton en direction de l'entrée principale; quant à moi et ma mitrailleuse, on nous assigna une position intermédiaire, accompagnés des hommes nécessaires au fonctionnement de l'engin; Camilo [Cienfuegos] et [Efigenio] Ameijeiras devaient avancer de face, à mi-chemin entre ma position et celle de Raúl, mais dans l'obscurité ils se trompèrent de direction et commencèrent le combat sur ma gauche, plutôt que sur ma droite comme c'était prévu. Le peloton de Crescencio Pérez devait se poster sur le chemin qui, venant d'El Uvero, menait à Chivirico, et barrer la route à tout renfort susceptible d'arriver de ce côté.

Nous pensions que l'action serait imminente, afin de profiter de l'effet de surprise que nous avions mis au point. Pourtant, les minutes s'écoulaient sans que les hommes aient gagné leurs positions, telles que nous les avions idéalement imaginées. Les guides, Cardero et Eligio Mendoza, qui nous pilotaient dans les labyrinthes de la jungle nous apportaient régulièrement des nouvelles des premières lignes. Nous devions néanmoins nous rendre à l'évidence : la pénombre, annonciatrice du lever du jour, commençait à nous envelopper sans que nous occupions les positions pour les surprendre. Lorsque Fidel ouvrit le feu avec son fusil à visée télescopique, la réplique fut immédiate ; les rafales de tirs en provenance des bâtiments illuminèrent la caserne de mille éclats. Du haut du petit promontoire où je me trouvais, je dominais parfaitement la caserne ; toutefois, nous étions encore trop loin, il fallait nous rapprocher.

Tout le monde avançait ; Almeida se dirigeait vers le poste qui défendait, de son côté, l'entrée de la caserne ; et, à ma gauche, on distinguait la casquette de Camilo agrémentée d'un mouchoir qui lui couvrait l'arrière du crâne. On aurait dit le couvre-nuque d'un képi de la Légion étrangère française, mais avec les insignes du Mouvement. On progressait en tentant d'esquiver les balles qui fusaient de toutes parts, et avec toutes les précautions requises pour ce genre d'affrontement.

Des combattants dispersés, qui avaient perdu leurs unités, rejoignirent notre petite escouade : un camarade de Pilón, surnommé Bomba, et les camarades Mario Leal et [Juan Vitalio «Vilo»] Acuña* rallièrent ce qui ressemblait maintenant à une petite unité de combat. La résistance s'était accentuée et nous avancions désormais en terrain plat et découvert ; il fallait être prudent, le feu de l'ennemi était continu et d'une précision redoutable.

Depuis ma position, à peine à une cinquantaine ou une soixantaine de mètres des premières lignes ennemies, je vis en face de moi deux soldats jaillir de derrière un rempart constitué de rondins de bois et courir à grandes enjambées. Je leur tirai dessus, mais ils se réfugièrent dans les maisons, sacrées à nos yeux.

Il ne nous restait plus que quelques mètres à franchir, un terrain sans le moindre brin d'herbe derrière lequel se cacher ; et les balles continuaient de siffler à nos oreilles. Soudain, en plein combat, des cris et des gémissements qui semblaient venir de tout près captèrent mon attention ; sur le coup, je pensai qu'il s'agissait d'un soldat ennemi blessé et je rampai jusqu'à lui tout en lui intimant l'ordre de se rendre. En réalité, c'était le camarade Leal ; il était blessé à la tête. J'effectuai une courte inspection de sa blessure ; la balle avait traversé la zone pariétale. Leal perdait connaissance. La paralysie commençait à envahir ses membres, sur tout un côté du corps – je ne me souviens plus duquel. L'unique bandage dont je disposais était un morceau de papier, que j'appliquai sur ses plaies. Joel Iglesias repartit avec lui, tandis que nous poursuivions notre attaque. Acte suivant, Acuña fut également touché. Freinés dans notre progression, nous tirions sur le rempart face à nous, d'où provenaient les coups de feu. Nous étions en train de reprendre courage et de rassembler nos forces pour porter l'assaut fatal à ce fortin bien gardé – seule façon d'en finir avec la résistance –, quand les forces ennemies se rendirent.

Le récit de ce combat ne prend que quelques minutes, mais, du premier coup de feu jusqu'au moment où nous nous sommes emparés de la caserne, il s'était en réalité écoulé deux heures et quarante-cinq minutes. Sur ma gauche, des hommes de l'avant-garde, Víctor Mora et quelques autres, arrêtaient des soldats qui tentaient encore de résister et, du rempart de rondins face à nous, émergea un soldat qui, ostensiblement, faisait le geste de rendre son arme. De tous côtés s'élevèrent de concert des cris de reddition. Nous avançâmes alors d'un pas ferme vers la caserne quand une dernière rafale de mitrailleuse se fit entendre ; je sus plus tard qu'elle avait fauché la vie du lieutenant Nano Díaz.

Nous arrivâmes aux bâtiments, où nous fîmes prisonniers les deux soldats qui avaient échappé au feu de ma mitraillette, ainsi que le médecin militaire et son assistant. Le docteur, un homme impavide aux cheveux gris, dont j'ignore quel fut ensuite le destin – peut-être a-t-il rejoint la révolution –, me réserva alors une étrange surprise. Mes connaissances en médecine n'ont jamais été d'une ampleur démesurée, et ma vocation, à ce moment-là, n'était pas de me consacrer aux soins ; or, la quantité de blessés qui affluaient était impressionnante. Lorsque je m'en remis à ce médecin pour qu'il prenne en charge les blessés, il me demanda quel était mon âge et depuis combien de temps j'étais diplômé de médecine. Je lui expliquai que cela faisait quelques années. Il me répondit alors franchement : « Écoute, mon garçon, occupe-toi d'eux, parce que moi je commence juste à pratiquer, et j'ai très peu d'expérience. » Se voyant prisonnier, et partagé entre son inexpérience et l'angoisse logique de la situation, ce médecin avait oublié jusqu'à la première notion de médecine. Il me fallut donc, une fois de plus, troquer mon fusil pour une tenue de médecin, symbolisée ici par un simple lavage des mains.

À l'issue de ce combat, l'un des plus sanglants auxquels nous ayons jamais été confrontés, en recoupant ce que chacun de nous venait de vivre, nous pûmes retracer l'enchaînement des différentes actions de la bataille ;

ce qui me semble bien plus intéressant pour le lecteur que la seule optique de ma participation personnelle. Le combat se déroula donc à peu près ainsi : quand Fidel donna l'ordre d'ouvrir le feu, en tirant le premier, tout le monde amorça l'avancée vers les objectifs fixés, sous le feu nourri de l'ennemi qui visait particulièrement la colline d'où notre chef menait les opérations. Quelques minutes après le déclenchement des hostilités, Julito Díaz, qui se tenait aux côtés de Fidel, fut atteint par un tir en pleine tête et mourut sur le coup. Le temps passait et les soldats menaient une résistance acharnée, sans que l'on parvienne à menacer réellement leurs positions. La mission d'Almeida était prépondérante : il devait, coûte que coûte, neutraliser le poste de garde situé au centre de l'édifice, pour permettre le passage de ses troupes et de celles de Raúl qui avançaient de front vers la caserne.

Les camarades racontèrent ensuite comment Eligio Mendoza s'était lancé dans la bataille, brandissant son fusil ; superstitieux, il prétendait avoir un « saint » qui veillait sur lui et, quand on le pria de prendre garde au danger, il répondit d'un air dédaigneux que son « saint » le protégeait contre tout. Quelques secondes plus tard, il tombait sous une décharge qui lui déchira littéralement le thorax. À l'abri dans leurs tranchées, les troupes régulières nous repoussaient en nous infligeant de lourdes pertes. La partie centrale de la caserne demeurait inaccessible. Jorge Sotús risqua une percée sur le côté en passant par le chemin de Peladero, accompagné par l'un de ses hommes surnommé « El Policía » [« le Policier »] ; mais ce dernier fut aussitôt abattu par l'ennemi, et Sotús dut se jeter à la mer pour éviter une mort certaine, réduisant à néant sa participation au combat. D'autres membres de son peloton tentèrent d'avancer, mais ils furent également repoussés : un camarade paysan, de son petit nom «Vega», me semble-t-il, fut tué ; Manals eut un poumon perforé ; Quike Escalona fut blessé à trois endroits, au bras, à la main et à la fesse. Retranché derrière le rempart de troncs qui lui servait de protection, le poste de garde balayait le terrain devant lui à la mitrailleuse et aux fusils semi-automatiques, dévastant notre petite troupe. Almeida cria l'ordre de porter un coup fatidique aux forces ennemies pour les affaiblir. Cilleros, Maceo, Hermes Levya et Pena furent blessés ; Almeida lui-même fut atteint à l'épaule et à la jambe gauche ; et le camarade Moll y laissa la vie. Cependant, cet assaut eut raison du poste de garde. La voie était libre.

De son côté, la justesse du tir de Guillermo García à la mitrailleuse avait liquidé trois soldats ; le quatrième, parti en courant, fut abattu dans sa fuite. À la tête de son peloton divisé en deux colonnes, Raúl fondit sur la caserne. L'action conjuguée des deux capitaines, Guillermo García et Almeida, avait été décisive ; tous deux avaient anéanti les postes de garde stratégiques, ce qui permit l'assaut final. Il convient de saluer le courage de Luis Crespo qui était descendu du poste de l'état-major pour participer à l'assaut, aux côtés de Guillermo García.

Lorsque la résistance ennemie s'effondra, et que nos troupes prirent possession de la caserne, un soldat agitait un mouchoir blanc. Un coup de feu partit, probablement tiré par l'un de nos hommes, auquel répondit une volée de balles, touchant Nano Díaz à la tête. Le peloton de Crescencio n'intervint quasiment pas dans le combat, sa mitrailleuse s'étant enrayée ; ses hommes durent se contenter de garder la route de Chivirico, capturant quelques soldats qui essayaient de fuir. La bataille avait donc duré deux heures et quarante-cinq minutes, sans qu'aucune victime civile ne fût à déplorer, malgré les tirs nourris de part et d'autre.

Au moment de faire le bilan du combat, nous comptabilisâmes dans nos rangs le décès de six camarades : Moll, Nano Díaz, Vega, El Policía, Julito Díaz et Eligio Mendoza. Leal et Cilleros étaient gravement blessés. Parmi les blessés plus ou moins légers, nous avions : Maceo, à une épaule ; Hermes Leyva, une plaie en séton[1] dans le thorax ; Almeida, le bras et la jambe gauches ; Quike Escalona, le bras et la main droits ; Manals, une blessure au poumon sans complication majeure ; Pena le genou ; et Manuel Acuña, le bras droit. Au total, quinze compagnons hors de combat. Dans le camp adverse : quatorze morts, dix-neuf blessés, quatorze prisonniers ; six hommes avaient réussi à s'échapper. Un total, donc, de cinquante-trois hommes, sous le commandement d'un lieutenant en second qui s'était empressé de brandir le drapeau blanc dès sa première blessure.

Si l'on considère que nos hommes étaient au nombre de quatre-vingts, et les leurs cinquante-trois, on obtient un total de cent trente-trois hommes environ engagés dans cette bataille ; dont trente-huit, c'est-à-dire plus d'un quart, furent éliminés au cours d'un peu plus de deux heures et demie de lutte. Cet assaut avait été mené par des combattants qui avançaient la poitrine

1. Une plaie en séton est une plaie qui a un trajet sous-cutané et qui comporte deux orifices, provoquée par une arme blanche, un projectile ou un corps étranger. (NdT)

découverte face à d'autres qui se défendaient comme ils le pouvaient, avec de faibles moyens de protection.

Il faut reconnaître que, des deux côtés, on fit preuve d'un courage hors du commun. Pour nous, cette victoire signifia que notre guérilla avait atteint l'âge de majorité.

À partir de ce combat, notre moral ne cessa de s'améliorer, nos espoirs et notre rage de vaincre, de s'affirmer. Et, même si les mois qui suivirent nous mirent à nouveau à l'épreuve, nous détenions déjà le secret de la victoire sur l'ennemi. Cette offensive avait scellé le destin des petites casernes isolées des principales garnisons du régime de Batista. Elles furent démantelées en un rien de temps.

L'un des premiers échanges de coups de feu avait détruit l'installation de téléphone radio, coupant les communications avec Santiago. C'est à peine si un avion survola une ou deux fois le champ de bataille. L'aviation ennemie ne se montra pas. Seuls des avions de reconnaissance firent une courte apparition, quelques heures plus tard, quand nous étions déjà hors de portée, à l'abri dans nos montagnes. Pour preuve de la concentration de nos tirs, trois des cinq pauvres perruches que comptait la caserne furent tuées durant l'offensive. Quand on pense à la taille de ce minuscule oiseau, on peut se faire une idée de l'averse de projectiles qui s'était abattue sur place.

Mes retrouvailles avec la médecine furent quelque peu émouvantes. Le premier blessé auquel je prodiguai des soins, vu son état critique, fut le camarade Cilleros. Une balle avait brisé son bras droit et, après avoir traversé un poumon, s'était de toute évidence fichée dans la colonne vertébrale, le privant de l'usage de ses jambes. Son état était gravissime et ce fut à peine si je parvins à lui administrer un calmant et à lui bander étroitement le thorax pour lui permettre de respirer. Le seul espoir de le sauver était d'emmener avec nous les quatorze prisonniers et de le laisser, en compagnie de Leal, l'autre blessé grave, entre les mains de l'ennemi, non sans avoir auparavant obtenu, de la part du médecin militaire, la promesse sur l'honneur que tous deux recevraient les soins nécessaires à leur état.

Lorsque je fis part à Cirellos de notre décision, l'enveloppant des paroles réconfortantes de rigueur, il me répondit d'un sourire triste qui en disait plus long que bien des discours et laissait entrevoir sa conviction que, pour lui, tout était fini. Je le savais aussi et fus tenté, l'espace d'une seconde, de déposer sur son front un baiser d'adieu. Mais, pour moi, plus encore que pour tout autre, cela aurait équivalu à prononcer une sentence de mort pour notre camarade ; or, le devoir me rappelait que je ne devais pas rendre ses derniers instants plus amers qu'ils ne l'étaient avec la confirmation d'une fatalité qu'il connaissait déjà. Je pris congé, le plus affectueusement possible et la mort dans l'âme, de ces deux compagnons que nous allions confier à nos ennemis. Ils réclamaient le droit de mourir parmi les leurs, au sein de leur troupe, mais nous avions aussi le devoir de lutter pour leurs vies, jusqu'au dernier moment.

Ils restèrent donc dans cette caserne, partageant le sort des dix-neuf blessés du camp ennemi que nous avions également soignés avec toute la rigueur médicale dont nous étions capables. Nos deux compagnons furent correctement traités par l'armée batistienne, mais, hélas, Cilleros ne revint même pas à Santiago. Le second, Leal, survécut à sa blessure et fut gardé en détention sur l'île des Pins jusqu'à la fin de la guerre. Il porte encore aujourd'hui les stigmates indélébiles de cet épisode de notre guerre révolutionnaire.

Après avoir rempli l'un des camions de l'entreprise Babún d'objets de toutes sortes, surtout de médicaments, nous partîmes, en dernier, rejoindre notre repaire de montagne. Nous y arrivâmes à temps pour prendre soin des blessés et dire adieu à nos morts, qui furent enterrés au détour d'un chemin. La répression qui devait suivre la prise de la caserne promettait d'être féroce. Nous décidâmes que la troupe valide partirait devant, entraînant les soldats à leur poursuite, loin du groupe de blessés dont j'avais la charge. Enrique López s'occuperait de m'assurer le transport, de me trouver un lieu sûr et de me fournir des assistants pour transporter les invalides, et des contacts pour pouvoir recevoir des médicaments et ainsi soigner nos blessés de façon convenable.

À l'aube, les hommes se racontaient encore les péripéties du combat. Nul ne dormait ou presque ; et chacun, s'invitant à la veillée, y allait de ses exploits et de ceux dont il avait été témoin. Par curiosité statistique, je pris des notes sur un carnet, faisant le compte des ennemis tués au combat, d'après le récit de nos narrateurs de cette nuit-là. Le nombre de soldats tués dépassait de beaucoup celui de la totalité de la garnison que nous avions affrontée. L'imagination fantaisiste de mes camarades avait tendance à embellir leurs prouesses. Cette expérience, et bien d'autres, nous enseignèrent l'importance de faire avaliser les données par plusieurs personnes. Nous en vînmes même, par excès de zèle, à exiger que nos combattants rapportent des preuves matérielles de chaque soldat de l'armée tué, pour le comptabiliser vraiment comme une perte de l'ennemi. Notre souci de vérité ne cessa d'être une priorité constante dans la diffusion des informations de l'Armée rebelle ; il s'agissait d'en inculquer le respect à nos camarades. Pour qu'ils comprennent combien il était essentiel de faire passer la vérité avant un quelconque bénéfice provisoire.

Le matin, la troupe victorieuse nous quitta le cœur serré. Je restai en compagnie de mes assistants, Joel Iglesias, [Alejandro « Cantinflas »] Oñate, un guide du nom de Sinecio Torres et «Vilo» Acuña, devenu par la suite commandant de l'Armée rebelle, qui refusait de quitter son oncle blessé.

Soigner les blessés

Dès le lever du jour, le lendemain du combat d'El Uvero, les avions militaires survolaient la zone. Après les dernières embrassades, nos camarades en bonne santé prirent congé de notre petit groupe d'éclopés et continuèrent leur route. De notre côté, nous nous consacrâmes à effacer les traces de notre venue. Nous nous trouvions à peine à une centaine de mètres d'une route de camions où nous devions attendre l'arrivée d'Enrique López, chargé de nous aider à trouver une nouvelle cachette et de nous y transférer.

Les blessés à déplacer étaient Almeida et Pena, incapables de faire un pas ; Quike Escalona, dans la même situation ; et Manals, à qui je recommandai de ne pas marcher en raison de sa blessure au poumon. Manuel Acuña, Hermes Leyva et Maceo : ces trois-là pouvaient encore se mouvoir par leurs propres moyens. Pour les défendre, les soigner et les transporter, nous étions « Vilo » Acuña, Sinecio Torres, Joel Iglesias, Alejandro Oñate et moi. En milieu de matinée, un contact vint nous avertir qu'Enrique López ne pouvait venir nous aider, car l'une de ses filles était malade et il avait dû se rendre à Santiago. En revanche, il devait nous envoyer quelques volontaires nous prêter main-forte. Nous les attendons encore aujourd'hui.

La situation se compliquait : les plaies de Quike Escalona s'infectaient et l'état de Manals s'aggravait. Après avoir exploré les chemins alentour sans rencontrer de soldats, nous décidâmes de transporter les blessés dans une ferme, à trois ou quatre kilomètres de là, qui avait été abandonnée par son propriétaire et regorgeait de poulets.

Deux ouvriers des scieries alentour nous aidèrent à porter les blessés dans des hamacs, tâche fastidieuse qui nous prit une journée entière. Le matin suivant, après nous être repus de poulets, nous quittâmes rapidement les lieux. L'attaque de la caserne était encore récente et nous étions restés plus de vingt-quatre heures au même endroit, près de routes d'où pouvaient survenir les soldats lancés à notre poursuite; plus précisément, nous nous trouvions au bout d'un des sentiers aménagés par l'entreprise Babún pour son exploitation forestière. Comme nous disposions de peu de bras valides, la journée fut courte mais pénible; elle consista à descendre tout au fond de la vallée de la rivière Del Indio, pour gravir ensuite un étroit sentier jusqu'à une cabane où vivait un paysan appelé Israel, avec sa femme et son beau-frère. Porter nos compagnons sur des terrains si abrupts fut réellement éprouvant, mais nous le fîmes. Ces braves paysans nous offrirent même leur lit conjugal pour y installer nos blessés.

Sur les lieux de notre premier campement, nous avions laissé, bien cachée, une quantité d'armes en mauvais état, que nous ne pouvions transporter, n'ayant pris avec nous que le matériel indispensable. Au fil de notre progression, le poids de nos blessés se faisant sentir, nous en étions même venus à nous délester de ce butin de guerre de moindre valeur sur le chemin. Après notre passage, il restait toujours dans quelque cabane ou hameau des témoignages de notre présence sous la forme d'un objet oublié. Comme nous avions un peu de temps devant nous, nous décidâmes de revenir sur les lieux de notre précédente étape pour faire disparaître toute trace de notre venue ; notre sécurité en dépendait. Pendant ce temps-là, Sinecio partit à la recherche de connaissances qu'il avait dans cette région de Peladero.

Soudain, Acuña et Joel Iglesias vinrent me prévenir qu'ils avaient entendu des voix étrangères provenant de l'autre versant de la montagne. Nous pensâmes alors que l'heure de nous battre était venue, dans des conditions d'une rare difficulté ; mais notre devoir était de défendre jusqu'à la mort la charge précieuse de blessés qu'on nous avait confiée. Nous avançâmes vers l'endroit d'où venaient les voix, faisant en sorte que l'affrontement ait lieu le plus loin possible de la ferme. Nous remarquâmes des traces de pieds nus sur le sol, signe que les intrus avaient emprunté le même chemin. Nous rapprochant des voix en question avec une discrétion de Sioux, nous surprîmes alors une discussion des plus anodines, qui mêlaient divers sujets sur un ton volubile. Armé de ma mitraillette Thompson, et comptant sur l'aide de « Vilo » et de Joel, je décidai d'interrompre les bavards. Il s'agissait en fait des prisonniers d'El Uvero que Fidel avait relâchés et qui revenaient tranquillement, cherchant leur direction. Certains étaient pieds nus. Un vieux caporal, à bout de forces, nous manifesta, d'une voix asthmatique, son admiration pour notre connaissance de la montagne. Ils venaient sans guide, avec pour tout bagage un laissez-passer signé par Fidel. Profitant de l'effet de surprise causé par notre apparition, nous leur interdîmes de pénétrer dans la montagne.

Habitués à la ville, ces soldats ne se sentaient guère la force d'affronter la jungle de la Sierra Maestra. Nous rebroussâmes chemin vers la ferme aux poulets pour leur indiquer la voie permettant de rejoindre la côte, non sans leur avoir précisé, une nouvelle fois, que la montagne était notre domaine, et que notre patrouille – nous leur faisions croire que nous n'étions qu'une simple patrouille – se chargerait, le cas échéant, d'avertir sans délai nos forces armées d'une présence étrangère.

Malgré tout, il fallait anticiper leur réaction une fois retournés auprès des leurs et nous tenir prêts à lever le camp.

Nous profitâmes cette nuit-là de l'hospitalité du paysan, mais dès l'aube, nous partîmes pour la montagne. J'envoyai le couple de paysans chercher des poules pour les blessés ; nous les attendîmes toute la journée, en vain ; ils ne revinrent jamais. Nous avons appris plus tard que les soldats les avaient capturés dans leur petite cabane et que, le lendemain, ils s'en étaient servis comme guides pour retrouver notre précédent campement.

Nous restions sur nos gardes, parant à toute attaque-surprise éventuelle. Dans la situation où nous nous trouvions, il était facile d'imaginer les conséquences d'une bataille sur notre petit groupe. La nuit tombait quand Sinecio arriva avec trois volontaires, un vieil homme prénommé Feliciano, et deux autres qui intégreraient plus tard l'Armée rebelle : [Teodoro] Banderas, tué à la bataille d'El Jigüe, avec le grade de lieutenant ; et Israel Pardo*, l'aîné d'une grande famille de combattants, devenu ensuite capitaine dans notre armée. Ces compagnons nous aidèrent à déplacer rapidement les blessés vers un hameau, en dehors de la zone de danger. Pendant ce temps, Sinecio et moi attendîmes, presque jusqu'à la nuit tombée, le retour du couple de paysans qui devait nous rapporter des vivres. Ce qui leur était impossible puisqu'ils étaient déjà prisonniers. Redoutant une nouvelle trahison, nous convînmes qu'il ne fallait pas s'éterniser dans ce nouveau hameau. Le repas fut donc très frugal, composé de quelques aliments glanés dans les parages. Le lendemain, six mois précisément après le débarquement du *Granma*, la journée commença tôt pour nous. Pour des hommes rompus aux randonnées de montagne, nous étions vite épuisés et ne pouvions marcher que sur de courtes distances. Notre capacité de transport se limitait à un blessé ; étant donné les conditions difficiles en montagne, nous devions porter les hamacs suspendus à une solide branche d'arbre qui nous détruisait littéralement les épaules, si bien qu'il fallait changer de porteurs toutes les dix ou quinze minutes. Six à huit hommes étaient nécessaires pour transporter un blessé dans ces circonstances. Almeida avançait à moitié en se traînant, à moitié en s'appuyant sur des bouts de branches, ce qui ralentissait considérablement la marche ; jusqu'à ce qu'Israel coupe à travers la montagne et vienne le chercher avec des porteurs.

Ensuite, de violentes trombes d'eau paralysèrent durant quelques heures notre progression vers la maison des Pardo. Notre calvaire ne prit fin que le soir venu. À raison d'un kilomètre toutes les trois heures, il nous avait fallu douze heures pour parcourir quatre kilomètres, soit à peine une lieue.

Dans de telles épreuves, Sinecio Torres se révéla vraiment l'homme providentiel de notre petite troupe. Il connaissait parfaitement la région, ses chemins et ses habitants ; il débordait de ressources. Ce fut lui qui, deux jours plus tard, emmena Manals à Santiago pour le faire soigner. Nous préparions également les conditions du transfert de Quike Escalona, dont les blessures s'infectaient. Des nouvelles contradictoires nous parvenaient, annonçant tantôt la capture de Celia [Sánchez], tantôt sa mort.

Des rumeurs circulaient aussi sur la possible arrestation d'un de nos camarades, Hermes Cardero, par une patrouille de l'armée. Nous ne savions pas s'il fallait croire ou non à ces nouvelles parfois effrayantes. Celia, par exemple, était notre seul agent de liaison fiable ; sa détention signifiait pour nous l'isolement total. Heureusement, les informations la concernant étaient fausses ; en revanche, Hermes Cardero avait miraculeusement échappé à la mort après être passé par les geôles de Batista.

Sur les rives du fleuve Peladero vivait David, le régisseur d'un grand propriétaire terrien, qui coopéra beaucoup avec nous. David tua une vache pour nous l'offrir, mais nous devions aller la chercher. L'animal avait été débité en morceaux que nous devions transporter de nuit. J'envoyai d'abord un premier groupe, avec Israel Pardo à sa tête, puis un second, dirigé par Banderas. Banderas était relativement indiscipliné et n'accomplit pas sa tâche, laissant à l'autre groupe l'entière besogne de transporter l'animal sacrifié. Ce qui leur prit toute une nuit.

Comme Almeida était blessé, une petite troupe se formait déjà sous mon commandement. Conscient de mes responsabilités, je notifiai à Banderas qu'il ne faisait plus partie des combattants et serait relégué au rang de simple sympathisant tant qu'il ne modifierait pas son comportement. Ce qu'il fit. Banderas ne fut jamais un modèle de combattant sur le plan de la discipline, mais c'était un homme audacieux, à l'esprit ouvert, simple et intelligent, à qui la révolution fit prendre conscience des réalités de la vie. Vouant une véritable passion aux arbres et à l'agriculture, il s'occupait à labourer sa modeste parcelle, loin de tout, sur les hauteurs de la Sierra ; il vivait sur une aune de terre avec deux cochons qu'il appelait par leurs noms, ainsi qu'un petit chien. Il me montra un jour la photo de ses deux enfants qui vivaient à Santiago avec leur mère, dont il était séparé, et m'expliqua qu'après la victoire de la révolution il rechercherait un bon lopin de terre à cultiver, pas ce bout de terrain hostile et pierreux, perché là-haut, presque sur les sommets.

Je lui parlai alors des coopératives ; il ne comprenait pas bien. Il voulait travailler pour son compte, à la sueur de son front ; mais, petit à petit, je réussis à le convaincre qu'il valait mieux travailler avec les autres, que les machines agricoles pouvaient l'aider à améliorer son rendement. Aujourd'hui, Banderas aurait été un producteur d'avant-garde dans le domaine de la production agricole. Dans la Sierra, il avait approfondi ses connaissances en matière de lecture et d'écriture ; il se préparait pour l'avenir. C'était un paysan éveillé, qui n'ignorait pas la valeur de contribuer, par son propre effort, à écrire un morceau d'histoire.

J'eus une longue conversation avec David, qui me demanda de dresser une liste de tout ce dont nous avions besoin ; il irait à Santiago et nous ravitaillerait. C'était le régisseur typique : hautain, méprisant envers les paysans, et raciste. Apprenant qu'il faisait partie de nos contacts, l'armée le captura et le tortura atrocement ; nous pensions qu'il était mort. Malgré tout, une fois relâché, sa première préoccupation fut de nous prévenir qu'il n'avait pas parlé.

Je ne sais pas si David vit aujourd'hui à Cuba, ou s'il a suivi ses vieux patrons dont les biens ont été confisqués par la révolution. Mais c'est un homme qui, à l'époque, a senti qu'un changement était nécessaire, même s'il n'imaginait pas que cela l'affecterait lui, et le monde qui l'entourait. Il a compris que ce changement était urgent. La révolution est faite de la somme de ces efforts sincères d'hommes du peuple. Notre mission consiste à faire ressortir ce qu'il y a de bon, de noble chez l'individu, et d'en faire un révolutionnaire ; d'en faire un David, même s'il ne comprend pas tout ce qui se passe, ou un Banderas, qui mourut sans voir l'aube d'un monde nouveau. De sacrifices aveugles comme de sacrifices anonymes et ignorés : c'est aussi de cela qu'est faite la révolution. Les hommes qui aujourd'hui pilotent les changements révolutionnaires ne doivent pas nous faire oublier tous ceux qui sont restés sur le chemin. Au contraire, ces martyrs nous rappellent qu'il faut poursuivre la lutte pour que, à l'avenir, il n'y ait plus jamais de laissés-pour-compte.

De retour

Tout le mois de juin 1957 fut consacré à soigner nos camarades blessés lors de la bataille d'El Uvero et à organiser la petite troupe qui devrait rejoindre la colonne de Fidel.

Les contacts avec l'extérieur se faisaient par l'intermédiaire de David, le régisseur, qui, par ses conseils et ses renseignements opportuns, en plus de la nourriture qu'il nous procurait, soulagea de beaucoup notre situation. Les premiers jours, nous ne pouvions encore compter sur l'aide inappréciable de Pancho Tamayo. Vieux paysan local, Tamayo entra par la suite en contact avec nous et servit également d'agent de liaison. Il mourut assassiné par les [frères Manuel et Cipriano] Beatón dans les années d'après-guerre.

Sinecio commença à faire quelques entorses à la morale de la révolution. Il s'enivra avec l'argent du Mouvement et, ne tenant plus sa langue, nous mit en danger lors de ses beuveries. Du même coup, il n'obéissait plus aux ordres et, lors d'une de ses escapades, nous ramena onze recrues qui ne possédaient aucune arme. Les ordres étaient pourtant formels. Il fallait empêcher l'enrôlement de compagnons sans arme, mais Sinecio

n'était pas le seul à les enfreindre. De nombreux jeunes gens, désireux d'intégrer notre troupe, tentaient de nous rejoindre par tous les moyens ; et les paysans, qui savaient où nous localiser, les conduisaient jusqu'à nous. Pour former notre petite colonne, pas moins d'une quarantaine de personnes se présentèrent. Mais les désertions étaient tout aussi fréquentes, parfois avec notre assentiment, parfois contre notre volonté. Si bien que les effectifs de notre petite troupe n'ont jamais dépassé les vingt-cinq à trente hommes.

À cette période, mon asthme s'aggrava, et le manque de médicaments me contraignit à une immobilité comparable à celle de nos blessés. En attendant l'arrivée des médicaments, je pus réfréner quelque peu les symptômes de la maladie en fumant la **fleur** séchée de clarín, remède mis à disposition par la nature généreuse de la Sierra, et être au mieux de ma forme pour le prochain départ. Mais celui-ci était constamment retardé. Finalement, nous organisâmes une patrouille avec comme mission de rapporter toutes les armes superflues dont nous nous étions débarrassés, après l'attaque d'El Uvero, pour les remettre dans le circuit de la guérilla.

Étant donné la situation déplorable dans laquelle nous nous trouvions, tout vieux fusil, plus ou moins en état de marche, y compris une mitrailleuse de calibre 30 sans aiguille percuteur, était un trésor potentiel, et nous consacrâmes une nuit entière à leur recherche. Enfin, la date de notre départ fut fixée au 24 juin 1957.

Notre armée était donc ainsi constituée : cinq blessés convalescents, cinq accompagnants, dix recrues de Bayamo, deux nouveaux incorporés qui s'étaient présentés « d'eux-mêmes » et quatre de la région ; vingt-six hommes au total. La marche s'organisa avec «Vilo» Acuña à l'avant-garde ; suivait ce qu'on pouvait appeler l'état-major, dirigé par moi-même – Almeida, qui se remettait lentement de sa blessure à la cuisse, devait s'occuper déjà d'avancer lui-même, ce qui lui demandait un immense effort ; venaient ensuite deux petites escouades dirigées par Maceo et Peña.

À cette époque, Peña était lieutenant. Maceo et «Vilo» étaient soldats ; Almeida, qui était capitaine, détenait le plus haut grade. Notre départ n'eut pas lieu le 24, de petits soucis venant perturber notre mise en route ; tantôt on annonçait la venue d'un des guides avec une nouvelle recrue, et il fallait les attendre ; tantôt, une nouvelle provision de médicaments et d'aliments. Le vieux Tamayo allait et venait, rapportant des aliments en conserve, des vêtements de rechange ou des informations. David, de son côté, avait remonté de Santiago, où les contacts étaient devenus sérieux et efficaces, une importante cargaison, impossible à transporter vu les difficultés de notre troupe de convalescents et de recrues inexpérimentées à déjà se prendre en charge elle-même ; au point que nous dûmes nous mettre à la recherche d'une grotte où entreposer les caisses de vivres.

Le 26 juin débuta ma nouvelle carrière de chirurgien-dentiste. Même si, dans la Sierra, on me décerna plutôt le titre plus modeste d'« arracheur de dents ». Ma première victime fut Israel Pardo, devenu plus tard capitaine de l'armée, qui s'en sortit relativement bien. La deuxième, Joel Iglesias, n'eut pas cette chance. J'eus beau tirer sur sa canine de toutes mes forces, rien n'y fit ; elle était si profondément enracinée qu'il eût fallu un bâton de dynamite pour l'extraire. Notre pauvre camarade termina la guerre avec sa dent malade. À mon absence de compétence s'ajoutait le manque cruel de « *carpules* »[1], de sorte qu'il me fallait privilégier l'« anesthésie psychologique » plutôt que l'anesthésie médicale, et user d'épithètes cinglantes et impitoyables envers le malade qui avait tendance à se plaindre pendant que j'opérais.

La seule épreuve des longues marches de montagne réussit à dissuader quelques recrues de continuer ; mais, sitôt parties, elles étaient remplacées par de nouveaux volontaires. Tamayo nous ramena quatre partisans désireux de s'engager à nos côtés. Parmi eux se trouvait Félix Mendoza*, armé d'un fusil, qui nous expliqua dans quelles circonstances il avait été, avec l'un de ses compagnons, surpris par l'armée ; tandis que ce dernier était resté prisonnier, Mendoza s'était échappé en se jetant du haut d'un rocher escarpé et avait couru sans que les soldats le rattrapent. Nous apprîmes plus tard que « l'armée » était en fait une de nos patrouilles dirigée par Lalo Sardiñas, qui avait finalement incorporé le compagnon de Mendoza dans la colonne de Fidel. Evelio Saborit*, promu par la suite commandant de notre armée, faisait également partie de ce groupe de partisans.

Avec l'arrivée de Félix Mendoza* et de ses compagnons au sein de notre troupe, nous passâmes à trente-six hommes, mais, dès le lendemain, trois nous quittèrent. D'autres se joignirent à nous quelques jours plus tard, portant notre effectif à trente-cinq. Encore une fois, dès la reprise de la marche, alors que nous remontions les rives du Peladero, plusieurs se découragèrent. Pourtant,

1. Flacons de produits anesthésiques. (NdT)

notre randonnée était ponctuée de longs arrêts pour nous permettre de nous reposer.

La radio nous tenait informés du climat de violence qui régnait sur Cuba. Le 1er juillet 1957, on annonça la mort de Josué País*, frère de Frank, ainsi que celle d'autres camarades qui s'étaient trouvés au cœur de la bataille permanente qui se livrait à Santiago. Malgré nos courtes journées de marche, nos troupes étaient épuisées, et plusieurs de nos nouveaux incorporés demandaient à se retirer pour « accomplir des missions plus utiles en ville ». En descendant la Loma [colline] de la Botella, nous fîmes halte chez Benito Mora, qui nous reçut chaleureusement dans sa modeste cabane, accrochée à flanc de rochers. Un peu avant d'arriver, je réunis notre petite troupe pour l'avertir que nous allions traverser des moments difficiles et dangereux, l'armée régulière étant toute proche ; nous allions devoir passer des semaines pratiquement sans nourriture, à marcher des journées entières ; que ceux qui ne s'en sentaient pas capables se manifestent maintenant. Quelques-uns eurent l'honnêteté de reconnaître que le courage d'affronter de telles conditions leur manquait, et de s'en aller ; mais il y en eut un, du nom de Chicho, qui jura au nom de tout un groupe, avec des trémolos de conviction dans la voix, que lui et ses compagnons nous suivraient jusqu'à la mort. Quelle ne fut pas notre surprise quand, après avoir pris congé de Benito Mora et avoir installé notre campement au bord d'une petite rivière pour la nuit, ce même groupe de gaillards présomptueux nous fit part de son souhait d'abandonner la guérilla ! Nous consentîmes à cette démission, décidant de baptiser ironiquement cet endroit la « rivière de la mort », puisqu'il avait eu raison de la « solide détermination » de Chicho et de ses compagnons. Tout le temps que nous suivîmes ce cours d'eau, jusqu'à notre sortie de la Sierra, il fut surnommé la « rivière de la mort ».

Nous n'étions plus que vingt-huit hommes, mais dès le lendemain, deux nouvelles recrues, anciens militaires, s'engageaient dans nos rangs. Ils se joignaient à nous dans notre combat pour la liberté. C'étaient Gilberto Capote et Nicolás. L'un de nos nombreux contacts de la région, Arístides Guerra, qui se révéla d'une aide inestimable à notre égard, ce qui lui valut le surnom affectueux de « Roi de la boustifaille », les avait conduits jusqu'à nous. Le « Roi de la boustifaille » rendit à la guérilla de précieux services, mille fois plus périlleux que la simple lutte contre l'ennemi, faisant traverser des troupeaux de mulets de la région de Bayamo jusqu'à notre zone d'opérations.

Tout en continuant notre marche, nous profitions des moments de pause pour entraîner notre bleusaille au tir. Les deux anciens militaires se virent assigner la pénible tâche d'enseigner les notions du maniement des armes, et du tir à blanc ; mais le manque d'adresse et la malchance aidant, les leçons à peine commencées, l'un d'eux **tira un coup de feu à balle réelle**. Son visage exprimait une consternation qu'il eût été difficile de feindre ; pourtant nous ne pouvions désormais éviter d'éprouver une certaine suspicion à son égard et lui retirâmes sa mission d'instructeur. Les deux anciens militaires, incapables d'endurer nos heures de marche, reprirent, avec Arístides, le chemin de la ville. Gilberto Capote revint néanmoins plus tard sur sa décision et nous retrouva, donnant sa vie pour la révolution en mourant héroïquement, avec le grade de lieutenant, à la bataille de Pino del Agua.

Nous quittâmes notre campement, la ferme de Polo Torres, sur le plateau, qui devint par la suite l'un de nos centres d'opérations, et reprîmes la marche, guidés par un paysan du nom de Tuto Almeida. Notre mission était d'atteindre la Nevada, puis de rejoindre Fidel, en passant par le versant nord du mont Turquino. Nous nous acheminions dans cette direction lorsque nous aperçûmes au loin deux paysans qui tentèrent de fuir à notre approche ; il nous fallut courir pour les rattraper. Ces deux paysans étaient en fait deux jeunes filles noires, les sœurs Moya, de religion adventiste, qui, bien qu'adeptes de la non-violence en raison de leurs croyances, nous furent d'un grand secours en ce moment précis et tout au long de la guerre.

Nous reprîmes des forces en nous repaissant tout notre soûl, mais, en nous dirigeant vers Mar Verde (il fallait traverser Mar Verde pour atteindre la Nevada), nous apprîmes que des troupes de l'armée batistienne rôdaient dans les parages. Après avoir consulté nos guides, notre mini-état-major décida de rebrousser chemin et de passer directement par le Turquino, chemin plus accidenté, mais en l'occurrence, moins périlleux.

Grâce à notre petit radio transistor, nous recevions des informations sur la situation du pays. Malheureusement, les nouvelles étaient alarmantes : des combats intenses avaient lieu dans la région d'Estrada Palma, et Raúl était, semblait-il, gravement blessé. (Après tant d'années, il m'est impossible de préciser aujourd'hui si c'était notre station ou celle de « radio Bemba[1] » qui diffusait cette information.) Nous ne savions pas s'il fallait prendre en compte ou non ces communiqués, lesquels, nous le savions par expérience, se révélaient souvent être le fruit de la propagande et de la « désinformation ».

Dans le doute, nous accélérâmes le pas, autant que nos forces nous le permettaient, pour rejoindre Fidel. Nous reprîmes la route de nuit jusqu'au petit refuge solitaire d'un paysan appelé el Vizcaíno [« le Basque »], en raison de ses origines. El Vizcaíno vivait absolument seul, dans sa modeste cahute, sur les parois du mont Turquino, avec pour tout compagnon une dizaine de livres marxistes qu'il gardait précieusement dissimulés sous un rocher, dans une petite cavité, loin de sa cabane. Il était fier de proclamer son appartenance marxiste, que très peu de gens du coin connaissaient. Il nous indiqua le chemin et nous poursuivîmes notre laborieuse excursion. Notre guide Sinecio s'éloignait de son centre d'opérations ; nous abordions une région qu'il ne connaissait guère et, pour son esprit simple de paysan, en marge **des raisons mêmes de la guerre**, la situation devenait profondément angoissante. Un beau jour, lors d'une halte sur le chemin, alors que Cuevo, l'une de nos recrues, montait la garde équipé d'un fusil Remington que nous lui avions confié, Sinecio Torres le rejoignit avec un autre fusil. Quand j'appris, une demi-heure plus tard, qu'il avait pris de lui-même cette initiative, je partis immédiatement les retrouver ; Sinecio ne m'avait jamais inspiré confiance, et les fusils étaient des biens précieux,

1. Radio Bemba est le nom donné par les Cubains au système du « bouche à oreille » (ou « téléphone arabe »). (NdT)

indispensables à notre survie. Évidemment, le poste de garde était désert, ils avaient déjà pris la fuite. Banderas et Israel Pardo partirent sur leurs traces, conscients que les fuyards étaient armés de fusils tandis qu'eux ne possédaient que de simples revolvers. Dans ces conditions, ils ne faisaient pas le poids face aux déserteurs.

Sans armes ni contact direct avec le chef de la révolution, avançant pratiquement à tâtons, dépourvus d'expérience, entourés d'ennemis qui, de la bouche même des paysans qui nous informaient, prenaient l'allure redoutable d'armées entières de titans, entretenir le moral des troupes était quelque peu ardu. En outre, le manque d'endurance des recrues qui venaient de la plaine et n'étaient guère entraînées aux innombrables difficultés des sentiers de montagnes provoquait des crises permanentes au sein de la troupe. El Mexicano [« Le Mexicain »], qui accéda plus tard au grade de capitaine – depuis, traître de la révolution, il s'est exilé à Miami –, tenta même de prendre la fuite.

J'eus vent de cette tentative grâce à la dénonciation du camarade Hermes Leyva, cousin de Joel Iglesias. Je décidai de résoudre le problème en confrontant les deux hommes. El Mexicano jura sur ses ancêtres que, s'il avait songé à s'éloigner, c'était non dans le but de déserter, mais de mener sa propre guérilla contre les mouchards et les traîtres. Il avait, prétendait-il, besoin d'action. En vérité, ce qu'il pensait faire, c'était bien de chasser les mouchards, mais pour les détrousser ; action de brigandage typique.

Quelque temps plus tard, au cours d'un combat à El Hombrito [« le Petit Homme »], Hermes fut l'unique perte que nous eûmes à déplorer. On suspecta El

Mexicano, qui avait été dénoncé par **la victime**, d'être l'auteur du crime, mais cela ne fut jamais confirmé. Je n'ai jamais pu élucider le rôle que cet individu avait joué **dans** cette affaire.

El Mexicano resta pourtant dans la colonne, donnant sa parole d'homme et de révolutionnaire, etc., etc., qu'il ne tenterait pas de fuir, ni n'inciterait personne à le faire.

Au bout de plusieurs jours de marche éreintante, nous atteignîmes la **région** de Palma Mocha, sur le versant est du Turquino, dans la zone de Cuevas, où des paysans nous accueillirent à bras ouverts, se réjouissant d'avoir parmi eux un « arracheur de dents », profession que j'exerçais désormais avec le plus grand enthousiasme.

Nous fîmes halte pour honorer la nourriture offerte par nos hôtes et récupérer un peu avant de reprendre presque aussitôt la route vers les lieux familiers de Palma Mocha et d'El Infierno [« l'Enfer »], où nous arrivâmes le 15 juin 1957. Un paysan du coin nous apprit alors que Lalo Sardiñas campait non loin de là avec sa troupe ; il se plaignait de la proximité de ce bivouac qui mettait en danger sa maison en cas d'attaque d'une patrouille ennemie.

Le 16 juin eut enfin lieu la rencontre entre la petite colonne que je conduisais et le peloton de l'armée de Fidel dirigé par Lalo Sardiñas. Celui-ci nous raconta les circonstances de son engagement « forcé » dans la révolution. Il était commerçant et s'occupait de procurer des vivres à l'Armée rebelle, mais il fut surpris dans sa mission et dut abattre le mouchard ; raison pour laquelle il avait pris le chemin de la guérilla. Lalo avait reçu l'ordre d'attendre l'avancée des colonnes batistiennes, commandées par [le capitaine Ángel] Sánchez Mosquera. Nous apprîmes ainsi que, une fois de plus, ce forcené de Sánchez Mosquera avait pénétré dans la zone du fleuve de Palma Mocha et était sur le point d'être encerclé par la colonne de Fidel. Mais il avait réussi à contourner l'encerclement en passant à marche forcée par le Turquino, pour se retrouver sur l'autre versant du massif.

Quelques jours plus tôt, nous-mêmes avions su que des troupes régulières circulaient dans les environs. En effet, à notre arrivée dans un hameau, nous avions découvert des tranchées qui, la veille encore, abritaient des soldats. Mais nous étions loin de soupçonner que ce qui avait tout l'air d'une offensive soutenue contre nos troupes était en fait les signaux d'une fuite de la colonne adverse ; ce qui marquait un tournant radical dans le combat de la Sierra. Nous étions désormais suffisamment puissants pour cerner l'ennemi et l'obliger à fuir, sous peine de voir ses troupes se faire écraser. Les soldats de Batista retinrent magnifiquement la leçon et ne risquèrent plus que quelques furtives incursions dans la Sierra. Sánchez Mosquera était l'un des chefs les plus tenaces, agressifs et sanguinaires de cette armée. De simple lieutenant en 1957, il devint capitaine, puis rapidement colonel – grade qu'il obtint au mois de juin de l'année suivante, 1958, à la suite de la défaite finale de l'offensive générale de l'armée. Sa promotion militaire fulgurante n'eut rien à envier à sa fructueuse carrière de brigand, dans laquelle il excellait en dépouillant impunément les paysans chaque fois qu'il pénétrait avec ses troupes dans les labyrinthes de la Sierra Maestra.

Genèse d'une trahison

Cela faisait plaisir de voir notre armée, forte à présent de près de deux cents hommes et d'un petit arsenal d'armes récentes, reprendre goût à la discipline et renouer avec l'optimisme. Les règles du jeu de l'affrontement avec l'armée batistienne avaient radicalement changé en notre faveur. Une partie du territoire était vraiment libre, les mesures de précaution n'étaient plus indispensables, et nous jouissions d'une certaine liberté pour converser la nuit autour du feu, au gré du bercement du hamac. Nous avions même l'autorisation de rendre visite aux paysans voisins de la Sierra, resserrant ainsi nos liens avec la population locale. L'accueil des anciens camarades faisait chaud au cœur.

Mais Felipe Pazos et Raúl Chibás furent les véritables *vedettes* de ces jours-là. Ces deux personnages étaient totalement différents. Raúl Chibás ne vivait que du prestige de son frère [Eduardo Chibás], symbole d'une époque qui avait marqué l'histoire de Cuba, mais ne possédait aucune de ses qualités ; ni l'expression, ni la sagacité ou même l'intelligence. Ce qui lui permettait d'être un personnage à part et une figure emblématique du Parti orthodoxe, c'était précisément son absolue médiocrité. Avare de paroles, il n'avait qu'une chose en tête : quitter la Sierra au plus vite.

Felipe Pazos avait une personnalité singulière, le prestige d'être un grand économiste et, en outre, la réputation d'être une personne honnête, qui, en tant que président de la Banque nationale, ne s'était pas laissé gagner par le système de pillage du Trésor public prôné par le gouvernement de Prío Socarrás[1], dont la fraude et le larcin avaient été l'apanage. Mérite incontestable, penserez-vous, d'avoir su rester intègre dans de telles circonstances. Mérite sans doute, en tant que fonctionnaire qui poursuit sa carrière, insensible aux problèmes graves qui secouent le pays. Mais comment peut-on se prétendre révolutionnaire sans dénoncer jour après jour les violations inconcevables de cette époque ?

Felipe Pazos s'est arrangé pour ne pas le faire et pour quitter son poste de président de la Banque nationale après le putsch de Batista, avec tous les honneurs, en récompense de son honnêteté, de son intelligence et de ses talents d'économiste distingué. Ne manquant pas d'outrecuidance, dans sa cervelle de petit Machiavel, il

1. Carlos Prío Socarrás (1903-1977). Homme politique cubain né à Bahia Honda (Pinar el Río). Dirigeant du Directoire étudiant de 1930, puis du Parti authentique, il fut élu membre de l'Assemblée constituante (1939), sénateur (1940-1948), Premier ministre (1945), puis ministre du Travail (1947-1948). En juin 1948, il fut élu président de la République et succéda à son mentor Ramon Grau San Martín. Mais, tout comme celui de son prédécesseur, son mandat se caractérisa par une corruption effrénée. Renversé en mars 1952 par Batista, il s'exila aux États-Unis, d'où il finança plusieurs mouvements d'opposition. N'ayant plus aucune prise sur la société cubaine, il s'installa définitivement aux États-Unis, où il participa à la contre-révolution. Il mourut à Miami. (NdT)

pensait être l'élu qui dirigerait la destinée du pays. Il imaginait arriver dans la Sierra et prendre la situation en main. Peut-être avait-il déjà à l'esprit sa future trahison, à moins qu'elle ne lui soit venue plus tard? Quoi qu'il en soit, sa conduite ne fut jamais franche.

Se prévalant de la déclaration conjointe [« manifeste de la Sierra Maestra », signé par Fidel Castro, Raúl Chibás et Felipe Pazos, le 12 juillet 1957] que nous analyserons plus loin, Pazos s'autoproclama ensuite représentant du Mouvement 26-Juillet à Miami, et s'apprêtait à être nommé « président provisoire de la République ». De cette manière, Prío s'assurait le soutien d'un homme de confiance à la tête du gouvernement provisoire.

Nous disposions de peu de temps pour converser, mais Fidel me fit part de ses efforts pour obtenir que le document soit réellement combatif et établisse les bases d'une déclaration de principes. Entreprise difficile face à ces deux mentalités réactionnaires et insensibles à l'appel de la lutte populaire.

Le manifeste insistait fondamentalement sur « la constitution d'un vaste front civique révolutionnaire qui comprendrait tous les partis politiques de l'opposition, toutes les institutions civiques et toutes les forces révolutionnaires ».

Une série de propositions était énumérée : « la formation d'un front civique révolutionnaire en un front commun de lutte »; la désignation d'une « personnalité appelée à présider le gouvernement provisoire »; la déclaration expresse que le front ne requérait ni n'acceptait la médiation d'une autre nation dans les affaires internes de Cuba; « la République refuserait que tout type de junte provisoire gouverne le pays, même à titre provisoire» ; la décision d'écarter définitivement l'armée de la politique et de garantir aux corps d'armée leur intangibilité ; la tenue d'élections avant un an.

Le programme sur lequel devait s'appuyer le gouvernement provisoire annonçait la liberté pour tous les prisonniers politiques, civils et militaires ; la garantie absolue de liberté d'information pour la presse écrite et pour la radio ; le respect des droits individuels et politiques inscrits dans la Constitution ; la désignation de maires provisoires dans toutes les municipalités, après consultation des institutions civiques de la localité ; la suppression du péculat[1] sous toutes ses formes et l'adoption de mesures visant à améliorer l'efficacité des organismes de l'État ; l'instauration de la carrière administrative ; la démocratisation de la politique syndicale en promouvant des élections libres dans tous les syndicats et fédérations d'entreprises ; le lancement immédiat d'une intense campagne d'alphabétisation et d'éducation civique exaltant les droits et les devoirs du citoyen envers la société et la patrie ; «asseoir les bases d'une réforme agraire qui tende à distribuer des terres en friche et à convertir en propriétaires tous les métayers, affermataires et preneurs à bail précaires afin qu'ils possèdent de petites parcelles de terre détenues par l'État ou des particuliers, une indemnisation des anciens propriétaires étant prévue» ; l'adoption d'une politique financière saine qui défende la stabilité de notre monnaie et s'attache à utiliser le budget de la nation pour la mise en chantier de grands

1. Substantif masculin, droit pénal. Soustraction ou détournement de fonds publics ou de biens de l'État par un dépositaire ou comptable public. (NdT)

travaux ; l'accélération du processus d'industrialisation et la création d'emplois nouveaux.

À ces propositions venaient s'ajouter deux points sur lesquels l'accent était mis : « Premièrement : la nomination sans délai d'une personne appelée à présider le gouvernement provisoire de la République, pour prouver au monde entier que le peuple cubain est capable de s'unir pour la liberté et de soutenir la personne qui, réunissant les conditions d'impartialité, d'intégrité, de compétence et d'honnêteté, peut incarner cette volonté de liberté. Cuba regorge d'hommes intègres, capables de présider la République.» (Naturellement, Felipe Pazos, l'un des signataires, était convaincu en son for intérieur qu'il n'y avait qu'un homme qui fût à même de devenir président, et que cet homme, c'était lui.)

« Deuxièmement : que cette personne soit désignée, en raison de leur position apolitique, par l'ensemble des institutions civiques dont le soutien dispenserait le président provisoire de tout compromis partisan, laissant place à des élections transparentes et impartiales.»

En outre, il était mentionné : « Une rencontre des deux parties n'impose pas forcément un déplacement dans la Sierra Maestra, nos représentants étant présents à La Havane, au Mexique, ou encore partout où cela est nécessaire.»

Fidel avait tenté d'intervenir pour rendre certaines déclarations sur la réforme agraire plus explicites. Malheureusement, rompre le front monolithique des deux rétrogrades – Raúl Chibás et Felipe Pazos – ne fut pas facile ; en revanche, « asseoir les bases d'une réforme agraire qui tende à distribuer des terres en friche » représentait une politique qui pouvait convenir au *Dia-*

rio de la Marina[1]. Pour comble, il était même prévu une « indemnisation des anciens propriétaires ».

Il faut reconnaître que certains des compromis établis par ce document n'ont pas été respectés par la révolution dans leur forme originelle. Mais, de son côté, l'ennemi ne s'est pas privé de rompre l'accord tacite exprimé dans ce manifeste en désavouant l'autorité de la Sierra et en manœuvrant afin de créer des entraves au futur gouvernement révolutionnaire.

Nous n'étions pas satisfaits de ce compromis, mais il était nécessaire ; à ce moment-là, il représentait une réelle avancée. Cependant, à partir du moment où il constituerait un frein au développement de la révolution, il deviendrait caduc. Dans l'immédiat, nous étions néanmoins disposés à le respecter. La trahison de l'ennemi nous aida à nous libérer de ce joug et révéla au peuple ses véritables desseins.

Nous savions qu'il s'agissait d'un programme minimal, un programme qui ménageait nos efforts, mais nous étions également conscients que, sans cela, il nous était impossible d'exprimer nos intentions depuis la Sierra Maestra et que nous devrions compter durant une longue période sur une série d'« amis » trop heureux de profiter de notre puissance militaire et de la confiance que le peuple cubain accordait à Fidel Castro, pour se livrer à d'obscures manigances et, surtout, pour imposer la domination de l'impérialisme à Cuba par le biais de sa

1. *El Diario de la Marina* était un quotidien cubain, édité à La Havane. Il fut publié pendant près de cent trente ans (1832-1960). C'était un journal de tendance conservatrice qui avait soutenu l'Espagne durant les guerres d'indépendance. (NdT)

bourgeoisie importatrice, étroitement liée aux intérêts nord-américains.

Le manifeste de la Sierra Maestra avait tout de même des côtés positifs. En se référant à la Sierra, par exemple, il spécifiait « que nul ne se laisse abuser par la propagande gouvernementale au sujet de la situation dans la Sierra. La Sierra Maestra est dorénavant un bastion indestructible de la liberté qui s'est emparée du cœur de nos compatriotes, et nous saurons faire honneur à la foi et à la confiance de notre peuple ».

« Nous saurons faire honneur » s'adressait, en réalité, à Fidel Castro ; les deux autres comparses furent incapables d'accompagner, même en tant que spectateurs, la guerre de la Sierra Maestra ; ils en redescendirent aussitôt. Chibás fut arraisonné par la police batistienne et maltraité. Tous deux partirent, après la victoire, pour les États-Unis.

Le coup politique avait été finement monté ; un groupe de représentants des plus distingués de l'oligarchie cubaine débarqua dans la Sierra Maestra « pour défendre la liberté », signa un pacte conjoint avec le chef de la guérilla, prisonnier des montagnes de la Sierra, et en repartit avec la liberté d'action de jouer cette carte à Miami.

Ces personnages avaient sous-estimé le fait que les coups politiques ont la portée que l'adversaire veut bien leur accorder. La rapidité d'action de notre chef, à laquelle s'ajoutait la confiance accordée à l'Armée rebelle des guérilleros, empêcha la trahison de s'étendre ; et sa réplique, quelques mois plus tard, à l'annonce du résultat du pacte de Miami, paralysa l'ennemi. On nous accusa de semer la division et de vouloir imposer notre volonté depuis la Sierra, mais ils durent finalement varier de tactique et préparer une nouvelle retraite, avec le pacte de Caracas[1].

Le manifeste de la Sierra Maestra portait la date du 12 juillet 1957 et fut publié dans les journaux de l'époque. Cette déclaration ne représentait pour nous qu'une petite étape de plus sur le chemin de la révolution. Notre principale mission restait de combattre les troupes ennemies sur le champ de bataille. C'est à ce moment-là qu'une nouvelle colonne, dont on me confia le commandement en m'élevant au grade de capitaine, fut créée. D'autres promotions eurent lieu : Ramiro Valdés devint, lui aussi, capitaine, intégrant ma colonne avec son peloton ; Ciro Redondo, également nommé capitaine, obtint la direction du dernier peloton. Ma colonne se composait donc de trois pelotons, le premier commandé par Lalo Sardiñas, chargé de l'avant-garde, qui était le chef en second du détachement ; les deux autres par

1. Le pacte de Caracas (20 juillet 1958) demandait explicitement l'union des ouvriers, des étudiants, des membres des professions libérales, des commerçants, des industriels, des colons, des paysans et des propriétaires pour barrer la route à la dictature, même au prix d'un certain recul dans le programme. Cet appel, qui mentionnait expressément les grands propriétaires, intervenait au moment où la bourgeoisie du sucre essayait de plus en plus de donner une expression politique à ses perspectives économiques. Mais, en décembre 1958, la guerre civile s'étendit depuis la Sierra Maestra dans l'est jusqu'au centre du pays, empêchant de procéder à la récolte de la canne à sucre. Devant ce danger, la bourgeoisie du sucre, unanime, balaya toute hésitation : Batista devait tomber. Fulgencio Batista pouvait alors penser qu'il n'y avait vraiment plus personne pour le soutenir. Pourtant, le sénateur américain Allen J. Ellender, en visite à La Havane, déclara à la presse qu'il était résolument en faveur de Batista et contre Fidel Castro, qu'il traita de « bandit ». Ce sénateur était le défenseur des intérêts de ses mandants, les betteraviers américains… (NdT)

Ramiro Valdés et Ciro Redondo. Cette colonne, qu'on surnommait « les paysans en mouvement », n'avait rien d'une armée homogène ; les soixante-quinze hommes qui la composaient étaient vêtus et armés de manière totalement hétéroclite. Pourtant, je dois reconnaître que j'éprouvais un certain orgueil à en être le chef. Je me sentais fier, mais aussi, si tant est que cela fût possible, plus proche de la révolution ; j'avais à cœur de prouver que je méritais mes nouveaux galons…

Il fut décidé d'écrire une lettre de condoléances [en raison de la mort de son frère Josué, assassiné le 30 juin 1957] à « Carlos », nom clandestin de Frank País, qui vivait alors, lui aussi, ses derniers jours. Tous les officiers de l'armée de la guérilla en mesure de le faire (les paysans de la Sierra n'étaient pas particulièrement versés dans l'art de l'écriture, ce qui ne les empêchait pas d'occuper des postes importants au sein de la guérilla) signèrent cette lettre. Une colonne comportait les noms des signataires, et en face, une seconde, leurs rangs. Quand vint mon tour, au moment d'apposer mon grade sur le papier, Fidel ordonna simplement : « Écris "commandant". » Ce fut de cette manière informelle et pour ainsi dire à la dérobée que je me retrouvai commandant de la deuxième colonne de l'armée de la guérilla. Colonne rebaptisée plus tard « quatrième colonne ».

Tout cela se passait dans une cabane de paysan, je ne me souviens plus laquelle. Les guérilleros rédigèrent un message chaleureux à leur frère de la ville, qui luttait si courageusement pour les ravitailler et réduire la pression qui pesait sur Santiago.

La dose de vanité que chacun détient au fond de son être me fit, ce jour-là, me sentir le plus heureux des hommes. Une petite étoile, symbole de ma nomination, me fut remise par Celia, accompagnée de l'une des montres-bracelets achetées à Manzanillo. Ma nouvelle colonne eut pour première mission d'encercler les troupes de Sánchez Mosquera ; mais le plus « sale type » de tous les sbires de Batista s'était déjà éloigné de la zone.

Nous devions agir pour justifier la vie semi-indépendante que nous mènerions dans la partie de la région d'El Hombrito, vers laquelle nous devions partir. Nous entamâmes alors une série de prouesses.

La commémoration du 26-Juillet approchait, et Fidel me donna carte blanche – me recommandant toutefois la prudence – pour organiser dignement les préparatifs de cette glorieuse fête. À la dernière réunion assistait un nouveau médecin, récemment incorporé à la guérilla, Sergio del Valle*, promu plus tard chef de l'état-major de notre armée révolutionnaire, qui exerçait sa profession autant que les rudes conditions de la Sierra le lui permettaient.

Nous devions prouver que nous étions en vie, après les coups reçus dans la Sierra. Les armes destinées à ouvrir un autre front à partir du Central Miranda tombèrent entre les mains de la police, qui arrêta plusieurs de nos courageux dirigeants, parmi lesquels Faustino Pérez.

Fidel s'était opposé à la division des forces, mais avait finalement cédé face à l'insistance des guérilleros du Llano [« de la Plaine »]. Cet événement prouva la justesse de sa thèse ; et nous consacrâmes désormais notre énergie à faire de la Sierra Maestra un bastion imprenable à partir duquel s'étendrait notre guérilla.

L'attaque de Bueycito

Nos premières expériences de colonne indépendante s'accompagnèrent d'un cortège de problèmes au sein de la guérilla. Il fallait instaurer une discipline de fer, organiser les troupes et constituer une sorte d'état-major pour augmenter nos chances de victoire lors des prochains combats ; entreprise quelque peu ardue, étant donné l'indiscipline de nos combattants.

Le détachement à peine formé, l'un de nos camarades les plus appréciés, le lieutenant Maceo, partit en mission à Santiago, d'où il ne revint jamais. Il fut abattu par nos ennemis.

Nous nommâmes quelques-uns de nos compagnons à des postes de responsabilité : les camarades Rodríguez et Raúl Castro Mercader* furent promus au grade de lieutenant. Notre petite force de guérilla commençait à prendre forme.

Un matin, nous eûmes la désagréable surprise de constater qu'un de nos hommes s'était enfui avec un fusil, une arme – précieuse, vu les conditions déplorables de l'époque – de calibre 22. Le déserteur, surnommé « le Chinois Wong », faisait partie de l'avant-garde et en avait certainement profité pour rejoindre son village, au pied de la Sierra Maestra. On envoya deux hommes sur ses traces ; mais, au même moment, comme pour nous ôter tout espoir de le retrouver, nos deux compagnons Israel Pardo et Banderas revinrent eux-mêmes bredouilles d'une précédente chasse aux déserteurs. Je décidai de prendre Israel dans mon équipe, pour effectuer certaines opérations spéciales, étant donné sa connaissance du terrain et son extraordinaire résistance physique.

Nous entreprîmes alors l'élaboration d'un plan très ambitieux. Il s'agissait d'attaquer d'abord la ville d'Estrada Palma avant la tombée de la nuit, puis de se diriger vers les villages voisins de Yara et Veguitas, pour s'emparer dans la foulée de leurs petites casernes et repartir par le petit chemin de montagne que nous avions emprunté à l'aller. En comptant sur l'effet de surprise, nous pouvions attaquer trois casernes en un seul assaut. Les hommes s'exercèrent au tir, en économisant les munitions ; ce qui nous permit de tester les armes et de constater qu'elles étaient toutes opérationnelles, excepté une : la mitraillette Madzen, encrassée et obsolète.

Dans une petite note, je transmis notre idée à Fidel, lui demandant de me répondre par retour s'il approuvait ou non notre plan. Nulle réponse ne nous parvint par écrit, mais nous apprîmes, par la radio, le 27 juillet, que Raúl Castro, à la tête d'une troupe de deux cents hommes – selon les informations officielles –, avait attaqué Estrada Palma.

La revue *Bohemia*, dans l'unique exemplaire non censuré de l'époque, publia un reportage sur les dommages causés par nos troupes à Estrada Palma, où l'ancienne caserne fut brûlée. Fidel Castro, Celia Sánchez et toute une pléiade de révolutionnaires étaient désignés comme les auteurs de l'attaque. Comme toujours dans ces circonstances, la légende et la vérité se confondaient sans que les journalistes puissent les dissocier. En réalité, l'attaque avait été menée par Guillermo García (alors capitaine), non pas avec deux cents hommes, mais avec à peine quelques dizaines. Nous ne pûmes tout simplement pas livrer bataille, car, de peur d'éventuelles représailles de la guérilla le 26 juillet en souvenir de l'attaque de la caserne Moncada, et sans doute peu confiant en ses forces et en ses positions, le colonel Barrera [chef des opérations de l'armée batistienne] s'était tout bonnement retiré. Ce qui s'était produit à Estrada Palma ressemblait plus à une expédition qu'à une véritable attaque. Cela n'empêcha pas l'armée de Batista de nous prendre en chasse dès le lendemain et, comme nous n'étions pas encore suffisamment organisés, de capturer l'un de nos hommes resté passer la nuit, si je me souviens bien, dans la région voisine de San Lorenzo.

Apprenant la nouvelle de cette arrestation, nous quittâmes aussitôt les parages pour tenter d'attaquer une caserne un peu plus éloignée. Il fallait commémorer le 26 juillet et ne pas laisser retomber cette ambiance propice à l'insurrection.

Sur la route de la Sierra Maestra, proche du lieudit La Jeringa [« la Seringue »], l'un des deux hommes envoyés à la poursuite du déserteur vint seul à notre rencontre et nous annonça que son compagnon de mission lui avait avoué être un ami intime de Wong le Chinois, et qu'il s'interdisait donc de l'arrêter ; puis il l'avait invité à déserter en déclarant que, quant à lui, il ne reprendrait pas la guérilla. Notre homme lui avait ordonné de l'accompagner au campement, mais le nouveau déserteur avait dédaigné l'avertissement et continué sa route. Alors notre ami avait tiré, l'abattant sur le coup.

Je décidai de réunir toute la troupe avant d'atteindre le lieu où s'était produit l'événement macabre, expliquant à nos combattants ce qu'ils allaient voir, la signification de cette scène, la raison pour laquelle la désertion était punie de mort et pourquoi il fallait agir ainsi à l'égard de ceux qui trahiraient la révolution. Silencieux, nous défilâmes devant le cadavre de cet homme qui avait choisi d'abandonner son poste, sans doute mû davantage par des considérations d'ordre personnel à l'égard de son ami déserteur et par le manque de conscience politique caractéristique de cette époque, plutôt que par déloyauté envers la révolution.

La plupart de nos camarades voyaient pour la première fois un mort de près. Les temps étaient durs et on estima que la sanction était exemplaire. Ce n'est pas utile de citer ici les noms des protagonistes ; nous dirons simplement que le déserteur était un jeune garçon, un modeste paysan de la région.

Nous reprîmes la route, traversant des zones familières. Le 30 juillet 1957, Lalo Sardiñas contacta un vieil ami à lui, Armando Oliver, un commerçant de la région de Las Minas. Rendez-vous lui fut donné dans une cabane proche de la région de California, où nous nous rencontrâmes, en compagnie de Jorge Abich, pour exposer nos intentions de prendre le village de Las Minas, occupé par l'armée, et d'attaquer la caserne de Bueycito. Mettre des inconnus dans la confidence de l'attaque était un pari risqué, mais c'étaient des amis de Lalo Sardiñas et il avait confiance en eux.

Armando nous apprit que [le major Joaquín] Casillas venait tous les dimanches dans la région, fidèle aux habitudes invétérées des militaires d'avoir des fiancées un peu partout. Cependant, nous étions davantage enclins à passer rapidement à l'attaque avant qu'on eût vent de notre présence, plutôt que de compromettre nos chances en capturant ce militaire réputé pour ses atrocités.

Il fut décidé que l'attaque aurait lieu dès le lendemain, le 31 juillet. Armando Oliver se chargerait de nous trouver des camions, des guides de la région, et un artificier capable de faire sauter les ponts qui reliaient la route de Bueycito à celle de Manzanillo et Bayamo. À deux heures de l'après-midi, le jour convenu, nous nous mîmes en route, n'atteignant que deux bonnes heures plus tard la crête de la Sierra Maestra, où nous cachâmes nos sacs à dos en lieu sûr. Le chemin à parcourir était long, et nous dûmes traverser un petit hameau dont les habitants de l'une des maisons faisaient la fête. Il fallut imposer le silence pour pouvoir « leur faire la leçon », afin qu'il soit bien clair dans leur esprit qu'ils seraient tenus pour responsables si notre passage dans leur village venait à se savoir, avant de reprendre notre course à toute allure. Naturellement, ces rencontres ne représentaient guère pour nous un énorme danger, les moyens de communication dans la Sierra Maestra étant alors quasi inexistants ; il n'y avait pas de liaison téléphonique et l'indic aurait dû courir à grandes enjambées pour arriver sur place avant nous.

En atteignant la maison de notre camarade Santiesteban, une camionnette, mise à notre disposition par notre hôte, et deux camions envoyés par Armando Oliver, nous attendaient. Ainsi motorisée, la troupe se répartit dans les trois véhicules : Lalo Sardiñas dans le premier camion, Ramirito avec moi dans le deuxième, puis Ciro et son peloton dans le dernier. Le convoi prit la route du village de Las Minas, trajet qui nous prit près de trois heures. Les soldats ennemis postés à Las Minas étaient sur le qui-vive ; notre tâche consista donc à prendre toutes les précautions pour empêcher un éventuel mouvement vers Bueycito. L'escadron d'arrière-garde, commandé par «Vilo» Acuña, resta donc sur place, tandis que le reste de la troupe reprit le chemin vers Bueycito.

À l'arrivée au village, on stoppa un camion de charbon pour l'envoyer avec l'un de nos hommes en éclaireur voir si les soldats montaient la garde. Parfois, un barrage de l'armée était installé à l'entrée pour contrôler toute personne en provenance de la Sierra. Cette fois-là, pas un soldat en vue ; les gardes dormaient tranquilles, sur leurs deux oreilles.

Nous mîmes notre plan à l'œuvre ; un plan simple, mais quelque peu ambitieux : Lalo Sardiñas devait prendre possession de la partie ouest de la caserne ; Ramiro, avec son peloton, l'encercler totalement ; Ciro, armé de la mitrailleuse réservée à l'état-major, devait se tenir prêt à attaquer frontalement ; et Armando Oliver arriverait, l'air insouciant, en voiture, pour neutraliser les gardes. À ce moment-là, les hommes de Ramirito feraient irruption dans la caserne pour arrêter tous les soldats ; dans le même temps, il faudrait user de prudence, avant que l'alerte soit donnée, pour désarmer les gardes qui dormaient chez eux.

L'escadron du lieutenant Noda, qui sera plus tard abattu au cours de la bataille de Pino del Agua, était chargé, de son côté, de barrer la route conduisant à la caserne jusqu'au départ des hostilités. William fut envoyé dynamiter le pont qui relie Bueycito à l'embranchement de la grand-route, pour stopper d'éventuels renforts ennemis.

Il fut malheureusement impossible de mener à bien notre plan. C'était difficile pour des hommes qui ne connaissaient pas le terrain, et sans grande expérience, de l'appliquer dans son intégralité. Ramiro perdit une partie de ses combattants au cours de cette nuit-là, et arriva trop tard, le camion n'ayant pas pu démarrer ; des chiens s'étaient même mis à aboyer sans retenue au moment où nous placions nos hommes sur leurs positions.

En traversant la route principale du village, je vis un individu sortir d'une maison. Lorsque je lui intimai l'ordre de s'arrêter, le soldat, pensant que j'étais l'un des siens, s'identifia : « La garde rurale ! » Mais, quand il vit que je n'hésitais pas à le mettre en joue, il s'engouffra dans la maison, ferma violemment la porte derrière lui, et l'on entendit un bruit de tables, de chaises et d'éclats de verre, tandis que quelqu'un s'échappait en catimini par la fenêtre de derrière. Une sorte de contrat tacite s'était conclu entre le soldat et moi-même : je n'avais aucune envie de tirer, ce qui importait c'était de prendre la caserne ; et l'homme ne poussa pas le moindre cri pour prévenir les militaires.

Nous étions toujours à la recherche de positions pour placer les derniers combattants quand la sentinelle de la caserne fit quelques pas dans notre direction, intriguée par la quantité de chiens qui aboyaient et probablement par les bruits de notre altercation avec le soldat. Nous tombâmes nez à nez, lui et moi, à quelques mètres de distance à peine. J'étais armé de ma mitraillette Thompson, et lui, d'un fusil Garand. Israel Pardo m'accompagnait. Je lui ordonnai de s'arrêter, et le soldat fit un mouvement avec son arme. Il ne m'en fallut pas plus pour presser le doigt sur la gâchette dans l'intention de vider mon chargeur sur ce planton un peu trop téméraire. Mais ma mitraillette s'enraya ; je restai sans défense. Israel Pardo s'apprêtait à tirer à son tour, mais son petit fusil de calibre 22, défectueux lui aussi, n'émit pas le moindre son. Je ne sais par quel miracle Israel a eu la vie sauve ; je me souviens seulement, sous l'averse de balles tirées par le Garand du soldat, d'avoir pris mes jambes à mon cou à une vitesse que je n'ai jamais pu reproduire, et d'avoir passé le coin de la rue, moitié en volant, moitié en courant, pour tomber dans la rue transversale et pouvoir décoincer ma mitraillette. Mais, dès son premier coup de feu, le soldat avait, à son insu, donné l'alerte. En entendant les rafales de tirs fuser de tous côtés, le soldat, apeuré, s'était réfugié dans une tourelle où nous l'avons retrouvé à la fin du combat, combat qui ne dura qu'une poignée de minutes.

Pendant qu'Israel allait aux nouvelles, les tirs cessèrent et la rumeur de la reddition se répandit. Aux premières détonations, les hommes de Ramirito avaient attaqué la caserne par l'arrière, pénétré dans l'enceinte et balayé la cour d'une rafale de tirs.

Six des douze soldats qui constituaient la garnison de la caserne étaient blessés. De notre côté, nous déplorions une perte définitive, celle du camarade Pedro Rivero, qui avait rejoint nos rangs depuis peu ; une balle lui avait traversé le thorax. En outre, nous avions trois blessés légers. On incendia la caserne, après y avoir prélevé tout ce qui pouvait servir ; et nous reprîmes les camions, emmenant avec nous le sergent qui dirigeait le poste militaire, et un informateur du nom d'Oran.

Entre-temps, le jour s'était levé, et les gens nous offraient des bières fraîches et toutes sortes de boissons sur la route.

Le petit pont en bois qui menait à la grand-route avait été pulvérisé. Après avoir traversé dans le dernier camion, nous fîmes également sauter un pont qui surplombait une petite rivière. L'artificier qui s'en chargea nous avait été recommandé par Oliver et était déjà considéré comme membre de la troupe ; ce fut une précieuse acquisition pour notre armée. Il s'appelait Cristino Naranjo ; il devint par la suite commandant et fut assassiné après la révolution.

De retour à Las Minas, nous fîmes halte pour mettre en scène une sorte de parodie de tribunal pour les détenus. Un de nos combattants, commerçant arabe dans le civil, se piqua au jeu de la comédie et nous implora, au nom du peuple, de libérer le sergent et le mouchard ; ce à quoi nous répliquâmes que, entre nos mains, ces deux otages constituaient une garantie que la population ne souffrirait pas de représailles de la part de l'armée, et c'était dans cette seule intention que nous les gardions prisonniers. Mais la plaidoirie du défenseur improvisé fut si efficace que nous accédâmes à la demande. Si bien que les prisonniers recouvrèrent leur liberté, et les habitants ne furent pas tourmentés.

Avant de reprendre le chemin de la Maestra, nous enterrâmes notre camarade tué au combat dans le cimetière du village. À peine nous étions-nous mis en marche, que des avions de reconnaissance nous survolèrent à haute altitude ; nous préférâmes nous abriter dans une échoppe, toujours sur la route, pour nous occuper de nos trois blessés. L'un présentait une plaie en séton qui lui avait déchiré l'épaule – blessure la plus délicate à soigner des trois ; le deuxième avait été légèrement blessé à la main par une arme de petit calibre ; et le troisième arborait, sur le crâne, une bosse causée par un coup de sabot assené par l'une des mules de la caserne, qui, blessée ou paniquée par le feu, lançait des ruades à tout-va et, selon notre ami, lui avait, à l'aide de ses pattes arrière, envoyé un bloc de maçonnerie en pleine tête. Une fois sur les hauteurs de California, nous répartîmes les armes. Bien que ma participation dans ce combat fût réduite à sa partie congrue et n'eût rien d'héroïque, puisque, aux quelques tirs que j'avais dû essuyer, j'avais présenté la partie postérieure de mon corps, je m'adjugeai un fusil-mitrailleur Browning – joyau de la caserne –, et abandonnai ma vieille Thompson et ses peu fiables et dangereux projectiles, qui refusaient de sortir au moment opportun. On procéda au partage en attribuant les meilleures armes aux plus valeureux combattants. On décida aussi le licenciement de ceux dont le comportement avait été préjudiciable, notamment les « mouillés », un groupe d'hommes qui avaient sauté dans la rivière aux premiers coups de feu. Parmi les guérilleros les plus méritants de ce combat, on peut citer le capitaine Ramiro Valdés, qui avait mené l'attaque, et le lieutenant Raúl Castro Mercader dont l'action, avec quelques-uns de ses hommes, avait été décisive.

De retour dans les montagnes, on nous informa que l'état de siège avait été décrété, la censure établie ; et nous eûmes la douleur d'apprendre l'énorme perte que venait de subir la révolution : Frank País avait été assassiné dans les rues de Santiago. Telle fut la triste fin d'une des vies les plus pures et les plus glorieuses de la révolution cubaine. Ce mois d'août 1957, les populations de Santiago, de La Havane et de tout Cuba se mirent spontanément en grève et descendirent dans la rue ; la demi-censure du gouvernement se transforma en censure absolue. Une nouvelle ère commençait, exprimée par le silence des bavards pseudo-positionnistes et les assassinats sauvages commis par les sbires de Batista dans toute l'île, qui se dressait sur le pied de guerre.

La mort de Frank País signifia la perte de l'un des plus grands révolutionnaires de son temps, mais la réaction provoquée par son assassinat prouva que des forces nouvelles rejoignaient notre lutte et que l'esprit de révolte du peuple était en marche.

Le combat d'El Hombrito

Notre colonne avait à peine un mois d'existence et nous commencions déjà à trouver nos marques dans notre secteur de la Sierra Maestra. Nous nous trouvions dans la vallée dite d'« El Hombrito », vallée ainsi surnommée parce que, de là, on pouvait apercevoir, sur les cimes de la Maestra, de gigantesques pierres plates superposées qui figuraient la silhouette d'un petit bonhomme.

Notre armée était encore novice, et il fallait entraîner les hommes avant de les soumettre à des tâches plus périlleuses. Notre guerre révolutionnaire exigeait de nous tenir, à tout moment, prêts pour le combat. Nous devions dissuader radicalement toute tentative des colonnes ennemies d'envahir cette partie de la Sierra Maestra qui commençait à être le territoire libre de Cuba.

Le 29 août, ou plutôt la nuit du 29 août 1957, un paysan nous signala qu'une troupe importante s'apprêtait à monter dans la Maestra, précisément par le chemin d'El Hombrito, qui rejoint la vallée ou continue vers les hauteurs de Conrado pour traverser la Maestra. Nous étions rodés aux fausses nouvelles qu'on tentait régulièrement de nous faire avaler ; je décidai donc de prendre le paysan en otage pour qu'il nous dise la vérité, le menaçant des châtiments les plus terribles s'il mentait. Mais celui-ci jurait et jurait encore qu'il était dans le vrai et que les soldats occupaient la ferme de Julio Zapatero, située à quelques kilomètres avant d'entrer dans la Sierra Maestra.

Nous nous déplaçâmes de nuit, pour prendre nos positions. Le peloton de Lalo Sardiñas devait se placer sur la partie est du point d'attaque, d'où ses combattants, à moitié camouflés par les fougères sèches, feraient feu sur la colonne ennemie parvenue à sa hauteur ; Ramiro Valdés, à la tête d'un peloton moins bien armé, se chargerait du « harcèlement acoustique » sur le côté ouest, pour semer la panique au sein des rangs adverses. Bien que disposant d'une force de feu plus faible, sa position était moins dangereuse, car les soldats devaient traverser un très profond ravin pour les atteindre.

Le sentier par lequel la colonne de Batista devait grimper bordait la colline du côté où Lalo était embusqué. Ciro l'attaquerait de façon oblique ; et moi, avec les hommes les mieux armés, je devais annoncer le début des hostilités en tirant le premier coup de feu. Le meilleur escadron était dirigé par le lieutenant Raúl Mercader, du peloton de Ramiro ; il représentait la force de choc censée recueillir les fruits de la victoire. Le plan était très simple : à l'endroit où le chemin marquait un virage, formant quasiment un angle à 90° pour contourner un rocher, je devais laisser passer environ une douzaine de soldats et tirer sur le dernier au moment où celui-ci amorcerait le tournant, de façon à séparer son groupe du reste de la troupe. Les soldats restants seraient alors rapidement liquidés par nos tireurs ; l'escadron de Raúl Mercader avancerait, on s'emparerait des armes des morts avant de se replier immédiatement, couverts par l'arrière-garde envoyée par le lieutenant «Vilo» Acuña.

Dès l'aube, dissimulés dans la plantation de café où Ramiro Valdés et ses hommes avaient pris position, nous guettions la ferme de Julio Zapatero, située en contrebas, sur le flanc de la colline. Avec l'apparition du soleil, on commença à distinguer un mouvement d'hommes qui entraient et sortaient du bâtiment, occupés aux premières tâches de la journée. Peu après, certains enfilèrent leur casque. Le paysan avait donc dit la vérité. Nos hommes se tenaient prêts, en formation de combat.

Je courus rejoindre mon poste tandis que la tête de la colonne ennemie se mettait en marche, laborieusement. Dans ces moments-là, l'attente était interminable, et mon doigt titillait la détente de ma nouvelle arme, la mitraillette Browning, prête à célébrer avec moi son baptême du feu contre l'adversaire.

Au bout d'un moment, le bruit courut qu'ils approchaient; les voix égrillardes et les braillements des soldats se faisaient de plus en plus nets. Le premier d'entre eux franchit le coude du chemin, le deuxième, puis le troisième; mais ils avançaient malheureusement très séparés les uns des autres. Je calculai que nous n'aurions pas le temps d'attendre la fin de la première douzaine. Quand le sixième passa devant moi, un homme poussa un cri à l'avant de la colonne et le soldat leva la tête dans un mouvement de surprise. J'ouvris aussitôt le feu sur le sixième homme, qui s'effondra. Les tirs se généralisèrent et, à la seconde rafale de mon fusil semi-automatique, les six hommes disparurent du chemin.

Je donnai à Raúl Mercader l'ordre d'attaquer avec son escadron et les quelques volontaires qui se précipitaient déjà sur le sentier ; des deux côtés, on faisait feu sur l'ennemi. Le lieutenant Orestes, de l'avant-garde, Raúl Mercader lui-même, **Alfonso Zayas*, Alcibiades Bermúdez et Rodolfo Vásquez**, entre autres, avançaient et tiraient sur la colonne ennemie, dirigée par le commandant Merob Sosa. Rodolfo Vásquez confisqua son arme au soldat que j'avais blessé, qui, à notre grand regret, se révéla être un infirmier ; l'homme ne portait qu'un revolver 45 de la garde rurale avec une douzaine de balles. Les cinq autres s'étaient échappés, se jetant dans le lit d'une rivière, sur leur droite. Remises de la surprise monumentale qu'elles venaient de subir, les troupes adverses – qui ne s'attendaient pas à rencontrer une quelconque résistance sur leur chemin – commencèrent à utiliser leurs bazookas.

La mitrailleuse Maxim était la seule arme de poids dont nous disposions, hormis ma mitraillette ; mais Julio Pérez, qui en avait la charge, échoua dans son maniement et fut incapable de la faire fonctionner.

Du côté de Ramiro Valdés, Israel Pardo et Joel Iglesias avaient progressé vers l'ennemi, munis de leurs armes quasiment infantiles, au milieu du boucan infernal des mitrailleuses qui tiraient de tous côtés, déconcertant encore davantage nos adversaires. J'ordonnai la retraite aux deux pelotons latéraux ; et, une fois ceux-ci repliés, nous fîmes de même, laissant au bataillon d'arrière-garde le soin de maintenir le feu jusqu'à ce que le peloton de Lalo Sardiñas fût entièrement hors de danger, puisque nous avions prévu une seconde ligne de résistance.

Quelques minutes plus tard, «Vilo» Acuña, qui avait accompli sa mission, nous rejoignit et nous annonça la mort d'Hermes Leyva, le cousin de Joel Iglesias. En nous retirant, nous tombâmes sur un peloton envoyé par Fidel, que j'avais averti de l'imminence d'un choc avec des forces armées supérieures en nombre. Il était commandé par Ignacio Pérez. Nous marquâmes une distance de près d'un kilomètre par rapport au lieu de l'attaque pour établir notre seconde embuscade et guetter l'arrivée des militaires. Ceux-ci ne tardèrent pas à atteindre le petit plateau qui avait servi de champ de bataille et, devant nos yeux, brûlèrent le cadavre d'Hermes Leyva pour assouvir leur vengeance. Impuissants, nous ne pûmes que riposter de loin avec quelques rafales de balles, auxquelles répondaient leurs bazookas.

Je réalisai à ce moment-là que l'exclamation du soldat qui m'avait incité à tirer si promptement avait été : « Ça, c'est une jambe.» Ce qui devait probablement signifier qu'il distinguait une partie de la montagne [une jambe d'« El Hombrito », le petit homme de pierres]. Cet affrontement dénonçait cruellement le manque de préparation au combat de nos hommes, incapables d'ajuster leurs tirs sur des ennemis qui se déplaçaient à si courte distance ; guère plus de dix ou vingt mètres devaient séparer la tête de la colonne ennemie de nos positions. Malgré tout, c'était pour nous un véritable succès ; nous étions parvenus à arrêter la colonne de Merob Sosa, qui, à la nuit tombée, se retira. Nous avions obtenu une petite victoire sur eux, avec comme trophée une minuscule arme courte pour laquelle nous avions cependant payé le prix fort : la vie de l'un de nos plus valeureux combattants. Nous avions réussi cela avec une poignée d'armes d'une efficacité très moyenne, face à une compagnie d'au moins cent quarante hommes au total, dotés des meilleures armes pour mener une guerre moderne, et qui nous avaient arrosés d'une profusion de tirs de bazookas, voire de tirs de mortiers, d'une efficacité pourtant aussi peu redoutable que les tirs épars de nos hommes sur l'avant-garde ennemie.

À l'issue de ce combat, on procéda à quelques montées en grade : Alfonso Zayas fut nommé lieutenant en récompense de son comportement méritoire dans cette bataille. D'autres hommes furent promus, mais, pour l'heure, leurs noms m'échappent. Cette nuit-là, ou le lendemain, une fois les soldats repoussés en dehors de la Sierra, nous eûmes, avec Fidel, une conversation au cours de laquelle il nous raconta, euphorique, l'attaque qu'il avait menée contre les forces batistiennes dans la région de Las Cuevas. Certains de nos courageux compagnons y avaient trouvé la mort : Juventino Alarcón, du village de Manzanillo, l'un des premiers à intégrer la guérilla ; Pastor, Yayo Castillo, Oliva, fils d'un lieutenant de l'armée de Batista, un grand combattant et un gamin admirable, comme tous nos camarades.

La bataille livrée par Fidel avait été autrement plus importante ; il ne s'agissait pas d'une embuscade mais d'un assaut contre un campement dont la défense était bien préparée. Les forces ennemies n'avaient pas été anéanties, mais elles étaient sérieusement endommagées ; et, dès le lendemain, elles avaient abandonné leur position. L'un des héros de cette journée-là avait été Pilón, un courageux combattant noir dont on dit qu'il avait découvert une cabane, durant le combat, où était entreposé « tout un tas de tubes étranges à côté de piles de caisses ». Ces objets indéterminés étaient en fait des bazookas que l'ennemi avait abandonnés, mais comme, à part leur nom, nous ignorions tout de ce genre d'engin et que lui-même ne s'y connaissait guère plus, Félix Pilón laissa ce trésor sur place et, blessé à la jambe, dut revenir à la base. Nous perdîmes ainsi l'occasion de nous procurer des armes qui nous auraient permis d'attaquer les petites fortifications ennemies.

Un ou deux jours plus tard, nous apprenions que, dans les rangs adverses, les pertes s'élevaient à cinq ou six hommes. Mais ce combat eut un contrecoup inattendu. Outre notre camarade, dont le cadavre avait subi la barbarie ennemie, quatre ou cinq paysans furent assassinés. Merob Sosa les tenait pour responsables de l'embuscade puisqu'ils n'avaient pas dénoncé la présence de nos troupes dans les parages. Je me souviens des noms d'Abigaíl, de Calixto, de Pablito Lebón (un Haïtien) et de Gonzalo González, tous absolument étrangers à notre lutte, ou du moins en partie, car ils étaient au courant de notre présence toute proche et, comme tous les paysans, sympathisaient avec notre cause. Mais ils se trouvaient dans l'ignorance totale de la manœuvre que nous planifiions ; connaissant la façon de procéder des chefs de l'armée batistienne, nous taisions nos intentions aux paysans. Et si l'un d'eux venait à passer par le lieu d'une embuscade, nous le retenions jusqu'à son déclenchement. Ces malheureux paysans furent exécutés dans leurs cabanes, auxquelles les soudards mirent ensuite le feu.

D'autre part, ce combat confortait le bien-fondé de notre tactique, consistant, dans certaines circonstances, à attaquer des colonnes en marche et à les décapiter, en frappant tout d'abord sur l'avant-garde, les premiers hommes en tête de troupe, provoquant ainsi un mouvement de panique qui dissuadait les autres soldats d'avancer. Nous obtenions ainsi l'immobilisation des forces ennemies. Cette tactique fut peaufinée au fil des attaques et devint si systématique que l'ennemi cessa de pénétrer dans la Sierra Maestra ; elle causa également des tiraillements dans ses rangs puisque les soldats refusaient d'être placés à l'avant-garde. Les combats n'étaient pas assez nombreux malgré tout pour que la discorde dans l'armée batistienne se généralise.

Mais, à ce moment-là, nous pouvions, avec Fidel, parler d'exploits ; petits sans doute quant aux dommages causés chez l'ennemi, mais grands dans le sens où le déséquilibre entre nos combattants, pauvrement armés, et la grande artillerie déployée par les forces de répression était flagrant.

Dès lors s'amorça une ère nouvelle, durant laquelle les troupes batistiennes abandonnèrent définitivement la Sierra. Seul le plus téméraire, le plus sanguinaire et l'un des plus grands brigands parmi les chefs militaires de Batista, Sánchez Mosquera, tenta encore, poussé par son instinct bravache, de rares percées dans ce territoire qui était désormais le nôtre.

El Patojo

Il y a quelques jours, rapportant les derniers événements du Guatemala, une dépêche annonçait la mort de certains de nos patriotes, et, parmi eux, Julio Roberto Cáceres Valle*.

Cet engagement de combattant révolutionnaire, au milieu des luttes de classes qui secouent notre continent, n'est pas dénué de risques, et la mort en fait malheureusement trop souvent partie. Mais la mort d'un ami, compagnon des tourments des temps difficiles comme des rêves de temps meilleurs, est toujours un déchirement pour celui qui reçoit la nouvelle. Et Julio Roberto était un grand ami. Sa silhouette malingre et sa petite taille avaient donné lieu à son surnom « El Patojo », idiotisme guatémaltèque qui signifie « le gamin, le gosse ».

Au Mexique, El Patojo avait vu naître le projet de la révolution cubaine. Il s'était aussitôt proposé comme volontaire ; mais Fidel ne voulait pas intégrer d'autres éléments étrangers dans cette entreprise de libération nationale – à laquelle j'eus, malgré tout, l'honneur de participer.

Quelques jours après la victoire de la révolution, en 1959, il avait vendu ses rares affaires et s'était présenté devant moi, à La Havane, sa petite valise à la main. Il occupa divers postes de l'administration publique et parvint même à être nommé premier chef du personnel du département de l'industrialisation de l'Institut national de réforme agraire (INRA), mais il ne se satisfaisait jamais de son travail. El Patojo aspirait à autre chose, il aspirait à la libération de son pays. Dans son esprit comme dans celui de tous les guérilleros, s'était produite une transformation profonde ; il n'était plus le gamin effrayé qui, en 1954, avait fui le Guatemala sans bien s'expliquer la défaite de son pays ; il possédait désormais une conscience révolutionnaire qui ne le quitterait plus.

La première fois que nous nous sommes rencontrés, c'était deux mois après la chute du président [Jacobo] Árbenz, dans le train qui nous conduisait à la ville mexicaine de Tapachula, dans le Chiapas, d'où nous devions partir vers Mexico. On fuyait le Guatemala. El Patojo était un peu plus jeune que moi, mais nous nous liâmes d'une amitié qui devait durer jusqu'à aujourd'hui. Nous fîmes ensemble le voyage du Chiapas jusqu'à Mexico. Nous nous trouvions confrontés au même problème : tous deux sans un sou, dépenaillés, nous devions gagner de quoi nous nourrir dans un milieu indifférent à nos malheurs, quand il n'y était pas hostile.

El Patojo n'avait pas le moindre argent ; quant à moi, je possédais juste quelques pièces. J'achetai un appareil photo et nous décidâmes tous les deux de nous consacrer à l'activité clandestine de prendre des photos dans les parcs et jardins publics, en association avec un Mexicain, propriétaire d'un petit laboratoire où nous développions nos clichés.

Parcourant l'immense capitale d'un endroit à l'autre pour remettre nos photos de piètre qualité, nous finîmes par connaître Mexico comme notre poche. Il nous fallait déployer tous nos talents de persuasion, ainsi qu'une myriade d'arguments, pour convaincre une clientèle diverse et variée que leur petit chérubin ressortait très bien sur les photos et que cela valait la peine de nous payer un peso mexicain pour cette merveille. Ce boulot nous permit de survivre durant quelques mois. Puis, peu à peu, nos chemins bifurquèrent, et les contingences de la vie révolutionnaire nous séparèrent. Comme je l'ai dit, Fidel ne voulut pas l'engager dans nos troupes, non qu'il lui reprochât un quelconque manque ou défaut, mais il se défendait de faire de notre armée une mosaïque de nationalités.

El Patojo poursuivit son parcours en travaillant dans le journalisme, puis en étudiant la physique à l'université de Mexico. Enfin, il cessa d'étudier, recommença à travailler sans jamais vraiment avancer, gagnant sa vie au gré de ses pérégrinations et des travaux les plus divers, et toujours sans rien demander à personne. De ce garçon sensible et réservé, je ne peux pas dire, encore aujourd'hui, s'il était d'une timidité maladive ou trop orgueilleux pour reconnaître certaines de ses faiblesses et de ses conflits plus intimes, qui l'empêchaient de venir trouver un ami et lui demander de l'aide. El Patojo était un esprit introverti, d'une grande intelligence et d'une grande culture, qui ne cessait de s'épanouir, à laquelle s'ajoutait une sensibilité profonde, mise au service, ces dernières années, de son peuple. Homme de parti, il avait adhéré au Parti guatémaltèque du travail (PGT), s'était astreint à une grande discipline dans son travail et ne cessait d'acquérir de l'expérience en tant que haut cadre révolutionnaire. Sa susceptibilité, ses manifestations d'orgueil d'antan n'étaient plus que de lointains souvenirs. La révolution purifie les hommes ; elle met en exergue ce qu'il y a de meilleur en eux, comme le jardinier expérimenté corrige les défauts de la plante, ne conservant que ce qui la rend plus belle ou plus féconde.

À son arrivée à Cuba [en 1959], nous avons partagé le même logement, comme de vieux amis. Mais la confiance mutuelle qui nous avait tant unis ne pouvait durer dans cette vie nouvelle ; et je ne commençai à suspecter ce qu'El Patojo avait derrière la tête que lorsque je le vis étudier avec acharnement un dialecte de son pays. Un jour, il m'annonça qu'il partait, que l'heure de son départ avait sonné et qu'il devait accomplir son devoir.

El Patojo ne possédait aucune instruction militaire, il sentait simplement que son devoir l'appelait, et il retournait dans son pays, les armes à la main, pour tenter de reproduire d'une façon ou d'une autre notre guérilla. Nous eûmes l'une des rares longues conversations de cette période cubaine. Je me contentai de lui rappeler chaleureusement trois points : mobilité constante, méfiance constante, vigilance constante. Mobilité, cela signifiait ne jamais séjourner au même endroit, ne jamais passer deux nuits dans le même lit, se déplacer sans arrêt d'un lieu vers un autre. Méfiance : se méfier même de son ombre, des paysans amis, des informateurs, des guides, des contacts ; se méfier de tout, jusqu'à ce que toute la zone soit libérée. Vigilance : des postes de guet permanents, des explorations répétées du terrain, l'établissement du campement en lieu sûr et, avant toute chose, ne jamais dormir sous un toit, ne jamais dormir dans une maison où l'on pouvait se réveiller en étant encerclé. Toutes ces recommandations constituaient la stricte synthèse de nos expériences de guérilla ; accompagnées d'une poignée de main, elles représentaient le meilleur trésor qu'un ami pouvait offrir. Lui conseiller de ne pas partir ? De quel droit, alors que, malgré nos doutes, nous avions tenté l'aventure, et que lui, dorénavant, savait que c'était possible ?

El Patojo est parti et, presque aussitôt, la nouvelle de sa mort est arrivée en retour. Comme toujours, au début, nous gardions encore l'espoir qu'il y eût une erreur de nom, que quelqu'un se fût trompé ; mais, depuis, sa mère a reconnu son cadavre. Il ne reste, hélas, nul doute sur son décès. Non seulement sur le sien, mais sur celui des camarades tombés à ses côtés ; des hommes braves, dévoués et probablement brillants, mais que nous n'eûmes guère le temps de connaître.

Une fois de plus, le goût amer de l'échec, la question à jamais sans réponse : pourquoi n'avoir pas tenu compte des expériences des autres ? Pourquoi ne pas avoir suivi les simples conseils d'un ami ? Et ce besoin insistant de savoir comment cela s'est produit, comment est mort El Patojo. Les causes de cette tragédie ne sont pas bien définies, mais on peut dire que la zone n'était pas bien choisie, les combattants pas assez entraînés, qu'ils ne se sont pas assez méfiés, négligeant malheureusement la vigilance. L'armée les a surpris, en a tué un certain nombre, les a dispersés, puis est revenue à l'attaque pour éliminer ceux qui avaient survécu la première fois. Rares furent les prisonniers, la plupart ayant été abattus comme El Patojo. L'unité de la guérilla étant anéantie, la chasse à l'homme avait pu commencer, comme ce fut le cas pour nous à Alegría de Pío.

Une fois de plus, du sang frais, du sang jeune fut versé sur les champs fertiles d'une Amérique en quête d'une liberté ardemment souhaitée. Une nouvelle bataille a été perdue. Nous devons pleurer ceux qui ont sacrifié leur vie pour elle, le temps d'affûter nos machettes et, forts de l'expérience courageuse mais malheureuse de nos morts vénérés, promettre de ne pas répéter les mêmes erreurs, de venger la mort de chacun d'eux en remportant quantité de victoires et d'accéder pour toujours à la liberté.

Quand El Patojo s'en est allé, il ne m'a pas dit qu'il laissait quelque chose ou quelqu'un derrière lui. Il n'avait pour ainsi dire pas d'affaires personnelles dont il eût fallu s'occuper à sa place. Cependant, de vieux amis m'ont rapporté de Mexico ces quelques vers écrits de sa main dans un carnet de notes qu'il avait oublié là-bas. Ce sont les derniers vers d'un révolutionnaire, mais aussi une ode à la révolution, à la patrie et à la femme qu'il aimait.

À cette femme qu'il a connue et aimée à Cuba, El Patojo adresse un souhait qui prend la valeur d'une exhortation :

Attrape, ce n'est qu'un cœur,
Loge-le dans le creux de ta main,
Et quand viendra l'heure,
Pour l'offrir à la chaleur du soleil,
Ouvre la main…

Le cœur d'El Patojo est resté parmi nous et attend que la main aimée ou amie de tout un peuple l'offre aux doux rayons du soleil d'un jour nouveau qui inondera bientôt le Guatemala et l'Amérique tout entière. Aujourd'hui, au ministère de l'Industrie où se trouvent nombre de mes amis, une petite école de statistiques porte, en son hommage, le nom de « Julio Roberto Cáceres Valle ». Plus tard, quand le Guatemala sera un pays libre, il devra y avoir là-bas une école, une usine ou un hôpital, un endroit où on luttera et où l'on travaillera pour la construction d'une société nouvelle, qui portera son nom glorieux.

Deuxième partie

Prémices de la révolution

L'histoire de l'agression militaire qui se déroula le 10 mars 1952 – coup d'État à Cuba sans effusion de sang dirigé par Fulgencio Batista – ne commence pas, naturellement, le jour même du putsch. Il faudrait rechercher ses antécédents très loin dans l'histoire du Cuba : beaucoup plus loin que l'intervention de l'ambassadeur nord-américain Summer Welles, en 1933 ; plus loin encore que l'Amendement Platt[1], en 1901 ; avant même le débarquement du héros Narciso López, émissaire direct des annexionnistes nord-américains. Il faudrait remonter à la racine du problème, à l'époque de John Quincy Adams, qui dès le début du XVIIIe siècle énonça la constante de la politique de son pays envers Cuba :

1. Les États-Unis, qui occupaient militairement Cuba depuis 1898, exigèrent que fût annexé à la Constitution de 1901 un « amendement » – l'amendement Platt – qui autorisait Washington à intervenir dans les affaires intérieures de l'île, excluait l'île des Pins du périmètre de souveraineté de La Havane et obligeait l'État cubain à céder des sites portuaires pour permettre aux navires à vapeur américains de se ravitailler en charbon. L'un de ces sites portuaires est devenu, à partir du 2 juillet 1903, la base navale militaire de Guantánamo, que les États-Unis occupent encore aujourd'hui contre la volonté de Cuba. (NdT)

une pomme qui, arrachée à l'Espagne, devait tomber fatalement entre les mains de l'Oncle Sam. Ce sont les maillons d'une longue chaîne d'agressions continentales qui ne s'exercent pas seulement à l'encontre de Cuba.

Cette marée, ce flux et ce reflux de la houle impériale, est ponctuée par la chute des gouvernements démocratiques ou par l'émergence de nouveaux gouvernements sous la pression irréfrénable des peuples. On retrouve des caractéristiques communes à l'histoire de tous les pays d'Amérique latine : les gouvernements dictatoriaux, qui représentent une petite minorité, accèdent au pouvoir par le biais d'un coup d'État ; pour les gouvernements démocratiques, singularisés par une forte adhésion populaire, le mécanisme est, en revanche, beaucoup plus laborieux. Parfois, avant d'assumer le pouvoir, ces derniers sont déjà stigmatisés par la série de concessions préliminaires accordées pour rester en place. Et, même si la révolution cubaine marque, en ce sens, une exception dans toute l'Amérique latine, il n'est pas inutile de rappeler tous les antécédents de ce processus, puisque l'auteur qui écrit ces lignes, sensibilisé à ces phénomènes et porté par les vagues de mouvements sociaux qui secouent l'Amérique latine, eut la chance de rencontrer, à cette occasion, un autre exilé latino-américain : Fidel Castro.

Je l'ai rencontré par une de ces nuits froides qui sévissent à Mexico, et je me souviens que notre première discussion porta sur la politique internationale. Quelques heures plus tard, la nuit même, je faisais partie des futurs expéditionnaires du *Granma*. Mais je voudrais revenir sur les circonstances et les causes de ma rencontre avec l'actuel chef du gouvernement cubain. Cela se passait en 1954, en période de reflux des gouvernements démocratiques en Amérique latine, tandis que l'ultime démocratie révolutionnaire latino-américaine encore sur pied dans cette région – celle de Jacobo Arbenz Guzmán[1] – succombait à l'agression froide et préméditée des États-Unis au travers du rideau de fumée de sa propagande continentale. Sa tête visible était le secrétaire d'État [John] Foster Dulles, qui, par pure coïncidence, se trouvait être également avocat et actionnaire de la United Fruit Company, principale firme impérialiste présente au Guatemala.

C'est de ce pays en déroute que je revenais, uni dans la douleur à tous les Guatémaltèques, et cherchant les moyens d'aider cette patrie en souffrance à retrouver espoir en l'avenir. Fidel, de son côté, venait au Mexique en quête d'un terrain neutre où préparer ses hommes pour le grand saut. Une scission interne s'était déjà produite, à l'issue de l'attaque de la caserne Moncada, à Santiago de Cuba ; les combattants peu sûrs de leur engagement, tous ceux qui, pour une raison ou pour une autre, avaient rejoint des partis politiques ou d'autres groupes révolutionnaires qui exigeaient des sacrifices moindres, avaient quitté le mouvement. De nouvelles promotions intégraient déjà les rangs tout récents du « Mouvement 26-Juillet », date à laquelle avait eu lieu

1. Le colonel Jacobo Arbenz Guzmán (1913-1971) fut président élu du Guatemala de 1951 à 1954. Renversé par un coup d'État organisé par la CIA – les États-Unis jugeant ses réformes de « nature communiste » –, connu sous le nom de code d'« opération PBSUCCESS », il fut remplacé par une junte militaire, dirigé par le colonel Carlos Castillo Armas, plongeant le Guatemala dans une longue période de violente instabilité politique. (NdT)

l'attaque de la caserne Moncada, en 1953. À Mexico, les instructeurs allaient devoir s'atteler à une tâche d'une extraordinaire difficulté pour entraîner ces nouvelles recrues dans la clandestinité la plus totale, luttant contre le gouvernement mexicain, contre les agents du FBI américain et ceux de Batista, contre les combinaisons de ces trois adversaires qui se formaient au gré des intérêts des uns ou des autres, et au sein desquels l'argent et la corruption régnaient en maîtres. Il fallait en outre se méfier des espions de [Rafael Leónidas] Trujillo[1], ainsi que des hommes que nous recrutions – surtout à Miami – et, après avoir surmonté toutes ces épreuves, nous devions accomplir une prouesse fondamentale : quitter le Mexique… puis, ensuite… débarquer à Cuba, puis tout le reste qui nous paraissait alors risqué. Aujourd'hui, nous mesurons la valeur de tout ce que cela nous a coûté de vies, d'efforts et de sacrifices.

Assisté d'une petite équipe de proches collaborateurs, Fidel Castro consacra toute sa vocation et son extraordinaire appétit de travail à l'organisation des hommes armés qui partiraient vers Cuba. Il ne donna pour ainsi dire jamais de cours de tactique militaire, il n'en avait guère le temps. Mais le général Alberto Bayo[2] se chargea d'instruire les hommes avec compétence. Ma première

1. Rafael Leónidas Trujillo Molina (1891-1961) fut dictateur de la République dominicaine de 1930 à 1961. (NdT)

2. Alberto Bayo (1892-1967). Ancien commandant de l'armée espagnole. Durant la guerre civile espagnole, il s'était battu du côté républicain. Après la défaite de la République, il avait émigré à Cuba (1939) et monté une académie de mathématiques. En 1941, il émigra au Mexique et fit, en 1955, la connaissance de Fidel Castro, qui le convainquit d'entraîner les futurs expéditionnaires du *Granma*. Il revint à Cuba après la victoire et publia plusieurs ouvrages. (NdT)

impression fut, dès le début de l'entraînement, que les chances de victoire étaient bien maigres en m'enrôlant avec le commandant rebelle, auquel j'étais lié, dès le commencement, par une romantique sympathie aventurière et la conviction qu'un idéal d'une telle pureté valait la peine qu'on lui sacrifiât sa vie sur une plage étrangère.

Plusieurs mois s'écoulèrent ainsi. Nos tirs commençaient à gagner en précision et des tireurs d'élite de talent émergèrent. Nous trouvâmes un ranch près de Mexico où, sous la direction du général Bayo – j'étais alors responsable des hommes –, nous fîmes les dernières mises au point avant le grand départ, en mars 1956. À la même période, deux corps policiers, à la solde de Batista, étaient sur les traces de Fidel Castro, et l'un d'eux tira le gros lot en l'arrêtant, mais commit l'erreur absurde – perdant gros cette fois-ci – de ne pas le tuer. Nombre de ses partisans furent également faits prisonniers dans les jours qui suivirent. Notre ranch, situé dans la banlieue de Mexico, tomba, lui aussi, entre les mains de la police, et nous nous retrouvâmes tous dans les geôles mexicaines.

Cet événement retarda considérablement le parachèvement de la première étape de notre plan. Certains d'entre nous restèrent en prison cinquante-sept jours durant, avec la menace, brandie au-dessus de leur tête comme une épée de Damoclès, d'être extradés (le commandant Calixto et moi-même fûmes de ceux-là). Mais, à aucun moment, nous ne perdîmes notre confiance envers Fidel Castro. Au nom de l'amitié, il prit même des risques qui, il faut le reconnaître, pouvaient compromettre son attitude révolutionnaire. Je me souviens lui avoir exposé tout ce qui jouait en ma défaveur : j'étais étranger, arrivé illégalement au Mexique, et avec toute une série de charges pesant sur moi. Je lui dis que la révolution ne devait pas, quoi qu'il advînt de ma personne, s'interrompre à cause de moi, et qu'il pouvait m'abandonner à mon sort, je comprenais très bien la situation, à ma sortie, j'essaierais d'aller me battre où on m'en donnerait l'ordre. Le seul effort que je réclamais était d'obtenir de la police qu'elle m'envoie dans un pays voisin du Mexique, et pas en Argentine. La réponse sans appel de Fidel résonne encore dans mes oreilles : «Je ne t'abandonnerai pas.» Telle fut sa décision, et il n'en dérogea point, dépensant du temps et de l'argent, pourtant précieux à notre cause, pour nous faire sortir de cette prison mexicaine. Cette attitude de Fidel envers les gens qu'il apprécie est la clé du fanatisme qui l'entoure; à l'adhésion à ses principes s'ajoute l'adhésion à sa personne, qui fait de cette Armée rebelle un bloc indivisible.

Les jours passèrent, à travailler dans la clandestinité, à se cacher où on pouvait, à fuir, dans la mesure du possible, toute présence publique, sans pratiquement jamais sortir dans la rue. Quelques mois plus tard, nous apprîmes qu'un traître, dont nous ignorions le nom, habitait nos rangs et avait vendu une de nos cargaisons d'armes. Il avait également vendu le yacht et un émetteur radio, même si le «contrat légal» de vente n'était pas encore signé. Cette première livraison servit à démontrer aux autorités cubaines que le traître était effectivement bien informé de nos activités. Ce fut également ce qui nous sauva.

À partir de ce moment-là, une activité fébrile s'empara de nos troupes : en un clin d'œil, le *Granma* fut affrété ; on chargea les quelques vivres que nous avions pu rassembler, les uniformes, les armes, le matériel et deux fusils anti-tanks quasiment sans munitions. Enfin, le 25 novembre 1956, à deux heures du matin, les phrases de Fidel, qui avaient fait l'objet de railleries de la presse officielle, prirent alors tout leur sens : «En 1956, nous serons libres ou nous serons martyrs.»

Nous appareillâmes, tous feux éteints, du port de Tuxpan, le bateau rempli à ras bord de toutes sortes de matériel et d'hommes. Une tempête s'annonçait. Bien qu'il fût interdit de naviguer, l'embouchure du fleuve était encore relativement calme. Une fois le port du Yucatán derrière nous, nous allumâmes les feux de signalisation. Les effets de la houle commençant à se faire sentir, il était temps de se lancer à la recherche des médicaments contre le mal de mer. Mais ceux-ci restaient introuvables. Pour se donner du courage, on entonna les hymnes national cubain et du 26-Juillet, mais au bout de cinq minutes, le bateau tout entier prit une allure ridiculement tragique : sur le visage des hommes qui se tenaient l'estomac des deux mains, cherchant un endroit où rendre gorge, on pouvait lire l'angoisse qui leur tenaillait les entrailles ; certains avaient la tête dans un seau, d'autres gisaient, renversés dans les positions les plus étranges, immobiles, leurs vêtements souillés par les vomissures. À part deux ou trois marins et quatre ou cinq autres personnes, le reste des quatre-vingt-trois passagers étaient pris de nausées. Mais, dès le quatrième ou cinquième jour, le panorama général devint un peu plus réjouissant. Nous découvrîmes que la voie d'eau qui affectait l'embarcation n'était qu'un robinet des toilettes resté ouvert. Tout le superflu avait déjà été balancé par-dessus bord, pour alléger l'embarcation.

La route choisie comprenait un grand détour par le sud de Cuba, en longeant la Jamaïque, l'île de Grand Cayman, puis le débarquement non loin du village de Níquero, dans la province d'Oriente. Les plans s'exécutaient avec une certaine lenteur : le 30 novembre, nous apprîmes par la radio que notre grand Frank País avait provoqué des émeutes dans la ville de Santiago de Cuba, pensant synchroniser son action avec le débarquement de l'expédition du *Granma*. Le lendemain, 1er décembre, dans la nuit, à court d'eau douce, de pétrole et de nourriture, nous mîmes le cap droit sur Cuba, scrutant désespérément l'horizon à la recherche du phare de Santa Cruz.

À deux heures du matin, dans cette nuit noire d'un ciel sans lune, la tempête se leva. Les vigies allaient et venaient, en quête du faisceau de lumière qui nous signalerait la proximité de la terre ferme. [Roberto] Roque [Núñez]*, ancien lieutenant de marine, grimpa une fois encore sur le petit pont supérieur, dans l'espoir d'apercevoir le phare, puis perdit pied, et tomba à la mer. Au moment de nous remettre en route, la lumière du cap apparut enfin, mais la progression chaotique de notre embarcation rendit les dernières heures du voyage interminables. Le jour était déjà levé lorsque nous avons atteint Cuba à un endroit connu sous le nom de Belic, sur la plage de Las Coloradas.

Un bateau côtier nous vit et communiqua immédiatement par radio sa découverte à l'armée de Batista. À peine débarqués, dans la hâte et en emportant avec nous le strict nécessaire, l'aviation ennemie nous prenait en chasse dans les marécages. Naturellement, comme nous avancions dans des lagunes couvertes de mangrove, les avions ne pouvaient ni nous distinguer ni nous attaquer, mais l'armée de la dictature était à nos trousses. Nous mîmes plusieurs heures à nous extraire des marais, où l'irresponsabilité et l'impéritie d'un camarade qui prétendait connaître les lieux nous avaient plongés. Nous continuâmes sur la terre ferme, à la dérive, telle une armée d'ombres, de fantômes, qui avançait en trébuchant, mue par la force de quelque obscur mécanisme psychique. Durant les sept jours de traversée, nous avions été confrontés à la faim et au mal de mer ; nous allions endurer à présent trois jours terribles sur la terre ferme. Dix jours exactement après avoir quitté Mexico, à l'aube du 5 décembre 1956, au terme d'une longue nuit de marche interrompue par les malaises et l'épuisement, la troupe atteignit enfin un massif rocheux connu sous le nom, paradoxalement, d'Alegría de Pío [« la Joie de Pie »]. Ce massif bordait d'un côté une plantation de canne à sucre, et de l'autre, des clairières qui donnaient sur une forêt dense. Le lieu était mal choisi pour dresser le campement, mais nous y fîmes halte pour patienter la journée, avec l'intention de reprendre la marche à la nuit tombée.

[Extrait initial de « Une Révolution qui commence », publié dans *O Cruzeiro*[1], 16 juin, 1er juillet et 16 juillet 1959.]

---

1. *O Cruzeiro* était un magazine illustré, édité à Rio de Janeiro, au Brésil. Sa première édition parut le 10 novembre 1928. C'était en quelque sorte une imitation de *Vu*, le grand magazine français de l'entre-deux-guerres. (NdT)

À la dérive

Le lendemain de l'attaque d'Alegría de Pío, ne sachant trop de quel côté nous diriger, nous cheminions au milieu des montagnes, où alternaient la terre rouge et les rocs en « dents de chien ». Des coups de feu isolés se faisaient écho de part et d'autre des parois rocheuses. [Rafael] Chao, un vétéran de la guerre d'Espagne, était d'avis que cette façon de progresser nous conduirait inévitablement dans une embuscade ; il suggéra alors de rechercher un endroit propice pour attendre la nuit et reprendre notre marche.

Nous n'avions pratiquement plus d'eau, l'unique boîte de lait qui nous restait ayant subi la mésaventure, alors que [Reinaldo] Benítez était chargé d'en prendre soin, de se retrouver la tête en bas, au fond de la poche de l'uniforme de celui-ci, perdant toute sa précieuse contenance par les petits trous que nous avions faits pour l'absorber. De sorte que, prêts à prendre notre ration – elle se résumait à un tube de vitamines vide que nous remplissions de lait concentré dilué dans un trait d'eau –, nous nous aperçûmes avec effroi que le breuvage imprégnait le fond de la poche de Benítez.

Nous parvînmes à nous installer dans une sorte de caverne qui offrait une vue dégagée d'un côté, mais avait le fâcheux défaut d'occulter une éventuelle intrusion de l'ennemi de l'autre. Cependant, nous pensions davantage à nous mettre hors de vue qu'à nous défendre d'une attaque et nous décidâmes de passer la journée là, nous jurant tout de même tous les cinq de lutter, quoi qu'il arrive, jusqu'à la mort. Quand je dis tous les cinq, je veux dire : Ramiro Valdés, Juan Almeida, Chao, Benítez et votre serviteur. Nous survécûmes tous les cinq aux terribles événements du combat et de la défaite qui suivirent.

Nous repartîmes de nuit. J'indiquai l'étoile polaire, me fiant à mes connaissances en la matière ; et, pendant deux jours, l'astre nous servit de guide pour nous diriger vers l'est et atteindre la Sierra Maestra. (Longtemps après, j'appris que l'étoile qui nous avait guidés vers l'est n'était pas la polaire, et que, si nous avons atteint les falaises de la côte en suivant approximativement son cap, nous le devions au simple hasard...)

La mer s'étendait à nos pieds. Seule une falaise d'une cinquantaine de mètres de hauteur, tombant à pic, nous séparait d'elle. Ce qui s'offrait à nos yeux là, tout en bas, c'était surtout la vision tentatrice d'un bassin qui nous semblait rempli d'eau douce. La soif était notre principal tourment. Cette nuit-là, une multitude de crabes apparurent et, poussés par la faim, nous en tuâmes quelques spécimens. Comme nous ne pouvions malheureusement pas faire de feu, nous dûmes gober toutes crues leurs parties gélatineuses et salées, ce qui ne fit qu'aiguiser notre soif.

Après de minutieuses recherches, nous trouvâmes un passage praticable qui permettait de descendre vers le bassin ; mais, avec toutes ces allées et venues, le petit plan d'eau observé depuis le haut de la falaise avait disparu. Nous ne pûmes calmer notre soif que grâce aux modestes quantités d'eau de pluie recueillies dans les cavités des roches en « dents de chien ». Nous la prélevions à l'aide d'un nébuliseur contre l'asthme, et n'avions droit, chacun, qu'à quelques gouttes du précieux liquide.

Nous avancions sans enthousiasme et sans but. De temps en temps, un avion survolait la mer. Se mouvoir entre les récifs nous éreintait et certains hommes proposaient de longer les falaises de la côte. Mais cette option présentait un grave inconvénient : on pouvait nous voir. Finalement, nous restâmes allongés à l'ombre d'une touffe d'arbustes, en attendant que le soleil commence à baisser. Le soir, nous descendîmes dans une petite crique où nous prîmes un bain.

Je me souvins alors d'une expérience lue dans une revue pseudo-scientifique ou dans un roman quelconque, qui démontrait que de l'eau douce mélangée avec un tiers d'eau de mer donnait une eau potable délicieuse et augmentait bien sûr le volume de liquide. Nous mîmes cette expérience à exécution en utilisant l'eau qui restait au fond d'une gourde. Le résultat fut exécrable. Il en résulta un breuvage saumâtre qui me valut les plus amères critiques de l'ensemble de mes compagnons. Revigorés par le bain de mer, nous reprîmes notre marche. Il faisait nuit et, d'après mes souvenirs, la lune brillait dans toute sa rondeur. Almeida et moi, qui marchions en tête, remarquâmes soudain, dans une de ces petites paillotes que fabriquent les pêcheurs, en bord de mer, pour s'abriter des intempéries, des ombres de personnes endormies. Nous pensions qu'il s'agissait de soldats, mais nous étions déjà trop près d'eux pour tourner les talons. Nous choisîmes de hâter le pas. Almeida s'apprêtait à leur intimer l'ordre de se rendre, mais une agréable surprise nous attendait : c'étaient trois expéditionnaires du *Granma* – Camilo Cienfuegos, Pancho González et Pablo Hurtado. Ravis de nous retrouver, nous échangeâmes moult impressions, expériences, et le peu de nouvelles que nous avions les uns des autres ou des suites du combat. Tout en nous offrant généreusement un morceau de canne à sucre qu'ils avaient arraché avant l'attaque et qui leur avait servi pour tromper la faim en leur donnant la sensation de manger quelque chose de juteux et sucré, Camilo et ses compagnons s'empiffraient tranquillement de superbes crabes. Ils avaient également trouvé un moyen d'étancher leur soif en aspirant directement l'eau des cavités rocheuses au moyen de quelque petit chalumeau ou bout de bois creux.

Nous repartîmes tous ensemble. Nous étions maintenant huit combattants survivants de l'armée embarquée sur le *Granma* et rien ne nous laissait croire qu'il y en eût d'autres. Mais nous imaginions qu'en toute logique d'autres groupes comme le nôtre devaient s'être réfugiés quelque part. Le problème était que nous ignorions où nous-mêmes nous trouvions. Tout ce que nous savions, c'était que, en suivant le bord de mer sur notre droite, nous nous dirigions vers l'est, c'est-à-dire vers la Sierra Maestra, endroit où nous pouvions nous cacher. Nous avions conscience qu'avec les falaises qui s'élevaient à pic d'un côté, et la mer de l'autre, tomber sur une troupe ennemie nous eût été fatal. J'ignore combien de temps nous longeâmes la côte. Mais je me souviens que nous nous sommes nourris de petites figues de Barbarie qui poussaient en bord de mer, une ou deux par personne, ce qui fut loin de calmer nos estomacs affamés, et que la soif nous tenaillait ; il fallait rationner au maximum les dernières gouttes d'eau. Un matin, à l'aube, au bout du rouleau, nous nous sommes endormis sur la plage, en attendant de trouver un passage dans la falaise qui avait subitement formé un mur devant nous.

Dès les premiers rayons du soleil, nous avons entrepris d'explorer le coin. Une grande cabane faite en guano apparut devant nos yeux, semblant appartenir à quelque paysan aisé. Sur le moment, je pensai qu'il valait mieux ne pas en approcher, puisqu'elle devait certainement être occupée par des gens hostiles, voire par l'armée de Batista. Benítez fut d'avis contraire, et nous optâmes finalement pour que l'un de nous inspecte les lieux.

Je restai dehors pendant que Benítez enjambait une clôture de fil de fer barbelé (un autre camarade nous accompagnait) et, tout d'un coup, je perçus très nettement dans la pénombre la silhouette d'un homme en uniforme, un fusil M-1 à la main. Je pensai alors que nos dernières secondes avaient sonné, tout du moins celles de Benítez, que je ne pouvais guère prévenir, car il se tenait plus près de l'homme en question que de ma position. Benítez se trouva presque à la hauteur du soldat, puis fit demi-tour, m'annonçant, en toute ingénuité, qu'il revenait parce qu'il avait vu « un monsieur avec un fusil », et il lui avait semblé prudent de ne pas le déranger.

Réellement, nous eûmes tous, y compris Benítez, la sensation de renaître, mais notre odyssée ne s'arrêta pas là pour autant. Après avoir effectué un détour prudent, nous décidâmes d'escalader la falaise, plus basse à cet endroit, puisque nous nous trouvions dans la région appelée « Ojo de Buey » [« Œil de Bœuf »], où une petite rivière se jette dans la mer en creusant la roche.

Le jour nous surprit avant que nous ayons pu nous hisser en haut de la falaise ; nous ne pûmes qu'atteindre une grotte d'où nous avions vue sur toute la baie. Un calme extraordinaire régnait. En bas, un bateau de la marine débarquait des hommes, tandis que d'autres montaient à bord ; cela semblait être une opération de relève. Nous comptâmes près de trente individus. Nous apprîmes plus tard qu'il s'agissait des hommes de [Julio] Laurent, le redoutable officier de la marine qui, après avoir torturé et éliminé un groupe de nos compagnons, venait relever ses soldats.

Sous les yeux de Benítez apparurent le « monsieur avec un fusil » et ses acolytes, dans leur tragique réalité. La situation devenait critique. Si nous étions découverts, nous n'avions pas la plus petite chance de nous en sortir ; il aurait fallu se battre jusqu'à la mort.

Le jour passa sans rien avoir à se mettre sous la dent. Nous rationnions scrupuleusement l'eau en versant deux ou trois gouttes dans l'oculaire d'un viseur télescopique, dose précise pour chacun de nous. À la nuit tombée, nous reprîmes notre ascension pour nous éloigner au plus vite de cette zone où nous venions de vivre l'une des journées les plus angoissantes de la guerre, tourmentés par la faim, la soif, le sentiment d'échec, et l'imminence d'un danger palpable et irrémédiable qui nous faisait nous sentir comme des rats pris au piège.

Au terme de bien des péripéties, nous atteignîmes enfin le cours d'eau qui se jetait dans la mer, ou l'un de ses affluents. Assoiffés, nous nous jetâmes à terre pour boire comme des chevaux, à même la rivière, durant un long moment, jusqu'à gonfler comme des outres nos estomacs vides de toute nourriture. Après avoir rempli nos gourdes, nous reprîmes notre chemin. Au petit matin, on arriva au sommet d'une petite colline recouverte de bosquets. Comme pour parer à une éventuelle attaque, nous nous répartîmes en petits groupes, nous camouflant du mieux possible sous les arbres. La journée passa à observer les avions en rase-mottes, avec des haut-parleurs qui émettaient des sons incompréhensibles, mais qu'Almeida et Benítez, vétérans de la Moncada, entendaient comme une injonction à se rendre. De temps à autre, nous entendions aussi des cris non identifiés en provenance des bosquets.

La nuit même, nous reprîmes notre pérégrination pour arriver à une maison d'où émanait la musique d'un orchestre. Une fois de plus, les débats étaient ouverts : Ramiro, Almeida et moi-même pensions qu'il ne fallait en aucun cas s'inviter à un bal ou à quelque festivité que ce fût ; les paysans s'empresseraient, ne serait-ce que par indiscrétion naturelle, de faire courir le bruit de notre présence dans les parages ; quant à Benítez et à Camilo Cienfuegos, ils étaient d'avis de rendre une courte visite aux habitants des lieux pour participer au moins au repas. On se mit d'accord : Ramiro et moi serions chargés d'entrer dans cette maison, d'obtenir des nouvelles et de rapporter des vivres. Lorsque nous parvînmes tout près de la maison, la musique cessa et on entendit la voix d'un homme dire : « Nous allons maintenant porter un toast à tous nos compagnons d'armes qui, par leur brillante action etc., etc.» Ce fut suffisant pour nous faire pivoter aussi sec sur nos talons et revenir sur la pointe des pieds avertir nos camarades de quel camp faisaient partie les participants à cette fête.

Chaque fois que nous reprenions la marche, les hommes étaient de moins en moins enclins à avancer. Cette nuit-là, ou peut-être la suivante, presque tous nos camarades rechignèrent à continuer. Nous n'avions plus qu'une solution : frapper à la porte d'un paysan, en bordure d'une grande route, au lieu-dit « Puercas Gordas » [« Grosses Truies »]. Cela se passait neuf jours après l'attaque d'Alegría de Pío.

Dans sa modeste cabane, le paysan nous reçut avec hospitalité et nous offrit, pour notre plus grand plaisir, un festival ininterrompu de victuailles. Nous passâmes des heures à engloutir la nourriture, jusqu'à ce que le jour nous surprenne. Impossible alors de sortir de la cabane. Dès le matin, les habitants alentour, avertis – cela va sans dire – de notre présence, curieux et un peu trop prévenants, venaient nous rencontrer et nous gratifier de quelques vivres ou d'un petit souvenir.

La petite maison devint vite un enfer : Almeida fut le premier à être pris de diarrhée, suivi de huit intestins ingrats qui firent bien peu de cas des mets dont on les avait récompensés, empoisonnant la pièce d'effluves nauséabonds. Certains se mirent même à vomir. Épuisé par des jours de marche, d'angoisse, de nausée, de faim et de soif tout à la fois, Pablo Hurtado ne pouvait carrément plus se lever.

Nous décidâmes d'attendre la nuit. Les paysans nous indiquèrent qu'ils avaient des nouvelles que Fidel était vivant et qu'ils pouvaient nous conduire à des endroits où lui et Crescencio Pérez étaient susceptibles de s'être réfugiés ; mais nous devions quitter nos uniformes et nos armes. Je conservai tout de même, avec Almeida, nos pistolets-mitrailleurs Star ; les huit fusils et nos munitions restèrent en dépôt chez le paysan. Nous nous répartîmes en deux groupes, de trois et quatre hommes, dans deux maisons de paysans d'où nous gagnerions, chacun de notre côté, et en plusieurs étapes, la Sierra Maestra.

Notre groupe se composait, si je me souviens bien, de Pancho González, Ramiro Valdés, Almeida et moi-même ; le second, de Camilo, Benítez et Chao ; Pablo Hurtado, malade, resterait chez le paysan.

À peine avions-nous le dos tourné pour rejoindre notre nouveau refuge, que notre hôte ne put s'empêcher de révéler à un voisin où il cachait nos armes. Ce dernier le convainquit qu'à eux deux ils pourraient tirer quelque bénéfice de leur vente, entamant des négociations avec un troisième qui s'empressa de nous dénoncer à l'armée. Et, quelques heures seulement après notre départ de l'accueillante masure paysanne, l'ennemi y faisait irruption, arrêtait Pablo Hurtado et s'emparait de nos armes.

Nous étions logés chez Argelio Rosabal, un adventiste que tout le monde appelait « le Pasteur ». Apprenant la malheureuse nouvelle, cet homme prit rapidement contact avec l'un de ses amis qui connaissait très bien la région, et qui disait soutenir la cause des rebelles. Ils nous sortirent donc de là la nuit même, pour nous conduire à un autre abri plus sûr. Ce paysan dont nous fîmes la connaissance ce jour-là s'appelait Guillermo García ; il est ensuite devenu chef de l'armée de la province d'Occidente et membre de la direction nationale de notre parti.

Nous passâmes ensuite de demeure en demeure, accueillis par leurs propriétaires : Carlos Mas*, qui rejoignit plus tard l'Armée rebelle ; puis Perucho ; et d'autres compagnons dont j'ai oublié les noms. Un matin, après avoir traversé la route de Pilón et marché sans guide, nous arrivâmes à la ferme de Mongo Pérez, frère de Crescencio, où s'étaient réfugiés tous les survivants – pour le moment – encore en liberté de notre expédition : Fidel Castro, Universo Sánchez, Faustino Pérez, Raúl Castro, Ciro Redondo, Efigenio Ameijeiras, René Rodríguez* et Armando Rodríguez. [El Gallego] Morán, [Luis] Crespo, Julito Díaz, Calixto García, Calixto Morales et Bermúdez nous y rejoignirent quelques jours plus tard.

Notre petite troupe se trouvait maintenant sans uniformes et sans armes ; les deux pistolets représentaient tout ce que nous avions réussi à sauver du désastre. Fidel nous en fit le violent reproche.

Tout le reste de la campagne, et même encore aujourd'hui, son blâme est resté gravé dans nos esprits : « Cette erreur aurait pu vous coûter cher. Abandonner ses armes dans ces circonstances, c'est se condamner à mort. En cas de rencontre avec l'ennemi, votre seule chance de rester en vie, c'étaient vos armes. Les abandonner était un crime et une aberration. »

Pino del Agua

La troupe de nouveau au complet, le 29 août, nous reprîmes la route pour plusieurs jours ; parfois ensemble, parfois en mettant quelque distance entre les groupes, mais avec l'objectif de nous rejoindre avant d'atteindre la scierie de Pino del Agua. À ce moment-là, les nouvelles étaient plutôt rassurantes : Pino del Agua n'était pas occupé par les troupes ennemies, ou tout au plus par une petite garnison.

Le plan de Fidel était le suivant : si nous tombions sur cette petite garnison, il fallait s'en emparer ; dans le cas contraire, nous devions faire juste acte de présence et Fidel continuerait avec sa troupe vers la région de Chivirico. Notre colonne devait rester cachée là pour tendre une embuscade à l'armée de Batista, qui, vu les circonstances, devait inévitablement accourir pour effectuer une démonstration de force et balayer toute trace de notre présence révolutionnaire des montagnes environnantes.

Dans les jours qui précédèrent notre arrivée à Pino del Agua, durant la longue marche qui nous mena de Dos Brazos del Guayabo jusqu'au lieu de l'attaque, eurent lieu des événements dont les principaux acteurs occupèrent une place importante dans l'histoire future de la révolution.

L'un de ces événements fut la désertion des frères Manolo et « Popo » Beatón, des paysans de la région, qui avaient intégré la guérilla un peu avant la bataille d'El Uvero, s'étaient battus pour prendre la caserne et qui à présent abandonnaient notre camp. Ces deux individus seront à nouveau admis, plus tard, dans les rangs de la guérilla, Fidel leur ayant pardonné leur trahison ; mais jamais ils ne renonceront à leur instinct de bandits semi-nomades. Et pour une raison personnelle, l'un d'eux, Manolo, assassinera le commandant Cristino Naranjo, après la révolution. Il parviendra ensuite à s'enfuir de La Cabaña[1], où il se trouvait emprisonné, et à former une petite guérilla dans la Sierra Maestra, dans la zone même où il avait combattu avec nous, commettant, entre autres forfaits, le meurtre de Pancho Tamayo, courageux combattant incorporé dès les premiers jours de la révolution. Finalement, une armée de paysans les capturera, lui et son frère « Popo » ; et les conduira à Santiago où ils seront jugés, condamnés et exécutés.

Un événement regrettable eut également lieu : un de nos compagnons, Roberto Rodríguez, fut désarmé pour insubordination. Il ne se pliait pas aux ordres, et son lieutenant d'escouade dut lui confisquer son arme, par mesure disciplinaire. Roberto Rodríguez déroba le revolver d'un de ses camarades et se suicida. Sa mort provoqua au sein de nos troupes un petit incident ; je m'opposais effectivement à ce qu'on lui rendît les

1. Ancienne forteresse espagnole qui surplombe le port de La Havane, aménagée en prison après la révolution, en 1959. (NdT)

honneurs militaires. Une partie de nos hommes s'accordait pour dire que sa mort valait celle d'un autre combattant ; et nous autres rétorquions que se suicider était un acte inqualifiable étant donné les circonstances dans lesquelles nous nous trouvions, indépendamment des qualités de notre compagnon. Finalement, après une tentative d'insubordination, nous nous contentâmes de veiller le corps du guérillero, sans lui rendre les hommages.

Un ou deux jours avant les événements, ce garçon m'avait raconté une partie de son histoire. On décelait chez lui une personnalité à la sensibilité exacerbée, qui faisait des efforts considérables pour s'adapter à la dure vie de la guérilla et, surtout, à la discipline militaire ; des traits de caractère qui contrastaient avec sa faible constitution physique et avec son penchant pour l'insubordination.

Deux jours plus tard, une petite équipe partit pour Las Minas de Bueycito effectuer une démonstration de force, en souvenir du 4-Septembre[1] ; la petite troupe était dirigée par le capitaine Ciro Redondo. Un soldat ennemi, du nom de Leonardo Baró, fut fait prisonnier. Baró joua un rôle important dans les forces de la contre-révolution ; il resta prisonnier un bon moment, jusqu'au jour où il me fit un récit pathétique de la maladie de sa mère. Je crus en son histoire et, en contrepartie du droit de se rendre au chevet de sa mère, je tâchai de le convaincre d'accomplir, au passage, une

1. Le 4 septembre 1933, le gouvernement provisoire qui a succédé au dictateur Gerardo Machado, renversé le 12 août 1933, est renversé à son tour par la « rébellion des sergents », dont l'un des leaders est Fulgencio Batista. Ramón Grau San Martín devient président. (NdT)

Fidel Castro et Che Guevara dans la Sierra Maestra.

triste pero aleccionadora: Sergio Acuña, el desertor de días atrás, fue a la casa de unos parientes, allí se puso a relatar a sus primas sus hazañas como guerrillero, lo escuchó un tal Pedro Herrera, lo delató a la guardia, vino el famoso cabo Roselló (ya ajusticiado por el pueblo), lo torturó, le dio cuatro tiros y, al parecer, lo colgó. Esto enseñaba a la tropa el valor de la cohesión y la inutilidad de intentar huir individualmente del destino colectivo; pero, además, nos colocaba ante la necesidad de cambiar de lugar pues, presumiblemente, el muchacho hablaría antes de ser asesinado y él conocía la casa de Florentino, donde estábamos. Hubo un hecho curioso en aquel momento, que sólo después atando cabos, hizo la luz en nuestro entendimiento: Eutimio Guerra, había manifestado que en un sueño se había enterado de la muerte de Sergio Acuña, y, todavía más, dijo que el cabo Roselló lo había muerto. Esto suscitó una larga discusión filosófica de si era posible la predicción de los acontecimientos por medio de los sueños o no. Era parte de mi tarea diaria hacer explicaciones de tipo cultural o político a la tropa y explicaba claramente que eso no era posible, que podía deberse a alguna casualidad muy grande, que todos pensábamos que era posible ese desenlace para Sergio Acuña, que Roselló era el hombre que estaba asolando la zona, etc.; además Universo Sánchez dio la clave diciendo que Eutimio era un «paquetero», que alguien se lo había dicho, pues éste había salido el día antes y había traído cincuenta latas de leche y una linterna militar. Uno de los que más insistían en la teoría de la iluminación era un guajiro analfabeto de 45 años a quien ya me he referido: Julio Zenón Acosta. Fue mi primer alumno en la Sierra; estaba haciendo esfuerzos por alfabetizarlo y, en los lugares donde nos deteníamos, le iba enseñando las primeras letras; estábamos en la etapa de identificar la A y la O, la E y la I. Con mucho empeño, sin considerar los años pasados sino lo que quedaba por hacer, Julio Zenón se había dado a la tarea de alfabetizarse. Quizás su ejemplo en este año pudiera servir a muchos conocía algo la región. Se había propuesto la división en dos patrullas para aligerar la marcha y dejar menos rastro, pero Almeida y yo nos opusimos para conservar la integridad de aquel grupo. Reconocimos el lugar, llamado Limones y, después de algunos titubeos, pues algunos compañeros querían alejarse, Almeida, jefe del grupo en razón de su grado de capitán, ordenó seguir hasta el Lomón, que era el lugar de reunión dado por Fidel. Algunos compañeros argumentaban que el Lomón era un lugar conocido por Eutimio y, por tanto, que allí estaría el ejército. Ya no nos cabía, ~~por supuesto,~~ la menor duda de que Eutimio era el traidor, pero la decisión de Almeida fue cumplir la orden de Fidel.

Tras tres días de separación, el 12 de febrero, nos reunimos con Fidel cerca del Lomón, en un lugar denominado «Derecha de la Caridad». Allí ya se tuvo la confirmación de que el traidor era Eutimio Guerra y se nos hizo toda la historia; ella empezaba cuando después de La Plata fuera apresado por Casillas y, en vez de matarlo, le ofreciera una cantidad por la vida de Fidel; nos enteramos de que había sido él el que delatara nuestra posición en Caracas, y que, precisamente, él había dado la orden de atacar la Loma del Burro porque ese era nuestro itinerario (lo habíamos cambiado a última hora), y también él había organizado el ataque concentrado sobre el pequeño hueco que teníamos de refugio en el Cañón del Arroyo, del ~~cual~~ nos salvamos con una sola baja por la oportuna retirada que ordenara Fidel. Además, se tenía confirmación ~~también~~ de la muerte de Julio Acosta y de que un guardia, por lo menos, había muerto y se decía ~~que~~ algunos heridos. Tengo que confesar que ni el muerto ni los heridos pueden cargarse a mi fusil, porque no hice nada más que una «retirada estratégica» a toda velocidad en aquel encuentro. Ahora estábamos de nuevo reunidos, nosotros doce menos Labrada, extraviado un día antes, con el resto del grupo: Raúl, Almejeiras, Ciro Redondo, Manuel Fajardo, Echevarría, el Gallego Morán y Fidel, en total, 18 personas; era el «Ejér-

Pages de l'exemplaire original de *Souvenirs de la guerre révolutionnaire cubaine*, corrigées par le Che.

Fidel Castro dans la Sierra Maestra.

Che Guevara dans la Sierra del Escambray.

De gauche à droite : Che Guevara, Fidel Castro, Calixto García, Ramiro Valdés, et Juan Almeida dans la Sierra Maestra.

De gauche à droite : Guillermo García, Che Guevara, Universo Sánchez, Raúl Castro, Fidel Castro, Crescencio Pérez, Jorge Sotús, et Juan Almeida dans la Sierra Maestra.

Fidel Castro montrant à Haydée Santamaría (à gauche) et à Celia Sánchez comment se servir d'un fusil.

Che Guevara et Celia Sánchez dans la Sierra Maestra.

En haut : Fidel Castro dans la Sierra Maestra.
En bas : Fidel Castro en pleine discussion avec une famille de paysans dans la Sierra Maestra. Celia Sánchez est à droite de Fidel.

ʼidel Castro, Che Guevara, et d'autres, dans la Sierra Maestra.

Un village de paysans dans la Sierra Maestra (photographie prise par Che Guevara).

Des guérilleros et des paysans rassemblés autour du corps d'un paysan assassiné. À droite, Che Guevara accroupi.

Le journaliste Jean Daniel en train d'interviewer Che Guevara.

Le journaliste américain Bob Taber en train d'interviewer Fidel Castro.

Che Guevara avec le journaliste argentin Jorge Ricardo Masetti.

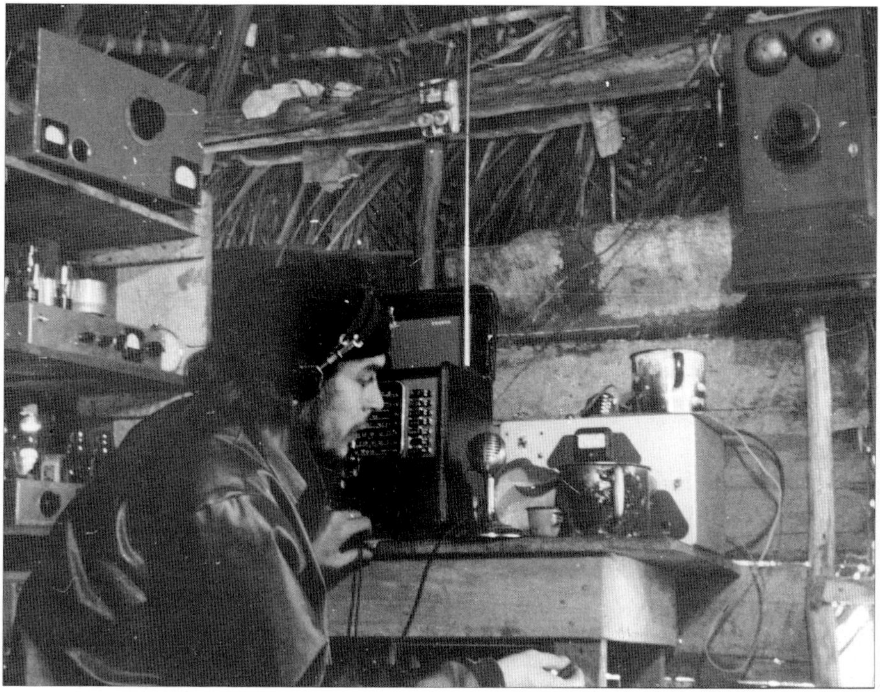

Che Guevara utilisant un émetteur radio dans la Sierra del Escambray.

Fidel Castro et Ramiro Valdés dans la Sierra Maestra.

Che Guevara dans un hameau de la Sierra Maestra appelé « El Hombrito ».

Che Guevara (au centre) avec des membres de la colonne n°4, devant la bannière géante dressée dans les hauteurs d'« El Hombrito ».

Che Guevara et Camilo Cienfuegos.

Affiche de propagande contre le Che et Camilo Cienfuegos.

Le déraillement du train blindé à Santa Clara.

ıe Guevara à Fomento s'adressant aux habitants.

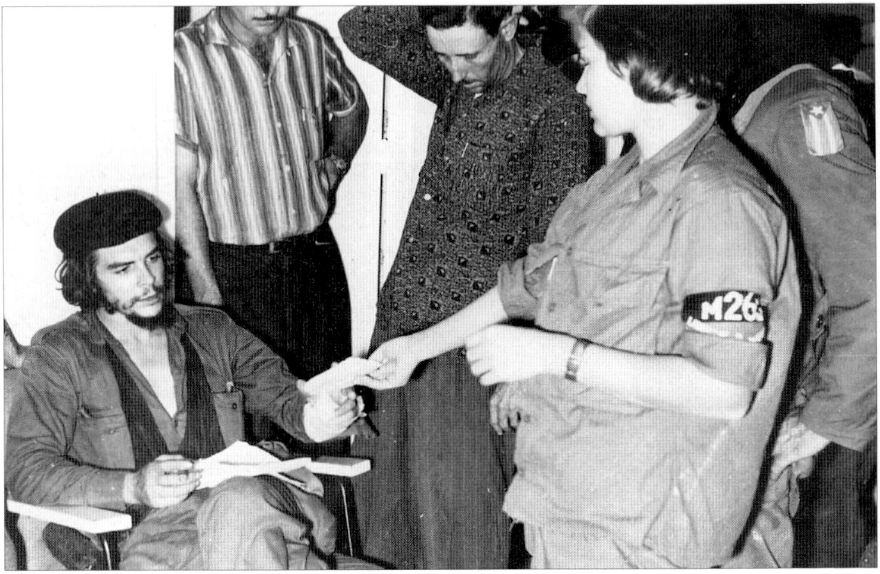

En haut : Avant la reddition de la ville de Santa Clara, Che Guevara reçoit un message de la main d'Aleida March.
En bas : Che Guevara et Aleida March au campement de Leoncio Vidal, Santa Clara.

Che Guevara au siège d'une station de radio à Placetas, Las Villas.

Che Guevara avec Aleida March à Las Villas, décembre 1958.

De gauche à droite : José Argudín, Che Guevara, Aleida March, Harry Villegas et Ramón Pardo Guerra, dans le centre de Santa Clara.

Roberto Rodríguez, « El Vaquerito ».

De gauche à droite : Ramiro Valdés, Olo Pantoja et Miguel Manals, à Santa Clara, décembre 1958.

Fidel Castro salue le peuple cubain après le triomphe de la révolution du 1er janvier 1959.

action qui aurait des retombées politiques. Je lui proposai de prendre un bus pour rendre visite à sa mère à La Havane, puis de demander l'asile politique à une ambassade, prétextant qu'il ne voulait plus lutter contre nous pour dénoncer le régime de Batista. Il objecta qu'il ne pouvait pas dénoncer un régime pour lequel ses frères se battaient. Nous nous mîmes d'accord sur le fait qu'il irait juste déclarer qu'il demandait l'asile parce qu'il ne voulait plus se battre.

Nous le fîmes accompagner de quatre hommes, à la condition expresse qu'il n'adresse la parole à personne sur le chemin ; ordre difficile à suivre puisqu'il connaissait désormais la plupart des paysans qui venaient nous voir au campement. En outre, les quatre combattants chargés de l'accompagner devraient faire le trajet à pied jusqu'aux abords de Bayamo, où ils pourraient le laisser et revenir par une autre route.

Hélas, nos camarades ne suivirent guère nos recommandations et se déplacèrent au grand jour, croisant beaucoup de gens sans se cacher. Ils tinrent même une réunion en présence de Baró, le considérant déjà comme libre et supposé sympathisant. Insouciants, ils traversèrent Bayamo en jeep. Sur la route, une patrouille batistienne les intercepta ; nos quatre guérilleros furent abattus. Nous ne sûmes jamais très bien si Baró avait participé ou non à ce crime. Ce qui est sûr, c'est qu'il s'installa aussitôt à Las Minas de Bueycito, se mettant sous les ordres du sanguinaire Sánchez Mosquera, et commença à identifier les paysans en contact avec notre guérilla qui venaient faire leurs courses en ville. Innombrables furent les victimes que coûta mon erreur au peuple cubain.

À la suite de la victoire de la révolution, Baró fut capturé et exécuté.

Quelques jours après cette histoire tragique, nous descendîmes au village de San Pablo de Yao. Notre arrivée suscita l'allégresse générale ; et nous restâmes quelques heures à profiter de cet accueil (il n'y avait pas de troupes ennemies) pour prendre des contacts et faire la connaissance des habitants. Puis, après nous avoir fait crédit – à l'époque, on payait avec des bons –, les commerçants nous aidèrent à remplir les camions, qu'ils nous avaient eux-mêmes procurés, d'un maximum de marchandises. C'est à cette occasion que l'on connut Lidia Doce*, qui devint par la suite une grande camarade, chargée de toutes les missions de contact de la colonne jusqu'à sa mort, à La Havane.

Transporter cette marchandise de San Pablo de Yao jusqu'au mont Verde, en passant par la mine La Cristina, ne fut pas une sinécure ; le chemin était très raide et seuls les camions possédant un double différentiel et peu chargés pouvaient gravir de telles côtes. Les nôtres nous lâchèrent en route, et il fallut monter tous les vivres à dos de mules ou d'hommes.

À cette époque, notre troupe dut à nouveau subir plusieurs départs, sous des prétextes plus ou moins valables. Un de nos camarades, bon combattant, fut expulsé de la guérilla pour s'être enivré au cours de l'expédition à Yao, alors qu'il était de garde, faisant ainsi courir un danger à toute la colonne. Un autre, Jorge Sotús, quitta sa charge de chef de peloton et partit en mission spéciale à Miami, sur ordre de Fidel. La réalité était que Sotús ne s'était jamais fait à la vie dans la Sierra et les hommes ne l'aimaient pas, à cause de son caractère despotique. Sa carrière connut également bon nombre de hauts et de bas. À Miami, sa position était équivoque, voire déloyale envers la révolution. Il revint et fut amnistié, on lui pardonna ses erreurs passées ; ce qui ne l'empêcha pas de trahir à nouveau en conspirant avec Huber Matos. Il fut condamné à vingt années de prison, d'où il s'échappa avec l'aide d'un gardien, réussissant à se réfugier à Miami. Alors qu'il apprêtait un bateau pour organiser une incursion terroriste contre le territoire cubain, il semble qu'il ait trouvé la mort en s'électrocutant.

D'autres défections se produisirent, comme celle de Marcelo Fernández, coordinateur du Mouvement 26-Juillet dans les villes, qui retourna travailler à sa base, après être resté longtemps avec nous dans la Sierra Maestra.

Après ces incidents, le 10 septembre 1957, nous reprîmes notre marche pour atteindre Pino del Agua. C'est un petit hameau, édifié autour d'une scierie, en pleine Sierra. À cette époque, la scierie était gérée par un Espagnol, et une dizaine d'ouvriers y travaillaient ; l'endroit était exempt de soldat ennemi. Cette nuit-là, toute la troupe occupa le hameau ; et Fidel fit connaître son itinéraire aux habitants des lieux, calculant qu'une de ces informations filtrerait forcément jusqu'à l'ennemi.

On exécuta une petite manœuvre de diversion et, tandis que Fidel se remettait en marche vers Santiago au vu et au su de tous, notre peloton faisait demi-tour dans la nuit pour revenir se tenir en embuscade, dans l'attente de l'armée ennemie. Si elle ne tardait pas trop à se présenter, notre ravitaillement en vivres et matériel de base serait assuré, comme toujours, par le vieux Tamayo qui vivait dans le secteur, la région de Cuevas de Peladero.

Les positions furent réparties de telle manière que tous les chemins soient sous contrôle. Notre surveillance s'étendait du sentier qui mène de Yao au mont Verde, plusieurs lieues avant d'arriver à Pino del Agua, à un autre chemin plus direct, qui monte à la Maestra, et n'est pas praticable en camion. L'équipe chargée de surveiller le mont Verde était réduite, composée plutôt de combattants armés de fusils, qui devaient, le cas échéant, donner l'alerte ; c'était un bon chemin de retraite et nous avions l'intention de l'emprunter sitôt l'action achevée. Efigenio Ameijeiras avait pour mission de surveiller l'une des voies d'accès situées en arrière, qui venait aussi du mont Verde. Lalo Sardiñas resterait dans la zone d'El Zapato, avec un peloton, pour garder une série de pistes qui servaient à l'extraction du bois et s'en allaient mourir sur les berges du fleuve Peladero. C'était une précaution excessive, l'ennemi aurait dû marcher de longues heures pour rejoindre ces pistes. Et progresser en colonne à travers les montagnes ne faisait pas partie de ses méthodes. Ciro Redondo était chargé, avec son peloton, de défendre l'accès par la Siberia. La Siberia est la zone où convergent les deux scieries d'El Uvero et de Pino del Agua, reliées par un chemin de crête qui passe par le site que Ciro avait choisi pour placer ses hommes.

Nous avions distribué nos forces restantes en amont du sentier qui vient de Guisa, en hauteur, sur un massif escarpé, de façon à surprendre les camions et à concentrer notre puissance de tir sur le lieu le plus probable de leur apparition. L'endroit permettait de voir les camions arriver de loin. Le plan était simple : on tirerait des deux côtés, puis on arrêterait le premier camion en plein virage, ouvrant le feu sur les suivants pour les immobiliser. Nous pensions profiter de l'effet de surprise pour nous emparer de trois ou quatre véhicules. Le peloton qui agirait possédait les meilleurs tireurs et était secondé par les hommes du capitaine Raúl Castro Mercader.

Nous patientâmes à peu près sept jours, embusqués, sans voir arriver la moindre troupe. Au septième, alors que je me trouvais au quartier où l'on se rassemblait pour faire la cuisine, on m'avertit que l'ennemi approchait. Comme dans cette partie de la Sierra les dénivelés sont très importants, le vrombissement des moteurs des camions attaquant les côtes raides parvenait à nos oreilles avant même qu'on les aperçût.

Nos pelotons se préparèrent au combat ; les hommes sous le commandement du capitaine Ignacio Pérez se placèrent en première ligne, prêts à stopper le premier camion ; les autres, qui devaient tirer sur les véhicules suivants, se positionnèrent sur les côtés. Vingt minutes avant le combat, une pluie torrentielle se déversa sur nos têtes, nous trempant jusqu'aux os. Ce phénomène, habituel dans la Sierra, desservit les soldats de Batista, préoccupés davantage par ces trombes d'eau que par une éventuelle attaque. La surprise n'en fut que plus vive. Notre tireur chargé d'ouvrir le feu était armé d'une mitrailleuse Thompson. Il tira effectivement le premier, mais s'y prit si mal qu'il ne toucha personne. Les coups de feu se généralisèrent ; les soldats du premier camion, plus paniqués que blessés par le mitraillage, sautèrent du véhicule et se perdirent dans la montagne, tuant sur leur passage un grand combattant de notre colonne, également poète, José de la Cruz, que nous surnommions « Crucito ».

La bataille prenait une tournure étrange : un soldat ennemi se réfugia sous le premier camion, dans le virage, et tira sur tout ce qui bougeait ; impossible de sortir la tête pour voir ce qui se passait.

L'offensive avait déjà commencé depuis une ou deux minutes quand j'arrivai sur les lieux, croisant pas mal d'hommes qui se repliaient en obéissant à un ordre fantaisiste – accident très fréquent en plein combat. Arquímedes Fonseca, qui avait récupéré la mitrailleuse abandonnée par son utilisateur, était blessé à la main. Il fallut donner des instructions pour faire revenir nos hommes au combat et demander au bataillon de Lalo Sardiñas et d'Efigenio Ameijeiras de coopérer pour concentrer nos forces.

Au moment où je descendais sur la route, l'un de nos combattants, Tatín, me lança, d'un air de défi : « Il est là, sous le camion. Allons-y, on va voir si on est des hommes, des vrais. » Offensé dans ce que j'avais de plus intime par cette remarque qui mettait en doute ma bravoure, je pris mon courage à deux mains. Mais, lorsque nous tentâmes d'approcher de ce tireur ennemi anonyme à la gâchette facile, allongé sous le camion avec son fusil semi-automatique, il fallut très vite nous rendre à l'évidence : prouver que l'on avait l'étoffe des héros allait nous coûter un peu trop cher ; mon concurrent et moi-même fûmes donc recalés à l'examen. Le soldat profita de notre mouvement de recul pour s'enfuir en rampant avec sa mitrailleuse, évitant ainsi de tomber entre nos mains ou d'être tué.

Les camions de l'armée étaient au nombre de cinq et transportaient toute une compagnie. L'escouade dirigée par le sergent Antonio López* exécuta parfaitement les instructions, bloquant tout passage après le déclenchement des hostilités, et le troisième camion fut immobilisé, comme prévu. Cependant, une poignée de soldats nous opposait une farouche résistance, nous empêchant d'approcher. Les renforts de Lalo Sardiñas et d'Efigenio Ameijeiras, qui avançaient vers les camions et neutralisaient toute résistance sur leur passage, vinrent nous prêter main-forte.

Les soldats fuyaient en dévalant les sentiers, certains à la débandade, d'autres dans deux camions qu'ils avaient réussi à récupérer, abandonnant le reste de leur matériel.

Gilberto Cardero, qui avait été fait prisonnier par les hommes de Batista durant l'une de nos précédentes incursions, et était resté assez longtemps aux mains des ennemis, nous informa sur leurs effectifs et leurs intentions. Les troupes batistiennes l'avaient amené pour qu'il retrouve Fidel et l'empoisonne avec le contenu d'une fiole qu'il devait verser dans sa nourriture. En entendant les coups de feu, Cardero avait sauté du camion comme tous les soldats, mais au lieu de fuir, il s'était présenté devant nous et avait regagné nos rangs pour raconter son odyssée.

En montant dans le premier camion, nous trouvâmes deux morts, et un blessé qui, en pleine agonie, faisait encore mine de se battre. Il fut achevé sans qu'on lui ait laissé la possibilité de se rendre, ce qu'il pouvait d'ailleurs difficilement faire, étant donné son état de semi-inconscience. L'auteur de cet acte cruel était un de nos combattants, dont la famille avait été décimée par l'armée de Batista. Je lui reprochai avec colère cette action sans me rendre compte qu'un second soldat blessé, qui s'était caché sous une couverture au fond du camion et n'osait pas se manifester, m'écoutait avec intérêt. En entendant mes récriminations et les excuses de notre camarade, le soldat ennemi manifesta sa présence, implorant qu'on ne le tue pas. Il avait reçu une balle dans la jambe et souffrait d'une fracture ouverte. Il resta sagement couché sur le bord du chemin pendant que nous poursuivions le combat avec les autres camions. Chaque fois qu'un de nos hommes passait à proximité, il criait : « Ne me tuez pas, ne me tuez pas, le Che dit qu'on ne doit pas tuer les prisonniers ! » À la fin du combat, il fut transporté à la scierie où on lui prodigua les premiers soins. Il y resta, en attendant qu'on le renvoie chez les siens.

Dans les autres camions, les pertes ennemies avaient été moindres, mais nous récupérâmes une bonne quantité d'armes.

Le bilan de cette récolte fut : un fusil automatique Browning, cinq fusils Garand, une mitrailleuse sur tripode avec ses munitions, plus un autre Garand, escamoté par la troupe d'Efigenio Ameijeiras. Efigenio appartenait à la colonne de Fidel et faisait valoir la participation décisive de son peloton lors du combat pour revendiquer le droit à une part des armes conquises. Mais Fidel m'avait donné le commandement de cette troupe, précisément pour qu'elle nous aide à soustraire des armes à l'ennemi. Si bien que je décidai de faire fi de ses protestations et répartis les trophées entre mes hommes, excepté le fusil qui n'entra pas dans les comptes.

Lieutenant de l'une des escouades les plus méritantes, Antonio López se vit attribuer le Browning ; le lieutenant Joel Iglesias, [Fernando] Virelles, réchappé de l'expédition du *Corintia*, le soldat Oñate et deux autres combattants valeureux dont j'ai oublié les noms, reçurent les fusils Garand. On entreprit de brûler les trois camions confisqués ; coup de griffe de plus porté à l'ennemi, puisque nous ne pouvions les garder. Tandis que nous rassemblions nos hommes dans le hameau, des avions, avertis de notre attaque, survolèrent le secteur. Nos tirs nourris eurent raison de leur obstination et les éloignèrent pour un moment.

L'un des frères Pardo, Mingolo, était parti avertir Fidel de l'arrivée des soldats, si je me souviens bien, mais nous décidâmes de dépêcher un autre messager l'informer de l'issue du combat (et Cardero, par la même occasion, pour qu'il lui raconte son aventure).

Mongo Martínez alla annoncer à Ciro Redondo que le combat était terminé et qu'il pouvait quitter ses positions.

Soudain, des coups de feu retentirent. Un groupe de tireurs avait repéré un soldat qui fuyait avec un fusil ; les guérilleros lui avaient donné l'ordre de s'arrêter, mais il n'en avait pas tenu compte. Ils lui avaient donc tiré dessus. L'homme s'échappa en abandonnant son arme. Il nous offrait son Springfield en signe d'abdication. Le fait que des adversaires courent encore dans la nature nous préoccupait ; mais on ajouta, de bonne grâce, son arme à notre butin de guerre.

Mongo Martínez revint au bout de deux ou trois jours, annonçant que des soldats ennemis lui avaient coupé la route, en tirant sur lui, et qu'il était blessé. Son visage était couvert de traces de chevrotine, souvenirs du Springfield que nos tireurs avaient saisi à l'ennemi.

Pensant que les soldats étaient tout proches, notre camarade avait pris un raccourci et s'était perdu dans la montagne, sans avoir pu informer Ciro Redondo de la fin du combat et de l'ordre de repli. Le lendemain, Ciro, qui avait eu vent de l'attaque, envoya un messager, et nous pûmes alors lui faire part de la nouvelle.

Les B-26 avaient repris leur surveillance et tournaient au-dessus de la scierie, tels des vautours à la recherche de victimes potentielles ; cela ne nous empêchait pas de déjeuner tranquillement dans les divers bâtiments, de nous délecter de chocolat en buvant à la santé de la maîtresse de maison, bien que celle-ci ne fût guère ravie de voir les B-26 raser les toits de sa propriété. Les avions finirent par se retirer et, tandis que nous nous apprêtions à quitter les lieux dans le calme, nous vîmes apparaître, par le chemin de Siberia que Ciro Redondo gardait encore quelques heures plus tôt, quatre camions bondés de soldats. C'était un autre bataillon qui venait en direction contraire rejoindre le premier groupe. Nous aurions pu leur tendre un piège, leur faisant subir le sort de leurs collègues ; mais il était déjà tard, et une bonne partie de nos troupes s'était repliée dans des endroits plus sûrs. Nous tirâmes deux coups de feu en l'air, signal de retraite ; et nous partîmes d'un pas tranquille.

Durant ce combat de Pino del Agua, dont la portée fut considérable puisque tout Cuba en reçut les échos, nous avions causé trois morts et un blessé (le prisonnier que nous leur retournâmes) à l'armée ennemie, plus un prisonnier capturé le lendemain par le peloton d'Efigenio alors qu'il ratissait une dernière fois le secteur. Ce soldat batistien, le caporal Alejandro, resta avec nous toute la durée de la guerre, travaillant à nos côtés comme cuisinier. C'est à cet endroit qu'on enterra Crucito, en présence de tous ses camarades consternés, qui perdaient là un grand ami et le barde de la troupe. Crucito avait pour habitude de se mesurer, lors de rudes joutes poétiques, à Calixto Morales, qu'il surnommait ironiquement le « troubadour des cimes », en opposition à lui-même, « rossignol de la Maestra[1] ».

Certains hommes eurent une conduite particulièrement héroïque au cours de ce combat, comme le lieutenant Efigenio Ameijeiras, le capitaine Lalo Sardiñas, le capitaine Víctor Mora, le lieutenant Antonio López et son escouade, Dermidio Escalona*, encore simple soldat, et le soldat Arquímedes Fonseca, à qui l'on remit la mitrailleuse sur tripode, il pourrait l'utiliser quand sa main, traversée par une balle, serait guérie. De notre côté, on dénombrait un blessé léger, un mort et quelques contusions ou éraflures dues aux éclats de balles, en comptant les traces de chevrotine sur le visage de Monguito.

Nous quittâmes Pino del Agua en empruntant des chemins différents, pour regagner la zone de Pico Verde et nous réorganiser en attendant l'arrivée de Fidel, qui avait déjà été mis au courant de l'attaque.

L'analyse de la bataille révélait que, si elle avait été un succès politique et militaire, elle n'en était pas moins la preuve criante de nos déficiences. L'effet de surprise aurait dû jouer à plein pour pratiquement anéantir les occupants des trois premiers camions. En outre, un faux ordre de retraite s'était répandu une fois les hostili-

---

1. Voir *infra*, p. 105. L'auteur y évoque ces mêmes duels poétiques, mais semble faire une confusion dans l'attribution des surnoms. (NdT)

tés ouvertes, semant la confusion parmi nos hommes et réfrénant leur ardeur combative. Nos combattants avaient manqué d'initiative pour s'emparer des camions, alors que ceux-ci n'étaient protégés que par une poignée d'hommes. Puis nous nous étions inutilement exposés, en restant toute une nuit dans la scierie, et la retraite définitive s'était effectuée dans le désordre. Tout indiquait la nécessité impérieuse de revoir notre organisation de combat et la discipline de notre armée, tâche à laquelle nous nous attelâmes dans les jours suivants.

Un épisode désagréable

Après l'épisode de Pino del Agua, nous entreprîmes donc d'améliorer le fonctionnement de la guérilla dans son ensemble. Des unités de Fidel étaient venues la renforcer, lui conférant davantage l'allure et la fonction d'un corps de combat.

L'escouade du lieutenant López, qui s'était distinguée à Pino del Agua et dont les soldats étaient tous de jeunes gens sérieux, fut choisie pour constituer une commission de discipline, chargée de contrôler et de faire appliquer les règles en matière de surveillance, de discipline en général, de propreté du campement et de morale révolutionnaire. Malheureusement, cette commission eut une existence éphémère et fut dissoute quelques jours seulement après sa création.

À cette époque, au cœur de la région montagneuse de La Botella, dans un petit campement qui nous servait ordinairement de relais d'étape, nous eûmes à exécuter un ancien déserteur de la colonne, nommé [René] Cuervo, qui, plusieurs mois auparavant, s'était enfui avec un fusil. Nous ne sûmes rien de la destination finale de l'arme, mais des activités de son ravisseur, si. Sous prétexte de lutter pour la cause révolutionnaire et de poursuivre les traîtres, il rançonnait simplement tout un secteur de la Sierra, sans doute de connivence avec l'armée.

Vu sa condition de déserteur, le procès fut expéditif et aboutit à l'élimination de l'énergumène. Le recours à l'exécution des éléments anti-sociaux qui commettaient des délits, profitant de la situation de conflit dans la contrée, était, hélas, assez fréquent.

Nous apprîmes que Fidel avait achevé son expédition dans la zone d'El Sonador, après avoir atteint Chivirico, et qu'il était de retour sur nos terres. Nous partîmes donc aussitôt vers Peladero, à sa rencontre.

À cette époque, Juan Balansa, un commerçant de la zone côtière, dont les bonnes relations avec la dictature et les grands propriétaires n'étaient un secret pour personne – bien qu'il eût été exagéré de dire de lui qu'il jouait un rôle actif dans l'opposition à notre guérilla –, était l'heureux maître d'un mulet très réputé dans la région pour sa force et sa résistance. Sous prétexte d'impôt de guerre, nous le réquisitionnâmes.

Le mulet nous accompagna dans le secteur de Pinalito, proche du fleuve Peladero, dont nous ne pouvions atteindre les rives qu'en descendant des rochers à pic. Se présenta alors à nous le choix soit de sacrifier l'animal et de débiter sa carcasse dont nous emporterions les morceaux, soit de l'abandonner là, en plein territoire hostile, ou encore de le laisser nous suivre jusqu'à ce qu'il ne puisse plus avancer. Nous décidâmes de lui laisser sa chance ; le tuer et transporter sa viande aurait été trop compliqué. D'un pied ferme et sans l'ombre d'une hésitation, l'animal s'engagea sur des déclivités que nous-mêmes devions emprunter en nous retenant à des lianes ou en nous rattrapant tant bien que mal aux aspérités du terrain ; même notre petite mascotte – un chien minuscule – exigea d'être transporté dans nos bras. Ce mulet fit preuve d'extraordinaires dons de gymnaste.

Il répéta l'exploit en traversant le fleuve. Bondissant de rocher en rocher, à l'endroit où ceux-ci émergent à fleur d'eau, il réalisait des sauts périlleux à faire dresser les cheveux sur la tête ; ce qui lui sauva la vie. J'eus même le privilège de le monter un peu plus tard, faisant de lui ma première monture stable, jusqu'à ce qu'il tombe entre les mains de Sánchez Mosquera, lors d'une de nos nombreuses rencontres dans la Sierra.

Sur les berges du fleuve Peladero eut lieu le premier épisode désagréable qui motiva la dissolution de la commission de discipline. La raison d'être de cette dernière était de contrer la résistance d'une série de camarades qui refusaient de se plier aux règles de discipline ; ce qui l'obligeait à sévir, à coups de mesures draconiennes.

L'un des groupes du peloton d'arrière-garde s'amusa à jouer un tour de mauvais goût aux membres de la commission, les obligeant à accourir pour constater une effraction terrible aux règles, disaient-ils, puisqu'il s'agissait d'un tas de déjections qu'ils avaient amassées pour se railler de leurs camarades. En conséquence de leur mauvaise plaisanterie, plusieurs éléments du groupe furent mis aux arrêts. Parmi eux se trouvait Humberto Rodríguez, tristement célèbre pour son empressement à servir de bourreau lorsque la pénible tâche d'exécuter un délinquant devenait incontournable et qui, après la révolution, assassina un prisonnier avec la complicité d'un autre soldat rebelle, avant de s'échapper en sa compagnie de la prison de La Cabaña.

Deux ou trois autres compagnons furent arrêtés avec Humberto. Dans les conditions de la guérilla, être mis aux arrêts ne signifiait pas grand-chose, mais, selon la gravité de la faute, celui qui avait enfreint la discipline pouvait être privé de repas pendant un ou plusieurs jours ; et cela, oui, c'était une punition qui avait un sens. Deux jours après l'incident, tandis que les auteurs du mauvais tour étaient toujours aux arrêts, on annonça que Fidel se trouvait tout proche, dans la région d'El Zapato. Je me rendis à sa rencontre pour m'entretenir avec lui. À peine avions-nous commencé à converser, que Ramiro Valdés vint nous prévenir que Lalo Sardiñas avait voulu châtier un compagnon indiscipliné en lui braquant son arme sur la tête et, sous l'impulsion, avait malencontreusement appuyé sur la détente ; le coup était parti, tuant l'infortuné rebelle. Un début de mutinerie commençait de sourdre au sein de la troupe. Je me présentai immédiatement devant les hommes, mettant Lalo sous garde rapprochée. La colère grondait contre lui ; les combattants exigeaient un procès sommaire et une exécution rapide.

On calma les ardeurs en procédant méthodiquement : d'abord, il fallait prendre les déclarations de chacun et recueillir les preuves éventuelles. Les opinions étaient partagées entre ceux pour qui aucun doute n'était envisageable, il s'agissait d'un assassinat prémédité ; et les autres qui optaient pour l'accident. Indépendamment de cela, le fait de punir physiquement un combattant n'était pas permis au sein de la guérilla, et Lalo n'en était pas à son coup d'essai. La situation était critique. Le soldat

Sardiñas avait été un combattant courageux, un défenseur rigoureux de la discipline et un homme dont l'esprit de sacrifice était sans mesure. Ceux qui réclamaient la peine de mort avec véhémence n'étaient pas, loin de là, la crème des braves. Toute une kyrielle de facteurs, parmi lesquels la lutte pour le respect de la discipline n'était pas des moindres, jouait un rôle déterminant.

L'audition des témoins se poursuivit jusqu'à la nuit. Fidel vint nous rendre visite. Il était partisan de ne pas appliquer la peine de mort, mais jugeait prudent de ne pas prendre une décision de cette nature sans auparavant consulter tous les combattants. S'en suivit alors une étape du procès au cours de laquelle il nous revint, à Fidel et à moi-même, d'assurer la défense d'un inculpé qui écoutait, impassible, sans donner le moindre signe de panique, ses compagnons délibérer sur son sort. Après une pléiade de discours virulents qui réclamaient sa tête, vint mon tour de parler pour appeler à ce qu'on réfléchisse bien au problème. Je tentai d'expliquer que l'accident qui avait provoqué la mort du compagnon devait être imputé aux conditions de la lutte, à la situation même de la guerre, et que, en définitive, le coupable de tout cela n'était autre que Batista, le dictateur. Mais, devant cet auditoire hostile, mes paroles semblaient bien peu convaincantes.

La nuit était déjà tombée, on avait allumé des torches en bois de pin et quelques bougies pour poursuivre la discussion. Fidel prit alors la parole pendant une longue heure, expliquant les raisons pour lesquelles, selon lui, le camarade Sardiñas ne devait pas être exécuté. Il énuméra la liste de toutes les carences dont souffrait notre guérilla : le manque de discipline, nos erreurs quotidiennes, les faiblesses que cela occasionnait; pour en conclure que, finalement, l'acte blâmable avait été commis en défense du concept de discipline et qu'il fallait en tenir compte. Sa silhouette éclairée par les torches, et sa voix qui résonnait dans le silence de la montagne, donnaient à l'ensemble un ton tragique. On voyait, au fil de son discours, les opinions évoluer dans son sens.

Cette nuit-là, son immense pouvoir de persuasion fut mis à l'épreuve.

En dépit de son éloquence, tout n'était pas tiré au clair. On décida, finalement, de voter entre deux sanctions : soit la peine de mort immédiate, soit la dégradation militaire et le châtiment subséquent.

Une ferveur inhabituelle, fruit des passions exacerbées, anima cette petite élection montagnarde dont l'enjeu était la vie d'un homme. Il fallut suspendre le vote parce que certains votaient deux fois, et aussi en raison de la propagande qui faussait les conditions établies. On expliqua à nouveau quelles étaient les options du vote, priant chacun d'exprimer clairement son opinion.

J'eus la lourde tâche d'effectuer le décompte des voix, dans mon petit carnet de notes. Nombre d'entre nous appréciaient Lalo; nous reconnaissions sa faute mais souhaitions qu'il eût la vie sauve, en tant qu'élément de valeur de la révolution. Je me souviens qu'Oniria, une jeune fille, presque encore une enfant à cette époque, qui avait rejoint notre colonne, demanda d'une petite voix inquiète si elle pouvait voter comme les autres combattants. On le lui permit et, une fois le vote clos, on commença le décompte.

Le résultat de ce vote étrange fut porté sur des petits tableaux, semblables à ceux que l'on utilise en médecine pour le comptage en laboratoire. Il fut absolument équitable et, après quelques incertitudes, l'opinion des cent quarante-six combattants de la guérilla participant au vote se répartit, pour soixante-dix d'entre eux, en faveur de la peine de mort, et, pour les soixante-seize restants, en faveur d'un autre type de peine. Lalo avait la vie sauve.

Cette histoire ne s'arrêta pas là. Le lendemain, un groupe d'opposants à la décision adoptée à la majorité décida de se retirer de la guérilla. Parmi eux, il y avait des garçons sans grand intérêt, mais aussi des braves. Paradoxalement, le chef lieutenant de la commission de discipline, ainsi que plusieurs membres de son groupe, mécontents, quittèrent l'armée rebelle. Je me souviens de quelques noms : un camarade qui s'appelait Curro, un autre Pardo Jiménez, qui, bien que neveu d'un ministre de Batista, participait à la lutte. Antonio López les suivit. J'ignore ce que sont devenus ces camarades ; mais le destin des trois frères Cañizares, qui renoncèrent également à la guérilla, n'eut rien d'héroïque. L'un mourut à Playa Girón[1], le 17 avril 1961, un autre y fut fait prisonnier, alors qu'il participait à la tentative d'invasion des mercenaires. Ces hommes qui ne respectaient pas la décision de la majorité et manifestèrent

1. Playa Girón est une petite plage, sur la rive orientale de la baie des Cochons, entrée dans l'histoire le 17 avril 1961, après avoir été choisie comme lieu de débarquement pour l'invasion d'une brigade de contre-révolutionnaires d'origine cubaine, parrainée et soutenue par le gouvernement des États-Unis. L'invasion fut un échec militaire. (NdT)

leur désapprobation en abandonnant la lutte se mirent ensuite au service de l'ennemi et revinrent en traîtres combattre sur notre sol.

Des forces nouvelles étaient nées, donnant une dimension inédite au développement de notre guerre révolutionnaire ; la conscience des dirigeants, comme celle des combattants, mûrissait ; l'urgence d'une réforme agraire devenait évidente, comme la nécessité de profonds changements dans la structure sociale en vue d'assainir le pays. Mais cet enrichissement de la conscience des meilleurs d'entre nous ne se faisait pas sans heurts avec un grand nombre d'éléments venus à la lutte par seul désir d'aventure ou, peut-être, pour recueillir non seulement les lauriers, mais aussi d'hypothétiques récompenses économiques de cette participation.

D'autres mécontents dont je n'ai pas souvenir des noms – à part peut-être celui de Roberto, qui s'en fut raconter un long tissu de mensonges à ce niais de Luis Conte Agüero, lequel s'empressa de le publier dans l'hebdomadaire *Bohemia* – abandonnèrent la guérilla. Lalo Sardiñas fut destitué et condamné à gagner sa réhabilitation en se battant seul contre l'ennemi avec une petite patrouille. L'un de nos lieutenants, Joaquín de la Rosa, également oncle de Lalo, décida de partir avec lui. En remplacement du capitaine Sardiñas, Fidel m'attribua un de ses meilleurs combattants : Camilo Cienfuegos, qui devint donc capitaine de l'avant-garde de notre colonne.

Nous devions nous remettre en route sans délai pour en finir avec les activités d'une meute de bandits qui, sous le couvert de notre révolution, commettaient leurs méfaits sur les lieux de nos premiers combats et dans la région voisine de Caracas et d'El Lomón. La première mission de Camilo au sein de notre colonne fut de s'élancer à la poursuite de ces malfrats et de les capturer afin qu'ils puissent être jugés.

Lutte contre le brigandage

Nos succès dans la Sierra permettaient désormais de mener une vie un peu plus libre sur un territoire relativement vaste. D'ordinaire, ce territoire n'était pas occupé par l'armée et, la plupart du temps, elle ne le foulait même plus du pied. Mais nous n'avions pas instauré un système de gouvernement d'une portée et d'une sévérité suffisante pour interdire la liberté de mouvement de groupes d'hommes qui, sous prétexte de mener une action révolutionnaire, se vouaient au pillage, au brigandage et à toutes sortes de délits.

En outre, la conjoncture politique de la Sierra était encore instable ; la prise de conscience politique de sa population était très superficielle, et la présence de l'armée de Batista, menaçante, aux portes de la Sierra, ne permettait pas de combler ces carences.

Le cercle ennemi s'était, depuis peu, resserré, et une nouvelle avancée sur la Sierra était à craindre. Les habitants de la région redoublaient d'inquiétude, et les plus faibles ne songeaient qu'au moyen d'échapper à l'invasion redoutée des sbires de Batista. Sánchez Mosquera avait installé son campement dans le village de Las Minas de Bueycito, et l'incursion de ses troupes devenait imminente.

Dans la vallée d'El Hombrito, en ce mois d'octobre 1957, notre guérilla s'occupait à asseoir les bases d'un territoire libre, et les premiers rudiments d'une activité industrielle qui consistaient, pour commencer, en la création d'un four à pain. Dans cette même région, un campement où, dans l'espoir d'être recrutés, des jeunes gens passaient un certain temps sous l'autorité de paysans de confiance servait en quelque sorte d'antichambre aux forces de guérilla. Arístidio, le chef de cette unité, avait appartenu à notre colonne jusqu'au combat d'El Uvero, auquel il n'avait pas participé sous prétexte qu'il s'était fêlé une côte en tombant, démontrant par là même son manque de motivation à continuer dans la guérilla.

Arístidio était l'exemple même de ces paysans qui avaient adhéré à la révolution sans avoir vraiment conscience de ce que cela signifiait, et qui, réfléchissant à sa situation, avait trouvé plus prudent de rester « en dehors ». Il avait vendu son revolver pour une poignée de pesos et commencé à clamer à qui voulait l'entendre qu'il n'était pas à ce point sot pour se laisser surprendre chez lui, sans défense, une fois les troupes de la guérilla parties, et qu'il souhaitait prendre contact avec l'armée. Plusieurs versions des déclarations d'Arístidio arrivèrent à mes oreilles. C'était une période difficile pour la révolution et, en vertu de mes attributions en tant que chef de la zone, au terme d'une enquête très poussée, le paysan Arístidio fut exécuté.

On peut se demander aujourd'hui si cet homme était coupable au point de mériter la mort, et si sa vie n'aurait pas dû être épargnée dans la perspective où il aurait pu servir la future construction révolutionnaire. La guerre est dure et difficile, et, dans les moments où l'ennemi redouble de combativité, on ne peut se permettre l'ombre d'une trahison. Des mois plus tôt, alors que la guérilla manquait encore de fermeté, ou quelques mois plus tard, parce que nous étions nettement plus sûrs de nos forces, il aurait probablement eu la vie sauve. Mais Arístidio eut la malchance que ses propres faiblesses comme combattant révolutionnaire coïncidèrent avec la période où nous nous sentions suffisamment forts pour sanctionner sévèrement une action telle que la sienne, et trop vulnérables encore pour la punir d'une autre façon, puisque nous n'avions ni prison ni d'autres moyens de nous protéger.

Nous quittâmes provisoirement le secteur pour prendre la direction de Los Cocos, sur la rivière Magdalena, où nous devions rejoindre Fidel et pourchasser une bande qui, sous les ordres du Chinois Chang, mettait à sac toute la région de Caracas. Nous devions rester une dizaine de jours sur place. À notre arrivée, Camilo, qui était parti en éclaireur, avait déjà capturé plusieurs de ces brigands. Ce fut dans une banale cabane de paysan que Chang le Chinois, chef d'une bande qui avait torturé et assassiné des paysans et s'était approprié le nom et les biens de la révolution en semant la terreur dans toute la contrée, fut jugé et condamné à mort. S'étant prévalu de son autorité comme messager de l'Armée rebelle pour violer une adolescente, un paysan subit le même sort. Une bonne partie des membres de cette bande, composée de garçons de la ville et de paysans tentés par la vie au grand air, sans règle ni contrainte, que leur offrait le Chinois, furent également jugés.

Nombre de ces malfaiteurs furent acquittés, mais on décida que la punition de trois d'entre eux servirait d'exemple symbolique. En premier lieu, on exécuta le paysan violeur et le Chinois Chang, restés tous deux impavides; on les attacha à des poteaux dans la montagne, et le premier, le violeur, mourut, les yeux ouverts, sans bandeau, faisant face aux fusils, et en poussant des vivats à la révolution.

Le Chinois garda également son sang-froid face à la mort, mais réclama le soutien religieux du père [Guillermo] Sardiñas*[1], qui se trouvait alors à l'extérieur du campement; on ne put accéder à son souhait. Chang nous conjura de rendre compte du fait qu'il avait requis la présence d'un prêtre, comme si ce témoignage public pouvait atténuer ses fautes au moment de franchir les portes de l'au-delà.

Puis on fusilla symboliquement trois des garçons les plus étroitement liés aux actes de violence du Chinois Chang, mais auxquels Fidel considérait que l'on devait laisser une chance. Tous trois eurent les yeux bandés et furent soumis à un simulacre d'exécution. Lorsqu'ils réalisèrent, après les coups de feu tirés en l'air, qu'ils étaient toujours de ce monde, l'un d'eux me fit la plus étrange démonstration spontanée de joie et de reconnaissance à laquelle il me fut donné d'assister, en me gratifiant d'un superbe baiser sonore, comme s'il embrassait son père. Témoin oculaire et photographique des faits, le journaliste et agent de la CIA, Andrew Saint George, publia un

1. Le père Guillermo Sardiñas, un prêtre de Santiago de Cuba, s'était joint à la guérilla de Fidel Castro en juin 1957. (NdT)

article dans la revue *Look*, qui lui valut, aux États-Unis, le prix du reportage le plus sensationnel de l'année.

Ce système, inauguré ce jour-là dans la Sierra, peut sans doute paraître un peu barbare; nous ne disposions cependant d'aucune sanction efficace pour ces hommes qui ne méritaient pas vraiment la mort, mais qui avaient une série de fautes graves à leur actif. Tous trois rejoignirent l'armée rebelle et j'eus des nouvelles de deux d'entre eux qui se distinguèrent durant la période de l'insurrection. Le troisième fit longtemps partie de ma colonne et, au cours des discussions entre soldats, quand on parlait de faits de guerre et qu'un combattant émettait des doutes sur leur aspect héroïque, le garçon rétorquait toujours avec emphase : « Moi, en tout cas, la mort ne me fait pas peur, et le Che en est témoin », rappelant l'épisode de son exécution.

Deux ou trois jours plus tard, nous capturâmes une autre bande que nous dûmes, à grand regret, également passer par les armes. Il s'agissait de Dionisio [Oliva], un paysan, et de son beau-frère Juan Lebrigio, deux des hommes qui furent parmi les premiers à aider la guérilla. Dionisio avait concouru à démasquer le traître Eutimio Guerra et nous avait prêté main-forte dans un des moments les plus critiques de la révolution. Or, il avait abusé de notre confiance et, avec son beau-frère, avait détourné tous les vivres que les organisations nous envoyaient des villes. Puis ils avaient établi plusieurs campements où l'on massacrait indistinctement toutes les bêtes d'élevage et, ayant pris cette mauvaise pente, ils s'étaient abaissés jusqu'au meurtre.

À cette époque, dans la Sierra, la situation économique d'un homme se mesurait au nombre de femmes qu'il possédait ; et Dionisio, fidèle à la tradition et se considérant tout-puissant grâce aux pouvoirs que la révolution lui conférait, avait aménagé trois cabanes, habitées chacune par une femme, et remplies d'une abondante réserve de produits divers et variés. Durant son procès, en réponse aux accusations de Fidel qui s'indignait de la trahison qu'il avait commise envers la révolution, et de son immoralité en entretenant trois femmes avec l'argent du peuple, Dionisio avait répondu, avec sa fausse candeur paysanne, qu'elles n'étaient pas trois, mais deux, puisque l'une d'elles était vraiment la sienne (ce qui était vrai). Ils furent fusillés en compagnie de deux espions envoyés par [Rolando] Masferrer[1], condamnés ayant avoué, et d'Echevarría. Echevarría, un jeune homme qui appartenait à une famille de combattants de l'Armée rebelle, et dont l'un des frères était un vétéran du *Granma*, avait formé un petit commando en attendant notre arrivée et, cédant à je ne sais quelle tentation, avait entrepris de mener des actions de banditisme sur le territoire de la guérilla.

Le cas d'Echevarría fut pathétique. Ayant reconnu ses fautes, il refusait néanmoins de mourir fusillé ; il implorait qu'on lui permette de donner sa vie lors du prochain combat, et jurait qu'il ne se déroberait pas et irait au sacrifice. Il ne voulait pas déshonorer sa famille.

---

1. Dès le début même de la révolution, le gouvernement des États-Unis, qui avait accueilli les partisans du régime de Batista renversé, permit à des hommes de main notoires, dont Rolando Masferrer, d'organiser sur son territoire des plans pour assassiner Fidel Castro. En mars 1959, un groupe de terroristes dirigés et payés par Masferrer, qui avait tenté de commettre un attentat, fut capturé à La Havane. (NdT)

Condamné par le tribunal, Echevarría, que nous surnommions « El Bizco » [« le Bigle »], écrivit une longue et émouvante lettre à sa mère, lui expliquant la justesse de la sanction qui allait lui être infligée, et lui recommandant de rester fidèle à la révolution. Le dernier des fusillés était un personnage pittoresque appelé « El Maestro » [« l'Instituteur »], qui m'avait soutenu lorsque, souffrant d'une crise d'asthme, j'avais dû parcourir les montagnes en sa seule compagnie. Mais il avait ensuite quitté la guérilla, prétextant une quelconque maladie, et avait adopté un mode de vie immoral, dont l'exploit culminant avait été de se faire passer pour moi, en ma qualité de médecin, pour tenter d'abuser d'une jeune paysanne qui requérait ses conseils médicaux. À l'exception des deux espions de Masferrer, tous moururent en faisant allégeance à la révolution. Bien que je fusse absent au moment des faits, on raconte que, lorsque le père Sardiñas, présent cette fois, était sur le point d'administrer les derniers sacrements à l'un des condamnés, celui-ci lui répondit : « Écoutez, mon père, voyez si un autre en a besoin, parce que, sincèrement, moi, je ne crois pas beaucoup en ces choses-là. »

La révolution se faisait aussi avec ces gens-là. Rebelles, au début, à toute sorte d'injustice, ces individus solitaires prenaient l'habitude de satisfaire leurs propres désirs et ne concevaient guère l'utilité d'une lutte à des fins sociales. Lorsque la révolution relâchait, ne fût-ce qu'une minute, sa surveillance à leur égard, ils commettaient des erreurs qui les menaient droit au crime, suivant une logique implacable. Dionisio Oliva ou Juanito Lebrigio n'étaient pas pires que d'autres délinquants occasionnels qui obtinrent le pardon de la révolution et qui firent partie de notre armée ; mais les circonstances exigeaient alors l'intransigeance et les punitions exemplaires. Il fallait enrayer toute velléité d'indiscipline et éradiquer les éléments anarchistes qui s'introduisaient dans ces régions dépourvues de gouvernement stable. Echevarría aurait même pu devenir un héros de la révolution ; à l'instar de deux de ses frères, promus officiers de l'Armée rebelle, il se serait probablement distingué au combat. Mais le sort en a décidé autrement, il avait fait le choix de la délinquance et il dut le payer de sa vie. Nous avons hésité à mentionner son nom dans ce récit, mais il eut une attitude si digne, si révolutionnaire, si courageuse face à la mort, et il fit preuve d'un tel stoïcisme en reconnaissant la justesse de sa peine, que nous estimons que sa fin n'a été en rien dégradante. Sa mort servit d'exemple, tragique il est vrai, mais qui ne manqua pas de noblesse pour que l'on comprenne la nécessité de faire de notre révolution un acte pur et non corrompu par les crimes auxquels les hommes de Batista nous avaient accoutumés.

Durant ces jugements, un homme intervint pour la première fois en tant qu'avocat. Il était venu se réfugier dans la Sierra en raison de divers démêlés avec les dirigeants du 26-Juillet d'El Llano [« de la Plaine »]. Il était avocat et fut, après notre victoire en 1959, ministre de l'Agriculture de la révolution, jusqu'au jour où l'on ratifia la loi sur la réforme agraire (qu'il refusa de signer, pour ne pas se compromettre, disait-il). Cet homme s'appelait Sorí Marín*.

Une fois achevé le pénible devoir de pacification et de moralisation de toute la région qui devait rester sous administration rebelle, la colonne, divisée en trois pelotons, entreprit le retour vers El Hombrito. Le peloton d'avant-garde était conduit par Camilo Cienfuegos. Il était secondé par les lieutenants Orestes, devenu ensuite commandant, qui était à la pointe de l'avant-garde, Boldo, [Hermes] Leyva et Noda. Le peloton suivant était mené par le capitaine Raúl Castro Mercader et ses lieutenants Alfonso Zayas, Orlando Pupo et Paco Cabrera. Ramiro Valdés dirigeait notre état-major, et Joel Iglesias en était le lieutenant. Joel Iglesias n'avait pas encore dix-sept ans, et il avait sous ses ordres des hommes d'une trentaine d'années qu'il vouvoyait, tandis que ceux-ci lui répondaient en le tutoyant ; mais ils respectaient ses ordres avec discipline. Le peloton d'arrière-garde était conduit par Ciro Redondo, avec « Vilo » Acuña, Félix Reyes, William Rodríguez et Carlos Mas pour lieutenants.

À la fin du mois d'octobre 1957, nous établissions à nouveau notre campement dans le secteur d'El Hombrito afin d'engager les opérations visant à instaurer une zone entièrement sous la coupe de notre armée. Deux étudiants de La Havane nous avaient rejoints ; l'un était élève ingénieur, et l'autre, élève vétérinaire. Nous entreprîmes, avec leur aide, de dessiner les plans d'une petite centrale hydroélectrique que nous avions le projet de construire sur la rivière d'El Hombrito, et de mettre en place les structures pour imprimer le journal rebelle. Pour cette dernière tâche, nous disposions d'une vieille machine à polycopier sur laquelle furent imprimés les premiers numéros d'*El Cubano Libre*, dont les principaux rédacteurs et typographes étaient les étudiants Geonel Rodríguez* et Ricardito Medina.

Ce fut à cet endroit que, sous l'œil bienveillant et généreux des voisins d'El Hombrito et, surtout, de notre bonne amie la «vieja» Chana, comme nous l'appelions tous affectueusement, notre vie sédentaire commença à prendre forme. Notre four à pain vit enfin le jour à l'intérieur d'une cabane abandonnée, pour que l'aviation ne puisse détecter aucune nouvelle bâtisse. En outre, nous fîmes confectionner une immense bannière aux couleurs du 26-Juillet, qui portait comme inscription : «Bonne année 1958», et qui fut suspendue à l'une des pierres plates du sommet d'El Hombrito, afin d'être visible de loin, y compris du village de Las Minas de Bueycito. En même temps, nous parcourions la région pour y asseoir notre autorité et nous préparer à affronter l'invasion imminente de Sánchez Mosquera et ses hommes, en renforçant les effectifs des voies d'accès à El Hombrito.

Le chiot assassiné

Étant donné les conditions difficiles de la Sierra, on peut estimer pourtant que c'était un jour de gloire. Nous avions patiemment suivi l'armée de Sánchez Mosquera, en traversant Agua Revés, l'une des plus hautes vallées du bassin du Turquino, et franchi une jungle inextricable. Incendiant toutes les fermes de la région, l'assassin forcené laissait, dans son sillage, un paysage de désolation. Mais son chemin l'obligeait à monter par l'une des deux ou trois entrées de la Sierra où se trouvait embusqué Camilo. Il pouvait pénétrer la zone par la Nevada, ou par le territoire que nous avions baptisé « du boiteux », appelé aujourd'hui « du mort ».

Camilo était parti précipitamment avec une fraction de son peloton d'avant-garde, une douzaine d'hommes ; et avec cet effectif réduit, qu'il devait répartir en trois endroits, il comptait arrêter une colonne de cent et quelques hommes. La mission qui m'incombait consistait à prendre la colonne de Sánchez Mosquera à revers, et à l'encercler. Notre objectif était de prendre l'ennemi en filature jusqu'au piège qui se refermerait sur lui. Nous assistions donc, impuissants, à l'embrasement des hameaux. Nous gardions nos distances, mais les cris des soldats de l'arrière-garde ennemie parvenaient jusqu'à nous. Nous ignorions leur nombre. Notre colonne progressait difficilement sur les parois montagneuses, escortant, de loin, l'ennemi qui avançait dans l'étroit berceau de la vallée.

Tout eût été parfait si notre mascotte n'avait pas fait des siennes : c'était un petit chien de chasse, d'à peine quelques semaines. En dépit des injonctions répétées de Félix pour qu'il retourne à notre centre d'opérations – une cabane où demeuraient les cuisiniers –, le chiot avait suivi la colonne. Dans ce coin de la Maestra, l'absence de sentiers rend le passage par les coteaux quasiment impraticable. Il nous fallait franchir une «toile de tarentule», un endroit où les vieux arbres morts sont recouverts par la nouvelle végétation, rendant le passage extrêmement compliqué ; ce qui nous ralentissait considérablement. Nous enjambions les vieux troncs et sautions par-dessus la broussaille, nous efforçant de ne pas perdre la trace de notre proie. La petite colonne avançait dans le silence propre à ce genre d'action, sans qu'une branche brisée rompe l'intarissable murmure de la montagne. Or, celui-ci fut subitement troublé par les gémissements inquiets et plaintifs du chiot. Resté en arrière, il aboyait désespérément pour que ses maîtres le sortent de ce mauvais pas. L'un des hommes lui porta secours et nous reprîmes la marche. Mais, au cours d'une brève halte dans le lit d'une rivière asséchée, tandis qu'une vigie guettait les mouvements de la troupe batistienne, le petit chien se remit à pousser ses jappements hystériques ; il ne se contentait plus d'appeler, il avait peur qu'on l'abandonne et aboyait sans retenue.

Je me souviens d'avoir donné cet ordre sans appel : « Félix, je ne veux plus entendre ce chien. Tu t'en charges. Étrangle-le. Il ne doit pas aboyer une fois de plus. » Félix me regarda d'un œil vide. Lui et le chiot se tenaient là, au centre de la troupe exténuée qui formait comme un cercle autour d'eux. D'un geste d'une lenteur extrême, il sortit une corde, la passa autour du cou de l'animal, et commença à serrer. Les secousses joyeuses de sa petite queue se transformèrent bientôt en tressaillements convulsifs qui s'espacèrent doucement au rythme d'un long pleur que sa gorge comprimée parvenait encore à exhaler. J'ignore combien de temps son agonie dura ; mais la fin nous parut à tous beaucoup trop longue à venir. Après un dernier spasme, le chiot cessa de se débattre. Il resta là, tout chétif, sa petite tête recourbée sur le sol feuillu de la montagne.

Au moment de repartir, nul ne dit mot sur cet incident. La troupe de Sánchez Mosquera avait pris de l'avance sur nous, et, quelques minutes plus tard, nous entendîmes des coups de feu. Notre troupe dévala le coteau à toute allure, cherchant, malgré les difficultés du terrain, le meilleur chemin pour rejoindre l'arrière-garde. Nous savions que Camilo était entré en action. Atteindre la dernière maison nous prit beaucoup de temps ; nous avancions avec la plus grande prudence, redoutant à chaque instant de tomber sur l'ennemi. La fusillade avait été fort nourrie, mais de courte durée. Nous étions tous très tendus. La dernière maison avant la montée dans la Sierra était également vide de ses habitants. Pas de trace des soldats. Deux éclaireurs gravirent la côte du « boiteux » et revinrent au bout d'un court laps de temps pour annoncer : « On a trouvé une tombe, là-haut. On l'a ouverte et on a découvert un soldat.» Ils apportaient également avec eux les papiers de la victime, trouvés dans la poche de sa chemise. Il y avait eu combat et l'un des leurs avait été tué ; mais nous n'en savions guère plus.

Découragés, nous revînmes lentement sur nos pas. En parcourant le secteur, nous constatâmes de multiples traces du passage des troupes, des deux côtés de la Maestra ; mais rien de plus. L'ambiance du retour, en empruntant cette fois-ci le chemin de la vallée, fut morose.

À la nuit tombée, dans le hameau de Mar Verde, une cabane, vide elle aussi, nous servit d'abri. Nous fîmes griller rapidement un cochon sauvage et un peu de manioc ; le repas fut servi. Quelqu'un chanta un air en s'accompagnant d'une guitare trouvée sur place, car les paysans abandonnaient parfois leurs cabanes en toute hâte et y laissaient même des affaires de valeur.

J'ignore si c'était à cause de l'air mélancolique que jouait la guitare, ou de la nuit, ou encore de la fatigue… Mais Félix, qui mangeait assis par terre, déposa un os à côté de lui. Un chien du coin vint tranquillement le ramasser. Félix lui passa une main affectueuse sur le crâne, et le chien le fixa d'un regard doux. Félix posa à son tour ses yeux sur lui ; et nos regards, que l'on sentait lourds de culpabilité, se croisèrent. Le silence se fit. Une émotion imperceptible flottait dans l'air. Même s'il nous observait à travers les yeux d'un autre chien, nous couvant de son regard tendre et espiègle, quoiqu'embrumé d'un léger voile de reproche, au côté de chacun de nous se tenait le petit chiot assassiné.

Le combat de Mar Verde

Peu avant l'aube, il devait être cinq heures ou cinq heures et demie du matin, je me levai, détendu, après une nuit paisible ; mon sixième sens, développé par l'expérience de la vie militaire, se trouvant, ce jour-là, fortement émoussé par la fatigue et le confort d'un lit accueillant du village de Mar Verde. Nous prîmes tranquillement le petit déjeuner, dans l'attente du retour des multiples messagers envoyés pour prendre contact avec les groupes guérilleros.

Le soleil avait à peine commencé à caresser la terre de ses premiers rayons, que l'un des rares paysans encore présents dans la région accourut nous porter une nouvelle aussi étrange qu'alarmante. Il avait aperçu, à moins de cinq cents mètres de là, des soldats explorant une ferme à la recherche de poules et d'œufs. Je le chargeai sur-le-champ d'entrer en contact avec eux, de s'enquérir de la raison de leur présence, et du nombre de leurs effectifs. Le paysan ne fit guère preuve d'un enthousiasme délirant pour accomplir cette mission, mais il revint nous annoncer que, un ou deux kilomètres en amont, en direction de la Sierra de la Nevada, un groupe de soldats campait dans la ferme de Reyes.

Il ne pouvait s'agir que de Sánchez Mosquera et de son armée.

Ce fut le branle-bas de combat : il fallait mettre sur pied un plan pour l'encercler dans un lieu propice et l'anéantir.

Nous devions tout d'abord réfléchir à la prochaine direction qu'il prendrait. Deux chemins étaient envisageables ; le premier était celui de la Nevada, qui, via Santa Clara et en direction de California, permettait d'atteindre, au bout d'un voyage éreintant, Las Minas de Bueycito ; le second, plus logique de par le trajet réduit qu'il supposait et les opportunités qu'il lui offrait, consistait pour Sánchez Mosquera à suivre la route inverse et d'atteindre, par la rivière Turquino, le petit village situé au pied même du mont Turquino, Ocujal.

Dans le doute, nous devions sécuriser rapidement ces deux voies et empêcher qu'il puisse briser notre encerclement. S'il décidait de s'engager dans la partie haute du sentier qui mène à la Nevada, nous n'avions aucun moyen d'opposer des forces à son armée, à moins que Camilo les ait suivis.

Celui-ci les avait affrontés la veille dans le secteur d'Altos de Conrado, et nous ignorions désormais où il se trouvait.

Par chance, les messagers revinrent rapidement. Nos forces de réserve basées à El Hombrito se déployaient dans le secteur de la Nevada et du cimetière, pour se positionner au-dessus de Sánchez Mosquera et lui barrer la route. Camilo était arrivé et se trouvait dans cette zone. Nous leur fîmes parvenir l'ordre de ne pas se montrer ni d'entamer le combat avant les premiers coups de feu, excepté si l'ennemi tentait de sortir de la zone sous contrôle. Nous envoyâmes les escouades des lieutenants Noda et «Vilo» Acuña sur le flanc ouest. À l'est, le capitaine Raúl Castro Mercader fermait le siège. Ma petite escouade et ses quelques renforts étaient chargés de tendre une embuscade au cas où, comme nous le supposions, les soldats de Batista chercheraient à rejoindre la mer.

Dès les premières heures de la matinée, l'encerclement tout juste mis en place, l'alerte fut donnée. On voyait la pointe de l'avant-garde ennemie avancer sur la route principale qui longe un petit ruisseau et descend vers la rivière Turquino. L'endroit choisi pour commencer la lutte, dans l'hypothèse où ils arriveraient dans ma direction, était flanqué d'un enclos qui permettait à nos troupes de se cacher sur l'un de ses côtés, mais pas d'agir ni d'observer la situation, sinon une fois les hostilités déclarées. Il était situé sur un côté de la route, sur l'autre s'élevait un petit talus dont le dernier arbre était un manguier. J'étais caché derrière cet arbre et devais tirer à bout portant sur les soldats. À un ou deux mètres devant moi étaient postés Joel Iglesias et d'autres camarades. La position était idéale pour abattre les premiers soldats, mais non pour poursuivre la lutte. Nous pensions que les troupes adverses se replieraient immédiatement en quête de positions stratégiques; et nous avions prévu, à ce moment-là, d'abandonner l'embuscade.

Les pas des soldats résonnèrent pratiquement juste au-dessus de nos têtes. Ils n'avaient surpris que trois hommes dans l'enclos et n'eurent pas le temps de voir le reste. À cette époque, mon arme était un pistolet Luger. J'étais inquiet du sort des deux ou trois compagnons qui se trouvaient à deux pas de l'ennemi, de sorte que je tirai trop tôt le premier coup de feu et ratai ma cible. Immédiatement, comme cela se passe dans ces cas-là, la fusillade se généralisa, et la cabane occupée par le gros des troupes de Sánchez Mosquera fut prise d'assaut. Un silence étrange se fit peu après sur les lieux de l'embuscade. Au moment de récupérer les morts, après le premier échange de coups de feu, nous réalisâmes que la route était déserte. Mais, sur les bas-côtés, se trouvait une forêt, et, dans cette jungle, une sorte de tunnel avait été creusé dans un rideau de *tibisí*[1], par lequel s'étaient faufilés les soldats ennemis. Nous nous lançâmes aussitôt à leur recherche.

Tandis que nous revenions sur nos pas, Joel Iglesias, suivi de Rodolfo Vázquez et de Geonel Rodríguez, pénétra dans le tunnel végétal qu'avaient emprunté les soldats. J'entendais leurs voix enjoignant aux militaires de se rendre et leur promettant la vie sauve. Soudain, des coups de feu crépitèrent ; des camarades vinrent m'avertir que Joel était gravement blessé. Joel avait eu, dans son malheur, une chance extraordinaire. Trois fusils Garand l'avaient pris pour cible, son propre Garand avait été traversé par deux balles et sa crosse brisée ; une autre lui avait brûlé la main, la suivante une joue, deux avaient perforé son bras, deux une jambe et quelques autres l'avaient éraflé. Il était couvert de sang mais ses blessures n'étaient pas, malgré tout, mortelles. Il fut immédiatement évacué pour être transporté, en hamac, à notre hôpital de campagne improvisé.

Avant de reprendre le combat, nous devions retrouver les trois soldats échappés. Tout à coup, on entendit

1. Lianes tranchantes des forêts tropicales. (NdT)

une voix, celle de Silva, crier : « Ils sont là ! », signalant sa position d'un coup de feu de son calibre 12, puis, aussitôt, les voix des soldats qui se rendaient. Solde de l'action : trois Garand accompagnés des prisonniers correspondants, et un de nos meilleurs combattants hors circuit. C'était le bilan du moment.

Les soldats capturés prirent le même chemin que le blessé, ce qui nous permit de continuer le combat. Au terme d'un bref interrogatoire, ils nous apprirent que Sánchez Mosquera disposait de quatre-vingts à cent hommes. Nous n'avions aucun moyen de vérifier si ce nombre était exact, mais telles étaient les affirmations des prisonniers. Les positions de l'armée ennemie étaient, prétendaient-ils, bien défendues par des mitrailleuses, des armes légères et des réserves de munitions considérables.

Nos effectifs étant plus ou moins comparables, mais notre armement indéniablement inférieur, nous comprîmes qu'il était dans notre intérêt de ne pas nous engager dans une confrontation directe, aux résultats incertains. De plus, Sánchez Mosquera était bien protégé, retranché derrière de solides barricades. Décision fut prise de le traquer pour lui interdire toute manœuvre jusqu'à la tombée de la nuit, moment propice à notre attaque.

Quelques heures plus tard, la nouvelle nous parvint qu'une troupe de renforts, commandée par le capitaine Sierra, venait de débarquer et commençait à monter. Deux patrouilles furent aussitôt constituées pour leur couper la route ; la première, dirigée par William Rodríguez, devait l'attaquer dans le secteur de Dos Brazos del Turquino ; la seconde, commandée par le lieutenant Leyva, avait pour mission de se tenir embusquée pour surprendre les renforts au moment où ils achèveraient l'ascension d'une montagne, à deux kilomètres seulement du champ de bataille – une position, pour nous, très favorable – et de décimer leur avant-garde. Je m'occupai personnellement de concevoir cette dernière attaque, laissant à d'autres camarades l'initiative de la préparation des premières embuscades.

Le front était relativement calme ; nous nous contentions de tirer de temps en temps quelques coups de feu sur le toit en zinc de la cabane où s'étaient retranchés les soldats, pour leur signifier notre présence. Vers le milieu de l'après-midi, en amont de notre position, une fusillade soutenue rompit le silence de la montagne. Et, tout de suite après, une triste nouvelle nous parvint : Ciro Redondo avait été abattu en tentant de forcer les lignes ennemies. Son corps restait introuvable, mais Camilo avait récupéré ses armes. De notre côté, des premiers tirs annonçaient l'arrivée des renforts de Batista. Ils furent rapidement suivis par des échanges de feu nourris ; et notre défense, sur le côté sud, fut enfoncée par les renforts qui volaient au secours de Sánchez Mosquera.

Il ne nous restait plus qu'à nous replier. Une fois de plus, ce sbire de Batista nous avait échappé. Nous donnâmes l'ordre aux troupes de se retirer dans le calme, et nous fîmes de même, sans empressement. Il nous fallait descendre à la rivière d'El Guayabo pour, ensuite, rejoindre la vallée d'El Hombrito, notre abri le plus sûr.

Une fois sur place, nous fîmes le bilan de la journée. Selon les combattants, le camp adverse avait subi des pertes, ce que nous ne pouvions vérifier ; ces assertions furent toutefois corroborées par les dires des combattants affectés à la défense du front sud, sous les ordres du lieutenant Leyva. En revanche, nous avions perdu un grand nombre de sacs à dos, laissés sans surveillance, également dans le secteur sud. L'un de nos hommes, Alberto, envoyé sur le front chercher les blessés du matin, décida, sur le chemin du retour, de se reposer un instant au lieu de continuer à se battre. Les troupes adverses l'avaient surpris en plein sommeil sur les sacs et l'avaient arrêté. Nous apprîmes, plus tard, qu'il avait été abattu dans la zone d'El Hombrito.

La veille, lors d'un précédent combat contre Sánchez Mosquera, Roberto Fajardo et Joel Pardo avaient été blessés ; tout comme Reyes, un combattant qui mourut ensuite avec le grade de capitaine, ainsi que Javier Pazos, puis Joel Iglesias ; Ciro Redondo, lui, avait été tué. Au chagrin d'avoir perdu notre grand ami Ciro s'ajoutait l'amertume de ne pas avoir pu vaincre Sánchez Mosquera.

J'envoyai une missive à Fidel, l'informant du décès de Ciro Redondo, et lui proposant de le promouvoir à titre posthume ; ce qui fut fait peu après, comme en témoigne un article publié dans notre journal *El Cubano Libre*.

Le combat et la mort de Ciro avaient eu lieu le 29 novembre 1957.

Juste avant de nous retirer, une balle se ficha dans un tronc d'arbre à quelques centimètres de ma tête ; Geonel Rodríguez me reprocha de ne pas m'être penché pour l'éviter. D'après son raisonnement, sans doute influencé par les spéculations mathématiques imposées par sa carrière d'ingénieur, ses chances d'arriver en vie au terme de la révolution étaient nettement supérieures aux miennes, puisqu'il ne la risquait que lorsque c'était nécessaire. C'était vrai ; bien que Geonel Rodríguez eût reçu son baptême du feu dans cette bataille, il ne risquait jamais sa vie sans raison ; il ne cessa d'être un combattant exemplaire, par son courage, sa volonté et son intelligence. Mais ce fut pourtant lui qui ne vit pas la fin de la guerre révolutionnaire. En effet, quelques mois plus tard, il fut abattu au cours de la grande offensive de l'armée contre nos positions.

Nous passâmes la nuit sur les rives du Guayabo. Il fallait mettre au point les conditions pour éviter toute mauvaise surprise et faire en sorte que, s'il était dans leur intention de nous écraser à El Hombrito, les hommes de Mosquera devraient livrer un combat acharné pour y parvenir. Pour le moment, tel était notre principal objectif.

Los Altos de Conrado

Les jours qui suivirent le combat de Mar Verde furent d'une activité intense. Désormais convaincus que nos forces ne possédaient pas une puissance de combat suffisante pour nous permettre de mener des luttes soutenues ni d'assiéger l'ennemi de manière efficace, ou encore de résister à des attaques frontales, nous renforcions notre vigilance pour parer à toute offensive dans la vallée d'El Hombrito.

Seuls quelques kilomètres séparent Mar Verde d'El Hombrito et, pour les franchir, il suffit de gravir la grand-route qui mène à Santa Ana, en traversant la rivière Guayabo, petit cours d'eau de la Sierra ; de Santa Ana, on arrive directement sur notre vallée d'El Hombrito. Mais il existe aussi des entrées par le sud de la rivière Guayabo, par la Loma [« colline »] de la Botella et, également, par la route qui vient de Minas del Frío.

Nous devions défendre toutes ces voies d'accès et disposer des postes de guet permanents pour éviter que l'adversaire nous surprenne en faisant passer ses troupes directement par les montagnes.

La plus grande partie de l'impedimenta[1] avait été transférée dans la région de La Mesa, chez Polo Torres, de même que les blessés, à l'exception de Joel Iglesias, incapable de marcher en raison de ses graves lésions à la jambe.

Le gros des troupes de Sánchez Mosquera campait précisément à Santa Ana, mais certaines, dont on ignorait la destination, avaient pris le chemin de California.

Quatre ou cinq jours après l'affrontement de Mar Verde, nouveau branle-bas de combat général : les troupes de Sánchez Mosquera avançaient par le chemin le plus logique, celui qui vient de Santa Ana vers El Hombrito. Nos combattants se postèrent en embuscade et on vérifia les mines. Ces premières mines artisanales, fabriquées par nos soins, étaient constituées d'une fusée rudimentaire faite d'un ressort et d'un clou ; en se libérant, le clou, propulsé par le ressort, venait frapper le détonateur. Ce dispositif n'avait malheureusement pas fonctionné à Mar Verde, et ne fonctionna guère plus cette fois-là.

Les premières rafales de tirs ne tardèrent pas à se faire entendre depuis le poste de commande, suivies bientôt de la nouvelle que les mines ne fonctionnaient pas et du retrait de nos combattants dû à la quantité impressionnante de troupes batistiennes, mais non sans leur avoir fait subir, disait-on, de lourdes pertes. La première victime était décrite comme étant un sergent grand et corpulent, muni d'un revolver 45 et de son attirail militaire, qui venait, à cheval, à la tête d'une colonne.

1. Bagages et équipements indispensables au fonctionnement d'une armée en campagne, mais qui gênent sa marche et ses mouvements. (NdT)

Le lieutenant Enrique Noda et l'un de nos combattants, surnommé « le Mexicain », l'avaient abattu presque à bout portant, avec leurs fusils Garand, et leurs descriptions de l'individu coïncidaient. On disait aussi que d'autres soldats avaient été tués. Néanmoins, une chose était sûre : les troupes de Sánchez Mosquera avaient enfoncé nos lignes de défense.

(Des semaines plus tard, Brito, un paysan, vint me remercier de notre générosité. Forcé de marcher en tête de la colonne pour servir de bouclier humain, il s'était rendu compte que nos jeunes combattants avaient « joué la comédie » en faisant semblant de lui tirer dessus. Ce même paysan m'indiqua que les pertes ennemies avaient eu lieu à Altos de Conrado, mais pas dans les alentours.)

Le secteur que nous occupions était si difficile à défendre avec nos petits effectifs que nous n'avions pu creuser des retranchements suffisants. Seules les anciennes défenses, construites pour barrer l'accès depuis Las Minas de Bueycito, se révélaient efficaces. En avançant par la route principale, l'ennemi représentait un danger pour nos troupes embusquées, de sorte que l'ordre de repli fut donné à toutes nos forces, et nous commençâmes à nous retirer ; seules quelques rares familles de paysans osaient s'exposer à la férocité des soldats, par excès de bravoure ou parce qu'ils entretenaient des contacts secrets avec l'ennemi. Nous battîmes en retraite vers Altos de Conrado. Les Altos de Conrado sont un simple petit mont qui se détache de la ligne de la Maestra, sur le sommet duquel vivait un paysan appelé Conrado. Cet homme était membre du Parti socialiste populaire [PSP, Parti communiste] et, dès le début, était entré en contact avec nous, nous rendant de fiers services ; il avait même dû évacuer sa famille, et sa maison était maintenant déserte. L'endroit était idéal pour tendre une embuscade ; on ne pouvait y grimper que par trois étroits sentiers qui serpentaient entre les collines sinueuses, fort arborées et donc très faciles à défendre. Le reste du terrain était gardé par des rochers escarpés et des coteaux abrupts, extrêmement difficiles à escalader.

À l'endroit d'une petite crevasse s'ouvrait un passage. Nous préparâmes là les conditions pour résister à l'attaque de l'armée de Sánchez Mosquera. Dès le premier jour, nous avions dissimulé deux bombes munies de mèches dans le four de la maison. Le piège n'était pas compliqué : si nous devions nous retirer, les troupes s'installeraient probablement dans la maison et utiliseraient le four. Recouverts de cendres, les deux engins étaient complètement invisibles. Nous avions calculé que la chaleur du feu ou des braises qui viendraient au contact des mèches feraient exploser les deux bombes, décimant les nouveaux occupants des lieux. Bien sûr, il s'agissait là d'un dernier recours ; nous devions d'abord nous battre pour défendre Altos de Conrado.

Nous attendîmes patiemment, durant trois jours, montant la garde vingt-quatre heures sur vingt-quatre. À cette altitude et à cette époque de l'année, les nuits sont froides et humides. Nous n'étions ni entraînés ni équipés pour passer des nuits entières en plein air en position de combat.

Nous avions fait imprimer, sur la machine à polycopier de notre journal *El Cubano Libre*, dont le premier numéro était sorti à la même période, une proclamation aux militaires pour la coller sur les arbres bordant le chemin qu'ils devaient emprunter. Le 8 décembre 1957 au matin, du sommet, nous entendîmes les troupes gravir la colline, pour marquer une étape, deux cents mètres en contrebas. Le camarade Luis Olazábal fut envoyé coller les affiches. Des éclats de voix s'élevèrent : les soldats échangeaient de violents propos qui parvenaient très nettement jusqu'à nous. J'entendais même, en haut du rocher qui me servait de tour de guet, la voix – semble-t-il – d'un officier qui ordonnait : «Vous allez avancer en tête, espèce de couilles molles, c'est un ordre ! », et un soldat lui répondre sur un ton courroucé qu'il refusait. La discussion cessa et la troupe se remit en mouvement.

On apercevait la colonne progresser par intermittence, entre les arbres qui la cachaient. Au bout d'un moment, alors qu'ils avaient déjà bien entamé la montée, je fus pris de doute sur l'opportunité de les prévenir ou non de l'embuscade avec nos affiches. Finalement, je renvoyai Luis retirer les papiers ; il n'eut que quelques secondes pour accomplir sa tâche, les soldats grimpant à une allure soutenue.

Notre plan d'attaque était simple : nous supposions que, en arrivant sur le terrain dégagé, un soldat s'avancerait en éclaireur ; et de celui-ci nous ne ferions qu'une bouchée. Camilo guettait sa venue, caché derrière une lentisque. En passant à moins d'un mètre de lui, le soldat, sans doute attentif à ce qui se passait, et regardant droit devant, recevrait la décharge de sa mitrailleuse de plein fouet. Les combattants, parfaitement camouflés dans la végétation en bordure du chemin, feraient alors feu sur l'ennemi. Le lieutenant Ibrahim, assisté d'un de ses hommes, posté juste en face du chemin, devait couvrir

Camilo, situé à une dizaine de mètres de lui, afin que nul ne puisse approcher de son refuge après qu'il aurait abattu l'éclaireur.

Je me tenais à une vingtaine de mètres de là, incliné derrière un tronc d'arbre qui me protégeait la moitié du corps, et visant directement l'entrée du chemin où les soldats feraient leur apparition. Certains de mes camarades et moi-même ne pouvions pas voir les troupes arriver ; comme nous étions positionnés en terrain découvert, en sortant la tête de derrière nos abris, nous aurions été visibles. Il fallait attendre que Camilo ouvre le feu. Épiant le mouvement de l'armée ennemie, et contrevenant ainsi à mes propres ordres, je pus apprécier ce moment de forte tension qui précéda le combat, où le premier soldat apparut et avança avec prudence, jetant un œil inquiet autour de lui. En vérité, tout ici sentait le piège. Le spectacle du Peladero et de sa petite source intarissable au gargouillis constant, au milieu de cette exubérance de végétation qui nous entourait, constituait un bien étrange paysage. Les arbres, pour certains couchés, pour d'autres debout, calcinés par le feu, donnaient une impression lugubre. Je cachai la tête, dans l'attente du début du combat. Une détonation retentit, suivie de rafales de tirs. J'appris par la suite que Camilo n'était pas l'artisan de ce premier coup de feu. Ibrahim, que l'attente rendait nerveux, avait tiré avant l'heure, imité par les autres combattants, qui, pourtant, ne pouvaient pas voir grand-chose d'où ils se trouvaient. Nos tirs isolés, dont chacun avait la prétention de vouloir donner la mort, et ceux de la soldatesque, dilapidés en larges rafales, se croisaient, mais ne se mêlaient pas. Le bruit caractéristique des différentes armes permettait d'identifier les auteurs des coups de feu. Cinq ou six minutes plus tard, les premiers tirs de mortiers ou de bazookas sifflèrent au-dessus de nos têtes, pour exploser loin derrière nous.

Soudain, je ressentis une désagréable sensation de brûlure, ou de chair engourdie, signal que mon pied gauche, qui n'était pas protégé par le tronc d'arbre, avait été touché. Je venais de tirer (utilisant mon fusil à visée télescopique pour que mon coup soit plus précis) et, à l'instant même où je réalisai que j'étais blessé, j'entendis le bruissement des branches que l'on écarte sans ménagement pour se frayer un passage : on venait vers moi au pas de charge. Le fusil ne m'était d'aucun secours ; je venais de m'en servir. Le pistolet m'avait échappé dans ma chute et se retrouvait coincé sous moi. Impossible de me relever pour le saisir, j'étais directement exposé au feu ennemi. À force de contorsions désespérées, je parvins à empoigner le pistolet juste au moment où apparût « Cantinflas », l'un de nos combattants. Aux secondes d'angoisse que je venais de vivre, et à la douleur qui me déchirait le pied, venait s'ajouter le pauvre « Cantinflas », venu me dire qu'il se retirait parce que son arme était enrayée. D'un mouvement brusque, je lui arrachai son fusil Garand des mains pour l'examiner, tandis qu'il s'accroupissait pour se mettre à ma hauteur. Le clip était légèrement tordu, ce qui bloquait le chargeur. Je le lui redressai, non sans avoir énoncé mon diagnostic, tranchant comme une lame de rasoir : « Vous n'êtes qu'un crétin. » Vexé, « Cantinflas », Oñate de son vrai nom, reprit son fusil et abandonna le refuge de l'arbre pour retourner au combat, vider le chargeur de son Garand sur l'ennemi en signe de bravoure. Blessé au bras gauche par une balle qui, après une curieuse trajectoire, ressortit du côté de son omoplate, il ne put malheureusement réaliser son souhait. Nous étions maintenant deux blessés au même endroit, et se retirer sous les tirs des soldats se révélait périlleux. Il fallait se laisser glisser sur les troncs d'arbres et avancer en se cachant derrière eux, en contrebas, blessés comme nous étions, et sans nouvelle de nos camarades. En progressant tout doucement, nous parvînmes à descendre, mais « Cantinflas » perdit connaissance. Malgré la douleur, j'arrivai à me mouvoir et réussis à rejoindre les autres en quête de secours.

Nous savions qu'il y avait des morts parmi les soldats, mais nous en ignorions le nombre exact. Après avoir secouru les blessés (nous deux), nous nous retirâmes chez Polo Torres, deux ou trois kilomètres plus bas, dans la Maestra. Passé les premiers moments d'euphorie et l'émotion du combat, la douleur s'intensifia, m'empêchant d'avancer. À mi-chemin, on me fit monter sur un cheval qui me conduisit à l'hôpital improvisé ; « Cantinflas », lui, était transporté dans notre civière de campagne, un hamac.

Les tirs avaient cessé ; nous supposâmes alors que l'ennemi avait pris Los Altos de Conrado. On établit les positions pour leur faire barrage, sur les rives d'un ruisseau, à l'endroit que nous avions baptisé Pata de la Mesa [« Pied de la Table »], tout en organisant la retraite des paysans et de leurs familles. Puis nous écrivîmes à Fidel une longue lettre lui relatant les événements.

Je dépêchai la colonne commandée par Ramiro Valdés auprès de Fidel ; une sensation d'échec et d'angoisse planait sur la troupe et je ne voulais m'entourer que d'éléments indispensables pour former une équipe réduite et mener une défense agile.

Intrigués par le calme apparent qui régnait, nous envoyâmes, dès le lendemain du combat, un de nos meilleurs éclaireurs, Lien, repérer les mouvements de l'armée ennemie. Nous apprîmes, à notre grand étonnement, que les troupes avaient quitté la zone. Notre camarade s'était rendu dans la cabane de Conrado, et il n'y avait plus trace des soldats. Comme preuve de ses recherches, il nous rapporta l'une des bombes que nous avions cachées dans le four.

Après avoir passé les armes en revue, nous nous aperçûmes qu'il manquait un fusil, celui du camarade [Ramón] « Guile » Pardo*, qui avait changé d'arme durant la bataille. En se retirant, il avait emporté la seconde, oubliant la première à son poste de combat. Cet acte était considéré comme l'un des délits les plus graves en temps de guerre, et l'ordre fut formel : il devait retourner sur place, muni d'une seule arme de poing, et récupérer son fusil aux mains de l'ennemi ou en trouver un autre. « Guile » partit, tête basse, accomplir sa mission ; mais, au bout de quelques heures, ce fut sourire aux lèvres qu'il revint, exhibant fièrement son fusil. Le voile de cette énigme finit par être levé : l'armée n'avait pas avancé au-delà de ses retranchements ; chacun s'était retiré de son côté, si bien que les lieux du combat étaient restés vierges de toute intrusion postérieure. Le fusil n'avait souffert que d'une averse de pluie.

Cette avancée de l'armée sur le territoire de la Sierra fut longtemps estimée comme la plus importante ; et, dans cette zone concrètement, les soldats de Batista n'allèrent jamais plus loin. Une longue succession de maisons en cendres, c'était tout ce qui restait, comme toujours après le passage de Sánchez Mosquera, dans la région d'El Hombrito et des environs. Les soldats s'étaient appliqués à détruire consciencieusement notre four à pain ; et, parmi les ruines fumantes, on ne trouva que quelques chats et un cochon. Ce pauvre animal avait réussi à échapper à la folie destructrice de l'envahisseur pour finir dans nos assiettes. Un ou deux jours après le combat, [Ramón Machado Ventura*] « Machadito », devenu plus tard ministre de la Santé publique, m'opéra de ma blessure au moyen d'un couteau à raser et retira de mon pied une balle de fusil M-1, ce qui me permit d'entamer ma guérison.

Sánchez Mosquera avait quitté le territoire en emportant tout ce qu'il trouvait sur son passage, des sacs de café aux meubles que pouvaient porter ses soldats. Nous avions le sentiment qu'il ne répéterait pas de sitôt l'incursion dans la Sierra. De notre côté, il fallait reprendre le travail politique dans l'ensemble de la zone et reconstruire notre petit centre industriel, non plus dans le secteur d'El Hombrito, mais un peu plus loin, dans la région de La Mesa.

[*Verde Olivo*, 6 octobre 1967.]

Une année de lutte armée

Début 1958, cela faisait plus d'un an que nous avions commencé la lutte. Un petit bilan sur l'évolution de notre situation, tant sur le plan militaire, organisationnel ou politique, s'impose donc.

Je me permets de rappeler brièvement les événements à la suite de notre débarquement sur la plage Las Coloradas, le 2 décembre 1956. Trois jours plus tard, le 5 décembre, notre troupe fut victime d'une attaque-surprise, battue et dispersée à Alegría de Pío. Elle ne se regroupa qu'à la fin du mois, pour constituer une force nouvelle et reprendre des actions d'envergure modeste, comme sa taille le lui permettait, à La Plata, petite caserne située sur les berges de la rivière du même nom, sur la côte sud d'Oriente.

La caractéristique fondamentale de notre troupe, sur toute cette période, du débarquement jusqu'au combat d'El Uvero, résidait dans le fait suivant : elle n'était constituée que d'un unique groupe guérillero, dirigé par Fidel Castro, d'une mobilité constante (nous pourrions parler de « phase nomade »).

Les contacts avec la ville s'établirent laborieusement au cours de la période comprise entre le 2 décembre

1956 et le 28 mai 1957, date du combat d'El Uvero. Ces relations, durant ces longs mois de guérilla, pâtirent de l'incompréhension, de la part de la direction du Mouvement d'El Llano [« de la Plaine »], de l'importance de notre action et de sa démarche d'avant-garde pour propulser la révolution, et de la stature de Fidel qui en était le chef.

À partir du moment où se sont forgées deux opinions distinctes sur la tactique à suivre, répondant à deux concepts stratégiques spécifiques, baptisés pour le premier « La Sierra » et pour le second « El Llano », nos débats et luttes internes devinrent relativement virulents. Néanmoins, ce qui nous préoccupait avant tout à cette période, c'était de survivre et de développer les bases de la guérilla. Les paysans ont subi un processus que nous avons tenté d'analyser à plusieurs reprises. Dans les instants qui suivirent le désastre d'Alegría de Pío s'est produit un élan de sympathie et de camaraderie envers nos combattants, et un soutien spontané à notre troupe en déroute a vu le jour. En revanche, après le regroupement et les premières actions, qui ont coïncidé avec la répression de l'armée, ces bons sentiments ont laissé place à la terreur chez les paysans et à une certaine froideur à notre égard. Le problème majeur était que, s'ils avaient connaissance de notre présence, les habitants de la Sierra devaient nous dénoncer sur-le-champ ; dans le cas contraire, si l'armée venait à l'apprendre par un autre biais, ils étaient perdus. La dénonciation allait à l'encontre de leur propre conscience et, en outre, elle leur faisait courir un danger non moins important, car la justice révolutionnaire était alors expéditive.

En dépit d'une population paysanne terrorisée ou, dans le meilleur des cas, souhaitant rester neutre, et qui préférait abandonner la Sierra plutôt que d'avoir à résoudre ce dilemme, notre armée s'est affirmée de plus en plus, se rendant maîtresse du terrain et obtenant le contrôle absolu d'une zone de la Maestra qui s'étendait bien au-delà du mont Turquino à l'est, aux environs du mont appelé Caracas, à l'ouest. Peu à peu, quand ils ont réalisé à quel point la guérilla était indestructible et que le processus de lutte ne cessait de triompher, les paysans ont réagi de la façon la plus logique qui soit en intégrant notre armée en tant que combattants. À partir de ce moment, ils ont non seulement nourri nos troupes, mais ils ont formé un noyau autour de nous ; l'armée de la guérilla s'est ancrée solidement à cette terre, forte des réseaux familiaux des paysans, dont les parents étaient disséminés dans toute la région. C'est ce que nous appelons « enfiler une tenue de camouflage à la guérilla ».

La colonne ne se nourrit pas exclusivement de l'apport des paysans et des volontaires individuels, mais aussi de forces envoyées par les directions nationale et provinciale d'Oriente, cette dernière jouissait d'ailleurs d'une certaine autonomie. Au cours de la période qui s'étend du débarquement à la prise d'El Uvero, une colonne d'une cinquantaine d'hommes divisée en cinq pelotons nous a rejoints ; chaque combattant était muni d'une arme de différent type, mais seule une trentaine d'entre elles était de qualité satisfaisante. Avant la venue de ce groupe, les batailles de La Plata et d'Arroyo del Infierno avaient déjà eu lieu, nous nous étions laissé surprendre à Los Altos de Espinosa, avions perdu un homme au combat, et cette mésaventure avait manqué se reproduire dans la région de Gaviro ; puis un traître avait infiltré notre petite troupe, conduit par trois fois l'ennemi jusqu'à nous, et avait, de surcroît, pour mission de tuer Fidel.

Endurcis par ces expériences amères et cette vie de maquis sans concession, nous nous étions forgé une trempe de vétérans. La nouvelle troupe reçut son baptême du feu lors du combat d'El Uvero. Cette action eut un poids considérable dans la poursuite de nos opérations ; elle représenta notre première attaque frontale contre une caserne bien défendue ; et ce, en plein jour. Ce fut aussi l'une des victoires les plus sanglantes de la guerre, eu égard à la durée du combat et à la quantité de participants qui s'y sont affrontés. Aussitôt après cette rencontre, l'ennemi évacua les zones côtières de la Sierra Maestra.

À la suite de la bataille d'El Uvero et après que la petite colonne de blessés dont j'avais la charge et à laquelle s'étaient intégrés des combattants isolés eut retrouvé la colonne principale, on me nomma chef de la deuxième colonne, appelée colonne 4, qui devait opérer à l'est du Turquino. Autant dire que la colonne dirigée par Fidel en personne œuvrerait principalement à l'ouest de ce mont ; et la nôtre, de l'autre côté, s'occuperait du territoire qu'elle serait en mesure de couvrir. Nous disposions d'une relative indépendance quant à la gestion tactique de nos opérations, mais nous restions sous les ordres de Fidel, avec lequel nous entretenions une correspondance hebdomadaire ou bimensuelle par le biais de messagers. Cette division coïncida avec l'anniversaire du 26-Juillet, et tandis que les troupes de la colonne 1 « José Martí » attaquaient Estrada Palma, exécutant une série de démonstrations de force, notre troupe avançait au pas de charge sur Bueycito, petit village que nous prîmes d'assaut et qui constitua notre première victoire en tant que colonne indépendante. À partir de cette date, jusqu'aux premiers jours de 1958, le territoire rebelle ne cessa de s'élargir ; pour le pénétrer, l'armée devait concentrer ses forces et avancer en colonnes importantes. Étant donné leur faible rayon d'action, les résultats n'étaient pas à la hauteur de leurs préparatifs militaires. Nombre de colonnes batistiennes furent encerclées, d'autres décimées ou au moins stoppées. Notre connaissance de la zone et notre capacité de manœuvre progressaient. C'est alors que commença la période sédentaire ou d'implantation permanente sur le terrain. Lors de la première attaque de Pino del Agua, nous utilisâmes des méthodes plus subtiles, trompant l'ennemi, puisque nous connaissions maintenant sa façon d'opérer : comme Fidel l'avait prévu, quelques jours après s'être laissé voir dans la zone, l'expédition punitive n'allait pas tarder à survenir… et ma troupe l'attendait, embusquée, pendant que Fidel se montrait dans d'autres secteurs.

À la fin de l'année, les troupes ennemies se retirèrent une fois de plus de la Sierra et nous restâmes maîtres du territoire qui s'étendait du mont Caracas à Pino del Agua, d'ouest en est, avec la mer au sud et les petits villages des contreforts de la Maestra, occupés par l'armée, au nord.

Notre zone d'opérations allait considérablement s'étendre après la seconde attaque de Pino del Agua, menée par l'ensemble de nos forces réunies sous la direction de Fidel, et la création de deux nouvelles colonnes, la 6, qui porterait le nom de Frank País, dirigée par Raúl [Castro Ruz], et la colonne d'Almeida. Toutes deux étaient des détachements de la colonne 1, commandée par Fidel, réservoir permanent de ces essaims de soldats formés pour asseoir de nouvelles forces sur d'autres territoires. Le phénomène de création de ces nouvelles colonnes à partir de la ruche mère, la colonne 1, prenait modèle sur la formation de la colonne 4, précurseur en ce domaine.

La période de consolidation de notre armée, qui se trouvait dans l'incapacité, faute d'effectifs, d'attaquer les positions de l'ennemi sur des places fortifiées et relativement faciles à défendre – lui-même évitait d'ailleurs de nous attaquer –, se prolongea jusqu'à la bataille de Pino del Agua, le 16 février 1958.

Les premières pertes subies dans nos rangs, celles des martyrs du *Granma*, nous ont profondément affectés, et tout particulièrement celles de Ñico López et de Juan Manuel Márquez* [numéro 2 de l'expédition, après Fidel Castro]. Parmi les autres compagnons qui, par leur courage et leurs qualités morales, avaient acquis un grand prestige au sein de notre troupe, et qui ont disparu au cours de cette première année de guérilla, il convient de citer Nano et Julio Díaz, qui n'étaient pas frères, mais qui ont tous deux laissé la vie au cours de la bataille d'El Uvero ; ainsi que le dernier vétéran de la Moncada, Ciro Redondo, tombé au combat de Mar Verde ; et enfin le capitaine Soto, disparu au cours de la bataille de San Lorenzo. Pour ce qui concerne les luttes urbaines, sur la liste des morts au champ d'honneur, je dois rappeler en tout premier lieu la perte, inestimable pour la révolution, de Frank País, à Santiago de Cuba.

Au nombre des faits d'armes survenus dans la Sierra Maestra, il faut ajouter les actions accomplies au sein des villes par les forces d'El Llano. Au cœur des principales agglomérations du pays œuvraient des groupes armés qui combattaient le régime de Batista : les deux pôles de lutte les plus importants étant ceux de La Havane et de Santiago. Dans la capitale, le Mouvement tenta, sans succès, de mettre en place une structure armée censée émettre des signaux de vie et d'action réguliers ; en revanche, Santiago, liée géographiquement à la Sierra Maestra, devint une tranchée de premier ordre dans la longue lutte contre la dictature de Batista.

Notre Mouvement souffrit constamment du manque de connexion entre El Llano et la Sierra. À l'origine de cela, deux facteurs fondamentaux : l'isolement géographique de la Sierra et les divergences de stratégies entre les deux fractions du Mouvement. Ce dernier phénomène découlait de conceptions sociales et politiques différentes.

Les conditions naturelles n'étaient pas seules en cause dans l'isolement de la Sierra ; les cordons de surveillance, qui, par moments, se révélaient difficilement franchissables, rendaient tout contact avec l'extérieur quasiment impossible. Dans cette brève ébauche de ce que fut notre combat durant une année, il ne faut pas oublier les actions en général infructueuses d'autres groupes de combattants, qui aboutirent à de tristes résultats.

Le 13 mars 1957, par exemple, lors d'une tentative visant à exécuter Batista, le Directoire des étudiants prit d'assaut le Palais présidentiel à La Havane. Au cours de cette action tombèrent des combattants de premier ordre, avec à leur tête le président de la Fédération des étudiants universitaires [FEU] et grand dirigeant José Antonio Echeverría, dit « Manzanita ». Tout un symbole de notre jeunesse.

Quelques mois plus tard, en mai 1957, une tentative de débarquement eut lieu – probablement dénoncée avant même son départ de Miami, puisqu'elle était financée par des fonds provenant du traître Prío Socarrás –, dont la conséquence fut le massacre quasi complet de ses participants. Il s'agissait de l'expédition du *Corintia*, dirigée par Calixto Sánchez, abattu comme presque tous ses camarades par [le colonel Fermín] Cowley[1], l'assassin de la zone nord de la province d'Oriente qui devait être par la suite exécuté par des membres de notre mouvement. Des groupes de lutte commençaient à s'implanter dans la région d'Escambray, certains pilotés par le Mouvement 26-Juillet, d'autres par le Directoire des étudiants. Ces derniers eurent tout d'abord à leur tête un membre du Directoire qui allait trahir son groupe, pour finir par renier l'ensemble de la révolution ; il s'agissait de [Eloy] Gutiérrez Menoyo[2], parti ensuite en exil.

---

1. Le 25 décembre 1956, le colonel Fermín Cowley Gallego, chef du régiment n° 8 de Holguín, procéda, avec l'approbation de Batista, au massacre dit « les Pâques sanglantes », dans la région nord de la province d'Oriente. Vingt-trois révolutionnaires qui luttaient pour la liberté de Cuba furent assassinés. (NdT)

2. Eloy Gutiérrez Menoyo : fils de républicains espagnols, il a émigré très jeune à Cuba et a pris les armes contre la dictature de Batista, dans le groupe dénommé « Second Front national d'Escambray », qui n'avait aucun lien avec le Mouvement 26-Juillet de Fidel Castro. Devenu commandant, après la victoire de la révolution, il s'est opposé à la ligne politique de celle-ci, et est parti en exil aux États-Unis en 1961. Revenu à Cuba de manière clandestine en 1965 pour participer à la « guerre sale » contre la révolution, il a

Les combattants fidèles au Directoire formèrent une colonne à part, dont le commandant [Faure] Chomón prit les rênes ; les dissidents donnèrent naissance à ce qu'ils nommèrent le « IIe Front national de l'Escambray ».

De petits noyaux se formèrent dans les sierras de Cristal et de Baracoa, parfois mi-guérillas, mi-bandes de trafiquants, que Raúl dut « assainir » lors de son invasion à la tête de la colonne 6. Un autre aspect de la lutte armée de cette époque fut le soulèvement de la base navale de Cienfuegos, le 5 septembre 1957, initié par le lieutenant [Dionisio] San Román, qui fut assassiné à la suite de l'échec de sa tentative. Cette mutinerie n'était pas destinée à être un acte isolé, pas plus qu'elle n'était spontanée ; elle faisait partie d'un grand mouvement souterrain dirigé par un groupe de militaires qu'on disait « purs » (ceux qui n'avaient pas sur les mains le sang des crimes de la dictature), mais qui étaient en réalité – on le sait aujourd'hui – infiltrés par l'impérialisme yankee. Sous quelque obscur prétexte, la mutinerie fut programmée pour une autre date ; cependant, les hommes de la base navale de Cienfuegos n'ayant pas été avertis du report, ou l'ordre étant arrivé trop tard pour stopper les opérations déjà enclenchées, décidèrent de se soulever. Au début, les insurgés dominaient la situation, mais ils commirent la tragique erreur de ne pas se retirer vers la Sierra del Escambray, distante de seulement quelques kilomètres de

---

été arrêté et a passé vingt-deux ans en prison. Une fois libéré, il s'est installé à Miami, où il a créé une organisation : « Changement cubain », qui plaide pour le dialogue entre la révolution et ses adversaires. En 1995, il est revenu à Cuba et a été reçu par Fidel Castro. En été 2003, il a décidé de rester définitivement sur l'île pour « lutter pour la création d'un espace politique ». (NdT)

Cienfuegos, alors qu'ils détenaient le contrôle de la ville et disposaient de moyens pour le faire rapidement et former un front résistant dans la montagne.

Les dirigeants nationaux et locaux du 26-Juillet eurent une part active dans ce soulèvement ; tout comme le peuple, qui participa à l'enthousiasme de ce mouvement, certains même prenant les armes. Ce soutien du peuple aurait pu éveiller chez les responsables de cette mutinerie des obligations morales, susceptibles de créer des liens avec la ville conquise ; mais, dans ce genre de rébellion, le déroulement des événements suit une logique que l'histoire ne peut que constater. Le peu de valeur accordée par les militaires académiques à l'action de la guérilla, et le fait de ne pas reconnaître cette dernière comme l'expression de la lutte du peuple, ont incontestablement joué un rôle déterminant dans l'issue de cette insurrection. Et c'est ainsi que les conjurés, pensant probablement que, sans l'aide de leurs compagnons armés, ils devraient battre en retraite, décidèrent de mener un combat à mort dans des ruelles étroites en bordure de la ville, dos à la mer, jusqu'à se retrouver acculés par la supériorité de l'ennemi, qui n'eut aucun mal à mobiliser les troupes qui convergeaient vers Cienfuegos. Le Mouvement 26-Juillet, qui participait au soulèvement en tant qu'associé sans arme, n'aurait guère pu changer le cours des événements, même si ses dirigeants avaient pu prévoir le triste destin de cette action, ce qui ne fut pas le cas non plus. La leçon que l'on put en tirer pour l'avenir, c'est que seul le détenteur de la force dicte la stratégie.

Les massacres de civils, les échecs répétés et les crimes commis par la dictature au cours des diverses expériences de combat que nous venons d'évoquer, ont prouvé que l'action de la guérilla en terrain favorable était la technique de la lutte populaire la plus aboutie face à un gouvernement despotique et encore puissant, et la moins douloureuse pour les fils du peuple. Tandis que, une fois la guérilla implantée dans la Sierra Maestra, nous pouvions compter nos pertes sur les doigts de la main – il s'agissait toutefois de camarades d'un courage et d'une audace exceptionnels –, dans les villes aussi mouraient des hommes de conviction, mais ils étaient suivis par un nombre d'individus dont l'adhésion à la révolution était fragile, voire qui ignoraient parfois tout d'elle, et, hélas, souvent trop vulnérables face à la répression.

Au terme de cette première année de lutte, l'ambiance était au soulèvement général sur tout le territoire national. Les sabotages se succédaient, pour certains techniquement très élaborés et longuement mis au point, et pour d'autres de vulgaires actions terroristes effectuées au gré de l'impulsion d'une poignée d'individus, qui laissaient derrière eux leur lot de morts innocentes et de sacrifices des meilleurs combattants, sans représenter de véritables avancées pour la cause du peuple.

Notre situation militaire se consolidait, et le territoire que nous occupions gagnait en superficie. Nous respections une sorte de trêve armée avec Batista ; ses capitaines ne gravissaient plus la Sierra, et nos troupes ne pouvaient guère descendre bien loin. L'ennemi s'évertuait à resserrer autour de nous son étreinte, que nos troupes s'amusaient à repousser.

Sur le plan de l'organisation, notre armée de la guérilla avait suffisamment avancé pour disposer, à la fin de l'année, de sources d'approvisionnement élémentaires, de services industriels et médicaux de base, et de réseaux de contacts efficaces.

Les problèmes du guérillero étaient très simples : pour subsister en tant qu'individu, il avait besoin de petites quantités de nourriture, de vêtements de rechange et de médicaments de premiers secours ; pour survivre en tant que membre de la guérilla, c'est-à-dire comme force armée en lutte, posséder des armes et des munitions était primordial ; pour se développer sur le plan politique, il ne pouvait rien faire sans textes idéologiques adéquats. Or, lui procurer ces éléments indispensables était inenvisageable sans un système de communication et d'information fiable.

Au début, la petite troupe, une vingtaine d'hommes, se contentait d'une maigre ration de plantes légumineuses de la Sierra, d'un peu de bouillon de poule les jours d'abondance, ou d'un cochon acheté à quelque brave paysan, en veillant scrupuleusement à ce qu'il fût payé jusqu'au dernier sou. À mesure que les effectifs grossissaient, et que les groupes de « préguérilleros » s'entraînaient, un ravitaillement plus consistant s'imposa. Les paysans de la Sierra ne possèdent pas de bétail à cornes ; leur régime est, en général, basé sur une nourriture de subsistance. Ils dépendent du café pour obtenir les produits manufacturés indispensables ou les produits comestibles élémentaires, comme le sel, qui n'existent pas dans la Sierra. Comme première mesure, nous avons exigé de quelques paysans des cultures particulières, en échange desquelles nous leur garantissions d'acheter leurs récoltes de haricots, de maïs, de riz, etc. ; et, dans un même temps, nous mettions en place, avec quelques commerçants de villages voisins, des routes de ravitaillement permettant d'acheminer la nourriture et le matériel dans la Sierra. De véritables convois de mulets furent organisés, au service de la guérilla.

Les médicaments, nous ne pouvions les obtenir qu'en ville, mais pas toujours en quantité ni en qualité suffisantes. Il nous fallait donc, là aussi, faire preuve d'une sérieuse organisation pour ne jamais en manquer.

Les armes furent difficiles à obtenir. Aux conditions naturelles d'isolement géographique s'ajoutaient les besoins des forces urbaines elles-mêmes, et leur refus d'en céder aux hommes de la guérilla. Fidel dut user de son pouvoir de persuasion pour obtenir que l'on nous ravitaille en matériel militaire. La seule cargaison importante sur laquelle nous pûmes compter, cette première année, hormis quelques fusils apportés par les nouveaux incorporés eux-mêmes, fut le reliquat des armes utilisées par les hommes du Directoire pour attaquer le Palais présidentiel, transporté avec la complicité de Babún, un grand propriétaire forestier de la région, auquel nous nous sommes déjà référés dans ces notes.

Les munitions manquaient souvent ; nous en recevions au compte-gouttes et d'une variété trop restreinte, mais, à cette époque, il nous était impossible d'établir des fabriques, ou même de recharger des cartouches, excepté les balles de revolver de calibre 38, qui étaient rechargées par l'armurier avec une pincée de poudre, et les balles de 30-06 que l'on utilisait pour les fusils à verrou (sur les fusils automatiques, elles se bloquaient et empêchaient le fonctionnement correct de l'arme).

L'organisation de la vie à l'intérieur des campements était régie par quelques règles sanitaires ; c'est à cette époque que sont nés les hôpitaux de campagne. L'un d'eux était situé dans la zone sous mon commandement, dans un endroit assez difficile d'accès et impossible à repérer depuis les airs ; il offrait ainsi une relative sécurité aux blessés. Mais l'atmosphère humide du site, entouré de montagnes, se révélait insalubre pour les malades et les blessés. Cet hôpital fut aménagé par notre camarade Sergio del Valle. Des hôpitaux similaires, montés par les médecins Martínez Páez, [René] Vallejo et Piti Fajardo, secouraient les blessés dans la colonne de Fidel ; mais ils ne furent vraiment efficaces qu'à partir de la deuxième année de lutte.

Les besoins en équipement de la troupe, comme les cartouchières, les sacs à dos, les chaussures, étaient couverts par une modeste sellerie créée dans notre secteur (j'apportai moi-même, avec fierté, à Fidel, la première casquette de l'armée qui en sortit ; mais les hommes me jouèrent un tour pendable en me faisant croire qu'elle ressemblait à une casquette de *guagüero* [« chauffeur de bus »], mot dont j'ignorais encore la signification à l'époque. Le seul qui fit preuve de clémence à mon égard fut un conseiller municipal batistien de Manzanillo, venu nous rendre visite pour passer de notre côté, et qui l'emporta avec lui en souvenir).

Notre réalisation manufacturière la plus importante était une petite forge et armurerie où non seulement on réparait les armes défectueuses, mais où l'on fabriquait aussi des bombes, des mines de différents types et le fameux M-26. Les mines étaient, dans les premiers temps, conçues avec des boîtes en fer-blanc et remplies du matériel récupéré sur les bombes larguées par l'aviation ennemie qui n'avaient pas explosé. Ces mines étaient peu fiables ; elles étaient munies d'un percuteur de contact pour faire pression sur le détonateur, qui flanchait souvent. Ensuite, un camarade eut l'idée d'utiliser la bombe entière pour des attaques de plus grande portée, en ôtant le détonateur et en le remplaçant par un fusil avec une cartouche. De loin, on tirait sur une cordelette reliée à la détente du fusil, et la bombe explosait. Plus tard, on a perfectionné le système en fondant des métaux solides et en raccordant des détonateurs électriques, ce qui donnait de bien meilleurs résultats. Nous avions enclenché le processus, mais ce fut Fidel qui donna la véritable impulsion au développement, puis Raúl, dans son nouveau centre d'opérations, qui créa des ateliers plus élaborés.

À la grande satisfaction des fumeurs de notre troupe, nous disposions de notre propre fabrique de tabac, un tabac de très mauvaise qualité, mais qui, en temps de vaches maigres, quand nous n'avions rien d'autre à fumer, était tout bonnement exquis.

La boucherie de notre armée se fournissait chez les traîtres et les grands propriétaires dont on confisquait le bétail. Le partage était équitable : une part revenait au peuple, et l'autre, à nos troupes.

Quant à la diffusion de nos idées, nous avions d'abord créé un petit journal appelé *El Cubano Libre*, en hommage aux héros du maquis. Nous publiâmes trois ou quatre numéros sous notre direction ; puis le journal fut repris par Luis Orlando Rodríguez, pour être enfin dirigé par Carlos Franqui[1], qui lui donna un nouveau départ. Nous disposions d'une machine à polycopier apportée de la vallée. Elle nous permettait d'imprimer les numéros.

À la fin de cette première année de guerre, nous avions notre propre petit émetteur radio. Les premières émissions officielles furent réalisées en février 1958 ; nos seuls auditeurs furent Pelencho, un paysan dont la cabane était située sur la colline juste en face de la station, et Fidel qui, de visite dans notre campement en vue de préparer l'attaque de Pino del Agua, suivit avec intérêt ces premiers essais. La qualité technique des émissions s'améliora progressivement, passant alors sous l'égide de la colonne 1, pour devenir, à la fin de la campagne de 1958, une des stations les plus écoutées de Cuba.

Toutes ces petites avancées, y compris certains équipements, comme ces dynamos que nous avions rapportées de la ville pour disposer de lumière électrique, nous les devions à nos propres contacts. Face aux difficultés, nous avions dû tisser de véritables réseaux de communications et d'informations. Sur ce plan, Lidia Doce, dans ma colonne, et Clodomira*, dans celle de Fidel, jouèrent un rôle primordial.

À l'époque, l'aide n'émanait pas uniquement de la population des villages alentour, mais également de la

1. Carlos Franqui (né en 1921) est un écrivain, poète et journaliste cubain qui s'enrôla dans le Mouvement 26-Juillet. En 1956, dans la clandestinité, il fonda le journal *Revolución*. En 1958, il rejoignit les rebelles dans la Sierra Maestra. Il dirigea le journal clandestin de la guérilla et sa station de radio Radio Rebelde. Il s'est exilé en Italie en 1968. Il est l'auteur de plusieurs ouvrages, parmi lesquels *Journal de la révolution cubaine, 1952-1958* (1976), et *Portrait de famille avec Fidel* (1981). (NdT)

bourgeoisie des grandes villes qui approvisionnait la guérilla en matériel. Nos réseaux s'étiraient jusqu'aux villages de Contramaestre, Palma, Bueycito, Las Minas de Bueycito, Estrada Palma, Yara, Bayamo, Manzanillo, Guisa, utilisés comme paliers intermédiaires avant de monter les marchandises à dos de mulet jusqu'aux campements, par les sentiers clandestins de la Sierra. Parfois, les troupes à l'entraînement qui ne possédaient pas encore d'armes descendaient, accompagnées de quelques-uns de nos combattants armés, jusqu'aux hameaux les plus proches, comme Yao ou Las Minas, et achetaient, dans des boutiques bien approvisionnées, des armements que les hommes remontaient sur leurs épaules. Le seul produit qui ne manqua jamais dans la Sierra Maestra, ou presque jamais, était le café. Il nous arrivait d'être à court de sel – un des aliments de survie les plus importants, et dont on reconnaît pleinement les vertus quand il devient rare.

Lorsque nous pûmes émettre au grand jour et que la présence de nos troupes belligérantes fut connue, sans qu'il ne subsiste aucun doute, sur tout le territoire de la République, nos liaisons s'amplifièrent et devinrent plus complexes, s'étendant de l'ouest, de La Havane et Camagüey où étaient basés d'importants centres de ravitaillement, jusqu'à Santiago, à l'est.

Le service d'information était structuré de telle manière que les paysans de la région nous alertaient immédiatement de la présence non seulement de l'armée, mais de tout étranger pénétrant dans le périmètre de surveillance. De sorte que nous pouvions aussitôt mettre la main sur lui sans difficulté pour l'interroger sur ses faits et gestes. Nombre d'agents et d'informateurs de l'armée qui infiltraient la zone pour vérifier si nous étions toujours bien vivants furent ainsi éliminés.

Le service juridique commençait également à s'organiser, mais aucune loi de la Sierra n'avait encore été promulguée. Telle était notre situation au début de cette dernière année de guerre.

Pour ce qui concerne la lutte politique, le moins que l'on pût dire, c'est qu'elle était confuse et contradictoire. La dictature de Batista se tirait d'affaire avec l'aide d'un Congrès élu par le biais de fraudes, de sorte qu'il assurait une confortable majorité.

Quand la censure ne s'en mêlait pas, des opinions dissidentes pouvaient s'exprimer, mais des porte-parole officiels ou officieux du régime appelaient, de leurs voix de stentors diffusées en boucle sur tout le territoire, à la concorde nationale. À la voix hystérique d'Otto Meruelo succédaient les voix guindées des clowns [José] Pardo Llada[1] et [Luis] Conte Agüero. Non content de ressasser ses concepts sur les ondes, ce dernier les retranscrivait dans la presse, appelant le « frère Fidel » à la coexistence avec le régime batistien.

L'opposition était hétérogène et variée, même si la majorité des groupes avaient comme dénominateur commun leur ambition de s'accaparer le pouvoir pour

1. José Pardo Llada (né en 1924) était un journaliste de radio. Il fut élu à la Chambre des députés en 1950, utilisant son émission radiophonique à des fins électorales. Après la victoire de la révolution, qu'il soutenait tout en critiquant la lutte armée, il reprit ses émissions. Mais, lors d'un voyage en 1961, il abandonna Cuba pour prendre la nationalité colombienne. Il fut ambassadeur de Colombie en Norvège et en République dominicaine. (NdT)

soi seul (surtout les fonds publics). Ce désir de toute-puissance avait pour conséquence une lutte intestine sordide en vue de s'assurer la victoire. Les partis étaient tous infiltrés par des agents de Batista, qui, le moment opportun, se mettaient à dénoncer toute velléité d'action de quelque envergure. En dépit du caractère arriviste et mafieux de ces bandes rivales, elles eurent aussi leurs martyrs, pour certains de valeur nationale. Il régnait une telle confusion dans la société cubaine que des hommes braves et honnêtes sacrifiaient leurs vies pour que des personnages comme [l'ancien président] Prío Socarrás puissent continuer à mener une existence dorée.

Le Directoire prenait le chemin de l'insurrection, mais il se démarquait de notre mouvement en suivant sa propre ligne ; le Parti socialiste populaire se joignait à nous pour quelques actions concrètes, mais des jalousies mutuelles freinaient les actions communes et le parti des travailleurs n'avait pas clairement saisi le rôle de la guérilla, ni celui de la personnalité de Fidel au sein de notre lutte révolutionnaire.

Au cours d'une discussion informelle, je fis une remarque à un dirigeant du PSP qui devait la répéter à ses collègues comme l'expression de la vérité du moment : «Vous autres êtes capables de former des cadres qui se laisseront mettre en pièces dans l'obscurité d'un cachot, sans cracher ce qu'ils savent ; mais pas de préparer des hommes courageux à prendre d'assaut un nid de mitrailleuses.»

De mon point de vue sectoriel de la guérilla, le PSP avait défini un concept stratégique juste, sa décision de combattre l'impérialisme et les abus des classes exploiteuses, mais il manquait de vision pour prendre le pouvoir.

Plus tard, des hommes à l'esprit guérillero ont émané de ce parti, mais la lutte armée était déjà sur le point de s'achever et il était trop tard pour que les effets de leur présence fussent perçus de manière concrète.

Au sein de notre propre mouvement, comme je l'ai dit, avaient émergé deux tendances assez prononcées, que nous avions surnommées « El Llano » et « La Sierra ». Des différences de conceptions stratégiques nous séparaient. « La Sierra » était convaincue d'être en mesure d'étendre la guérilla à tout le territoire, de la transposer à d'autres régions et d'encercler ainsi, depuis les campagnes, les grandes villes où siégeait la tyrannie, pour arriver, à force d'une guerre d'étranglement et d'usure, à faire exploser tout l'appareil du régime. « El Llano » défendait une position apparemment davantage révolutionnaire, les luttes armées dans toutes les villes convergeraient vers une grève générale qui renverserait Batista et permettrait une prise du pouvoir rapide.

Cette position n'avait de plus révolutionnaire que l'apparence, car à cette époque, la formation politique de nos camarades d'El Llano n'était pas tout à fait accomplie, et leurs connaissances de la grève générale restaient assez limitées. La grève générale surprise, décidée dans la clandestinité, sans préparation politique préalable, et sans action de masse, allait mener, l'année suivante, à l'échec du 9 avril 1958.

Ces deux tendances étaient représentées au sein des instances de la direction nationale du Mouvement 26-Juillet qui évolua au cours de la révolution. Durant la phase de préparation, avant que Fidel ne parte pour

Mexico [en juillet 1955], la direction nationale était composée de Fidel lui-même, Raúl Castro, Faustino Pérez, Pedro Miret, Ñico López, Armando Hart, Pepe Suárez, Pedro Aguilera, Luis Bonito, Jesús Montané, Melba Hernández et Haydée Santamaría, si mes informations sont exactes – à cette époque, ma participation personnelle fut mineure et la documentation conservée depuis est assez pauvre.

Par la suite, en raison de diverses incompatibilités, Pepe Suárez, Pedro Aguilera et Luis Bonito quittèrent la direction ; et, quand nous étions au Mexique, Mario Hidalgo, Aldo Santamaría, Carlos Franqui, Gustavo Arcos et Frank País y firent leur entrée.

Parmi tous les compagnons cités, au cours de la première année, seuls Fidel et Raúl se rendirent et restèrent dans la Sierra. Faustino Pérez, expéditionnaire du *Granma*, était chargé de l'action dans les villes ; Pedro Miret fut arrêté quelques heures avant notre départ du Mexique et détenu jusqu'à l'année suivante, où il revint à Cuba avec une cargaison d'armes ; Ñico López mourut dans les premiers jours qui suivirent le débarquement ; Armando Hart fut également emprisonné à la fin de cette année-là (ou au début de l'année suivante) ; Jesús Montané et Mario Hidalgo furent arrêtés après le débarquement du *Granma* ; Melba Hernández et Haydée Santamaría menaient l'action dans les villes ; Aldo Santamaría et Carlos Franqui rejoignirent la lutte dans la Sierra l'année suivante, mais en 1957, ils n'en faisaient pas encore partie ; Gustavo Arcos demeurait au Mexique pour maintenir des contacts politiques et pour assurer la logistique dans cette région ; quant à Frank País, à la tête de l'action dans la ville de Santiago, il fut assassiné en juillet 1957.

Enfin, des camarades se sont ralliés à nos troupes maquisardes : Celia Sánchez, qui lutta à nos côtés toute l'année 1958 ; Vilma Espín, qui travaillait à Santiago et termina la guerre dans la colonne de Raúl Castro ; Marcelo Fernández, coordinateur du Mouvement, qui remplaça Faustino [Pérez] après la grève du 9 avril mais ne resta avec nous que quelques semaines, sa place étant au sein des populations urbaines ; René Ramos Latour, chargé de l'organisation des milices d'El Llano, qui rejoignit « La Sierra » après l'échec du 9 avril et mourut héroïquement au combat, promu commandant, au cours de la deuxième année de guerre ; David Salvador, responsable du mouvement ouvrier qu'il marqua du sceau de son action opportuniste et divisionniste, et qui trahira ensuite la révolution ; ce qui lui vaut d'être emprisonné. Puis des combattants comme Almeida nous ont rejoints, à mesure que la guerre avançait, dans la jungle de la Sierra.

Comme on peut le voir, à cette étape, les camarades d'El Llano étaient majoritaires, et leur formation politique, qui n'avait pas été imprégnée par le processus de maturation révolutionnaire, les incitait à une action quelque peu « civiliste », et à une opposition au concept de *caudillo* qu'ils craignaient de voir apparaître chez Fidel ; ils étaient également critiques envers la fraction « militariste » que nous représentions, nous, les combattants de la Sierra. Des divergences se profilaient, mais pas suffisamment prononcées pour provoquer les discussions violentes qui caractériseront la deuxième année de guerre.

Il est important de souligner que les combattants, dans la Sierra comme dans le Llano, qui affrontèrent la dictature surent maintenir des opinions tactiques parfois diamétralement opposées sans abandonner pour cela le champ insurrectionnel, renforçant toujours davantage leur esprit révolutionnaire, jusqu'au moment où, après avoir obtenu la victoire et essuyé les premières luttes contre l'impérialisme, tous s'unirent dans une grande dynamique partisane, dirigée, sans qu'aucune voix ne le conteste, par Fidel Castro, et à laquelle se rallièrent ensuite les groupes du Directoire [révolutionnaire des étudiants du « 13 mars »] et du Parti socialiste populaire pour former notre PURSC [Parti unique de la révolution socialiste de Cuba]. Face aux pressions externes à notre mouvement et aux tentatives de division ou de pénétration, nous présentâmes constamment un front de lutte commun ; et même les compagnons qui pouvaient parfois douter de la révolution cubaine surent se méfier des opportunistes.

Lorsque Felipe Pazos, au nom du 26-Juillet, capitalisa pour sa personne et pour les intérêts des oligarchies les plus corrompues de Cuba les postes offerts par le pacte de Miami, parmi lesquels il se réservait celui de président provisoire, tout le Mouvement fit bloc pour dénoncer cette attitude et cautionner la lettre que Fidel Castro adressa aux organisations de lutte contre Batista. Nous reproduisons ici ce document historique dans son intégralité. Il porte la date du 14 décembre 1957 et est écrit de la main de Celia Sánchez – les conditions de l'époque ne permettant pas d'autre type d'impression.

Cuba, 14 décembre 1957

À Messieurs les Dirigeants du Parti révolutionnaire,
du Parti du peuple cubain, de l'Organisation authentique,
de la Fédération estudiantine universitaire,
du Directoire révolutionnaire et
du Directoire ouvrier révolutionnaire :

Un devoir moral, patriotique, voire historique, m'oblige à m'adresser à vous aujourd'hui par le biais de cette lettre, motivée par des faits et circonstances qui nous ont profondément embarrassés et ont fait de ces dernières semaines les moments les plus rudes et les plus préoccupants depuis notre débarquement à Cuba. Ce fut précisément le mercredi 20 novembre, journée au cours de laquelle nos troupes durent mener trois combats en seulement six heures – ce qui donne une idée des efforts et des sacrifices que nos hommes ont été amenés à fournir, sans le moindre début d'une aide de la part des autres organisations –, que, dans notre zone d'opérations, arriva la nouvelle pour le moins surprenante, sous la forme d'un document avec les clauses publiques et secrètes du Pacte d'unité, prétendument signé à Miami par le Mouvement 26-Juillet et par les organisations que vous représentez. L'arrivée de ces papiers coïncida – peut-être par ironie du sort, quand ce dont nous avons le plus besoin, ce sont des armes – avec l'offensive la plus rude que la tyrannie ait jamais lancée contre nous. Nos conditions de lutte rendent la communication difficile. Malgré cela, il nous a fallu réunir, en pleine campagne, les chefs de notre organisation pour étudier cette affaire où sont mis en jeu non seulement le prestige, mais surtout la raison historique du 26-Juillet.

Pour des hommes aux prises avec un ennemi incomparablement supérieur en nombre et en armes et qui n'ont eu d'autre soutien, durant toute une année, que la dignité qui accompagne tout combat pour une cause que l'on porte dans son cœur et pour laquelle on est prêt à mourir, et ce dans l'oubli amer de leurs compatriotes qui, bien que disposant des moyens pour le faire, leur ont systématiquement, pour ne pas dire criminellement, refusé toute aide ; pour ces hommes qui ont vu de si près, jour après jour, ce que représentait le sacrifice dans sa forme la plus pure et désintéressée, et qui ont ressenti tant de fois la douleur de voir disparaître leurs amis les plus proches, ignorant qui, parmi ceux qui se tenaient à leurs côtés, allait tomber dans de nouveaux et inévitables holocaustes sans même voir le jour de la victoire pour laquelle tous se battaient avec une telle fougue, sans autre aspiration ni consolation que l'espoir de voir leurs sacrifices récompensés ; force est de constater que, pour ces hommes, la nouvelle d'un pacte, amplement et intentionnellement diffusée, qui compromet la conduite future du Mouvement, sans qu'on ait même eu la délicatesse, ou au moins l'élémentaire obligation, de consulter ses dirigeants et ses combattants, ne peut qu'apparaître blessante et révoltante.

Procéder de façon incorrecte entraîne toujours les pires conséquences. Ceux qui se considèrent aptes à entreprendre le renversement d'une tyrannie et, encore plus difficile, à remettre de l'ordre dans le pays après un processus révolutionnaire, devraient toujours garder cela à l'esprit.

Le Mouvement 26-Juillet n'a autorisé ni désigné aucune délégation à participer à de telles négociations. Cependant, il n'aurait pas fait obstacle à une telle initiative s'il avait été consulté dans ce sens, et aurait donné des instructions très concrètes à ses représentants chargés de traiter de questions aussi sérieuses, susceptibles d'entraîner des répercussions sur les activités présentes et futures de notre organisation.

Au contraire, les nouvelles que nous possédions au sujet des relations avec certaines de ces parties se résumaient à un rapport de monsieur Léster Rodríguez destiné au délégué des affaires militaires à l'étranger, avec des informations limitées à ces aspects exclusivement, qui disait la chose suivante : « Quant à [Carlos] Prío [Soccarás] et au Directoire, je te dirais que j'ai eu avec eux une série d'entretiens pour coordonner les projets à caractère militaire, uniquement et exclusivement, afin d'obtenir la constitution d'un gouvernement provisoire, garanti et respecté par les trois parties. En toute logique, ma proposition fut qu'on accepte la Lettre de la Sierra par laquelle on préconisait une constitution du gouvernement en accord avec les forces civiques du pays. Vint alors le premier problème. Au moment où la grève générale secoua le pays, une réunion d'urgence fut organisée. Je proposai d'utiliser sans délai tous les effectifs dont on disposait et de tenter de régler une fois pour toutes le problème de Cuba. Prío Soccarás répondit qu'il ne possédait pas les effectifs militaires suffisants pour remporter une victoire, et qu'accepter ma proposition était une folie. »

« Ce à quoi je lui répondis que, lorsqu'il se sentirait prêt pour s'embarquer, il me fasse signe pour évoquer alors l'éventualité d'un pacte, mais qu'en attendant il me rende le service de me laisser travailler, en tant que représentant du Mouvement 26-Juillet, en toute indépendance. En définitive, aucun compromis n'existe avec ces messieurs et je pense qu'il n'est pas souhaitable que nous en établissions à l'avenir, étant donné que au moment où Cuba en avait le plus besoin, ils ont nié posséder un matériel qu'on vient de leur saisir ces jours-ci, et qui représente une quantité telle qu'il en est scandaleux... »

Ce rapport, qui parle de lui-même, confirmait notre crainte : les rebelles ne pouvaient espérer aucune aide extérieure.

Si les organisations que vous représentez avaient trouvé opportun de discuter des bases d'unité avec des membres de notre Mouvement, ces dites bases, qui dénaturaient les fondements mêmes des principes auxquels nous avions souscrit dans le manifeste de la Sierra Maestra, ne pouvaient être en aucun cas présentées publiquement comme des accords conclus sans être préalablement portées à la connaissance de la Direction nationale de notre Mouvement et approuvées par elle. Agir autrement, c'était établir un accord pour la galerie ; ce qui serait revenu à utiliser de manière frauduleuse le nom de notre organisation.

Il s'est produit une situation insolite quand la direction nationale, qui siège clandestinement quelque part à Cuba, se disposait à rejeter les clauses publiques et secrètes proposées comme fondements du pacte qu'elle venait de recevoir, et apprenait dans un même temps par des bulletins clandestins et par la presse étrangère que ces mêmes clauses avaient été rendues publiques comme fruit d'un accord concerté. Mise devant le fait accompli de la diffusion de cette information dans l'opinion nationale et étrangère, la direction n'avait d'autre recours que de produire un démenti, avec les conséquences nocives de confusion que cela impliquait, ou de les accepter sans avoir même exposé son point de vue.

Évidemment, quand les bases de cet accord arrivèrent jusqu'à nous, dans la Sierra, le document était déjà publié depuis plusieurs jours.

Face à ce problème, la direction nationale, avant d'opposer un démenti public à ces accords, vous exposa la nécessité qu'une série de points qui reprenaient les énoncés du manifeste de la Sierra Maestra fussent développés par la junte ; tandis qu'elle convoquait, dans un même temps, une réunion en territoire rebelle au cours de laquelle la réflexion de tous ses membres fut prise en compte, et l'accord dont le contenu inspire ce document, adopté unanimement.

Naturellement, il est dans notre obligation que tout accord d'unité soit accueilli de manière favorable par l'opinion publique nationale et internationale ; entre autres raisons parce qu'à l'étranger on ignore la situation réelle des forces politiques et révolutionnaires qui s'opposent à Batista, et à Cuba, parce que le mot « unité » a acquis un fort prestige à une époque où, évidemment, la corrélation des forces était très différente de ce qu'elle est aujourd'hui, et parce qu'en fin de compte il est toujours positif de conjuguer les efforts, des plus enthousiastes aux plus modérés.

Mais dans la révolution, le plus important n'est pas l'unité en soi, mais les bases de cette unité, la forme qu'elle va revêtir pour devenir effective, et les intentions patriotiques qui l'animent.

Convenir de cette unité sur des bases que nous n'avons pas même discutées, souscrites par des personnes qui n'étaient pas habilitées à le faire, et la rendre publique sans autre formalité, depuis une ville étrangère bien commode, plaçant le Mouvement dans la fâcheuse situation de devoir s'expliquer auprès d'une opinion publique trompée par un pacte frauduleux, est un traquenard de la pire espèce dans lequel on ne peut pas faire tomber une organisation vraiment révolutionnaire ; c'est mentir au pays, c'est mentir au monde.

Et cela n'est rendu possible que par le simple fait que, pendant que les dirigeants des autres organisations qui signent ce pacte se trouvent à l'étranger, menant une révolution imaginaire, les dirigeants du Mouvement 26-Juillet sont, eux, à Cuba, à la tête d'une révolution bien réelle. Ces dernières lignes, cependant, auraient pu être de trop. En dépit de l'amertume que nous ressentons et du caractère humiliant du procédé par lequel on a voulu associer le Mouvement à ce pacte, nous ne les aurions pas écrites, car les divergences sur la forme ne doivent jamais prévaloir sur le fond. Nous aurions malgré tout accepté cet accord en raison de l'utilité de certains projets conçus par la junte, et de l'aide proposée dont nous avons réellement besoin, si nous n'étions pas tout simplement en désaccord total avec certains points essentiels du texte.

Quelque désespérée que soit notre situation, et malgré les milliers de soldats que la dictature, dans son effort pour nous anéantir, est parvenue à mobiliser contre nous, et peut-être même avec d'autant plus de véhémence à cause de toutes ces raisons, car une condition difficile n'est jamais plus avilissante que lorsque les circonstances l'y contraignent, jamais nous n'accepterons de sacrifier certains des principes capitaux, fondamentaux dans notre conception de la révolution cubaine.

Et ces principes figurent dans le manifeste de la Sierra Maestra.

Supprimer, dans le document d'unité, la déclaration explicite du refus de tout type d'intervention étrangère dans les affaires internes de Cuba témoigne d'une évidente tiédeur patriotique et d'une lâcheté qui se dénonce d'elle-même.

Déclarer que nous sommes opposés à toute intervention étrangère ne signifie pas seulement que nous rejetons tout soutien extérieur en faveur de la révolution, qui nuirait de fait à notre souveraineté et porterait atteinte à un principe qui concerne tous les peuples d'Amérique, mais c'est aussi exiger qu'un pays étranger n'intervienne pas en faveur de la dictature en lui envoyant des avions, des bombes, des tanks, et des armes modernes pour l'aider à se maintenir en place ; car nul n'a souffert, dans ses propres chairs, autant que nous, surtout autant que les paysans de la Sierra, de cette tyrannie. Enfin, obtenir que l'on n'intervienne pas, c'est déjà vaincre la dictature. Allons-nous nous laisser envahir par la couardise au point de ne pas même oser exiger la non-intervention en faveur de Batista ? Ou par l'hypocrisie en demandant en sous-main qu'on nous tire les marrons du feu ? Ou bien sommes-nous si médiocres que nous n'osons pas évoquer le sujet ? Comment alors nous revendiquer révolutionnaires et souscrire à un document d'unité qui se voudrait historique ? Dans ce document prétendument unitaire, la déclaration explicite où l'on refuse tout type de junte militaire pour gouverner provisoirement la république a été supprimée.

Actuellement, ce qui pourrait nuire de façon radicale à la nation, si tant est qu'elle soit gagnée par l'illusion trompeuse que l'absence du dictateur suffirait à résoudre le problème de Cuba, serait de substituer à Batista une junte militaire. Et certains civils de la pire engeance, hier complices et aujourd'hui en désaveu total avec le 10 mars[1], sans doute encore davantage par goût de la chose militaire et par ambition, envisagent cette solution que seuls les adversaires du progrès du pays verraient d'un bon œil.

Si l'expérience a montré que, en Amérique, toutes les juntes militaires ont dérivé vers l'autocratie; si le pire des maux qui se soient abattus sur ce continent est l'enracinement de castes militaires dans des pays qui avaient été moins touchés par la guerre que la Suisse, mais qui avaient plus de généraux que la Prusse; si l'une des aspirations les plus légitimes de notre peuple, en cette heure cruciale où son destin démocratique oscille entre le salut ou l'oubli pour des années, est de conserver l'héritage le plus précieux de ses libérateurs : la tradition civiliste qui commença lors de notre première guerre d'émancipation [1868-1878] et qui se briserait le jour même où une junte en uniforme présiderait la république (ce que les plus glorieux généraux de notre indépendance n'ont jamais tenté de faire ni en temps de guerre, ni en temps de paix). Alors jusqu'à quel point sommes-nous prêts à renoncer à tout? Par peur de blesser les susceptibilités, plus imaginaires que réelles, de militaires honnêtes qui pourraient nous soutenir, va-t-on supprimer une déclaration de principes si importante? Ne comprend-on pas qu'une prise de position claire et opportune pourrait conjurer à temps le danger d'une junte militaire qui ne servirait à rien de plus qu'à perpétuer une guerre civile? Alors, n'hésitons pas à déclarer que, si une junte militaire se substitue à Batista, le Mouvement 26-Juillet n'aura de cesse de poursuivre sa campagne de

1. 10 mars 1952, date du coup d'État militaire dirigé par le général Fulgencio Batista. (NdT)

libération. Il vaut mieux combattre aujourd'hui que plonger demain dans de nouveaux et infranchissables abîmes. Pas de junte militaire ni de gouvernement pantin dont les militaires tireraient les ficelles ! « Les civils au gouvernement, dans le respect de l'honnêteté et la décence ; les soldats dans leurs casernes ! » Que chacun fasse son devoir !

Ou bien sommes-nous là à attendre le retour des généraux du 10 mars, auxquels Batista cédera volontiers le pouvoir lorsqu'il considérera que le conserver est insoutenable ; ce qui sera pour lui le moyen le plus viable de garantir la transition sans trop endommager ses intérêts et ceux de son clan ? Jusqu'à quel point l'imprévision, l'absence de projets ambitieux, le manque d'une véritable volonté de lutte peuvent aveugler les politiciens cubains ?

Si on n'a pas foi en son peuple, si on ne croit pas en ses puissantes réserves d'énergie et de lutte, on n'a pas le droit de mettre la main sur son destin pour le dévier et le corrompre alors qu'il traverse la période la plus héroïque et prometteuse de sa vie républicaine. Que les méthodes de la classe politicienne, ses ambitions puériles, sa soif d'enrichissement personnel, ou son empressement à se partager le butin avant l'heure, ne viennent pas s'immiscer dans le processus révolutionnaire. À Cuba, des hommes son en train de mourir pour de belles et nobles causes ! Faites-vous révolutionnaires, vous les politiques, si vous le désirez, mais ne défigurez pas la révolution avec votre politique bâtarde ; le sang et les sacrifices immenses de notre peuple méritent mieux que la frustration ingrate à laquelle vous le préparez !

Hormis ces deux principes fondamentaux que vous avez omis dans le document d'unité, nous sommes en désaccord radical avec d'autres points du contenu de celui-ci.

Dans l'hypothèse où l'on accepterait l'alinéa B de la clause secrète numéro 2, relative aux compétences de la junte de libération, qui stipule : « Nommer le président de la République qui devra exercer sa charge au sein du gouvernement provisoire », l'alinéa C de cette même clause, qui énumère parmi ces compétences : « Approuver ou désapprouver, de manière globale, le cabinet qui nomme le président de la République, de même que les changements susceptibles de s'y produire en cas de crise partielle ou totale », est inacceptable.

Comment peut-on concevoir que l'attribution du président pour désigner ou remplacer ses collaborateurs soit soumise à l'approbation ou non d'un organisme étranger aux pouvoirs de l'État ? N'est-il pas évident qu'une junte étant composée de représentants de divers partis et domaines différents, et par conséquent avec des intérêts variés, la désignation des membres du cabinet deviendrait un marchandage de postes comme seul moyen de parvenir à des accords au cas par cas, avec ce que cela implique comme difficultés pour arriver à un consensus ? Peut-on accepter une clause qui instaure deux exécutifs à la tête de l'État ? La seule garantie que tous les secteurs du pays doivent exiger du gouvernement provisoire, c'est la limitation de sa mission à un programme minimum défini et l'impartialité absolue en tant que pouvoir modérateur durant la transition, jusqu'au retour de la complète normalité constitutionnelle.

Prétendre s'immiscer dans la désignation de chaque ministre sous-entend aspirer au contrôle de l'administration publique pour la placer au service des intérêts politiques, ce qui s'explique seulement dans les partis ou organisations qui, n'ayant pas le soutien des masses, ne peuvent survivre que dans le cadre de la politique traditionnelle ; cela est incompatible avec les hautes ambitions révolutionnaires et politiques que souhaite pour la République le Mouvement 26-Juillet.

La seule existence de clauses secrètes qui ne se réfèrent pas à des questions d'organisation pour la lutte ou des plans d'action, mais à des problèmes qui concernent au plus haut point la nation comme la structure du futur gouvernement et qui, en conséquence, doivent être proclamées publiquement, est en soi inacceptable. [José] Martí disait que, dans la révolution, les méthodes sont secrètes, mais les fins doivent toujours être connues du peuple.

Autre point inadmissible pour le Mouvement 26-Juillet : la clause secrète numéro 8, qui dit textuellement : « Les forces révolutionnaires s'intégreront aux institutions militaires régulières de la République, avec leurs armes. »

En premier lieu, qu'entend-on par forces révolutionnaires ? Cela signifie-t-il que tous ceux qui se présenteraient le jour de la victoire avec une arme à la main pourraient obtenir une carte de policier, de marin ou de soldat ? Que ceux qui cachent des armes sous leur lit et se croisent les bras en attendant qu'une poignée de leurs compatriotes se battent contre la tyrannie se verraient offrir des uniformes et investis comme agents de l'autorité dès l'instant où ils sortiraient leurs armes au grand jour ? Cela voudrait-il dire que nous allons cautionner par un document révolutionnaire le noyau même du gangstérisme et de l'anarchie qui constituèrent les grands drames de la République dans des jours pas si lointains ?

L'expérience, sur le territoire occupé actuellement par nos troupes, nous a appris que le maintien de l'ordre public est un problème capital pour le pays. Les faits nous ont montré que, dès que l'on supprime l'ordre existant, une tempête d'obstacles se déchaîne, et la délinquance, si elle n'est pas tuée dans l'œuf, se met à éclore de toutes parts. L'application opportune de mesures sévères, avec le plein accord du peuple, a mis un terme à la naissance du banditisme. Les voisins, habitués à voir en l'agent de l'autorité un ennemi du peuple, recueillaient de bon cœur le fugitif pourchassé par la justice. Aujourd'hui, ils voient en nos soldats les défenseurs de leurs intérêts. Il règne l'ordre le plus total, et les meilleurs gardiens en sont les citoyens eux-mêmes.

Le désordre et les délinquances sont les fléaux d'un processus révolutionnaire. Les combattre est désormais une urgence. Celui qui refuse de l'admettre ne se sent pas concerné par le destin de la révolution ; et en toute logique, on ne se sent pas concerné quand on ne s'est pas sacrifié pour elle.

Le pays doit savoir qu'il y aura une justice, mais une justice stricte, et que le crime sera puni, d'où qu'il vienne.

Le Mouvement 26-Juillet, réclame pour soi la mission de maintenir l'ordre public et de réorganiser les institutions militaires de la République. Pour les raisons suivantes :

1° C'est la seule organisation qui possède des milices organisées et disciplinées dans tout le pays et une armée en campagne qui compte vingt victoires sur l'ennemi.

2° Nos combattants ont montré une noblesse d'esprit exempte de toute haine contre les militaires, respectant invariablement la vie des prisonniers, soignant les blessés au combat, ne torturant jamais un adversaire même lorsqu'ils le savaient en possession d'informations importantes. Ils ont observé ce comportement avec une impartialité sans précédents.

3° Les institutions militaires doivent être imprégnées de cet esprit de justice et de noblesse que le Mouvement du 26-Juillet a inculqué à ses propres soldats.

4° La sérénité avec laquelle nous avons agi au cours de cette lutte est la meilleure preuve que les militaires honorables n'ont rien à craindre de la révolution, ils n'auront pas à payer les fautes de ceux qui, par leurs exactions et leurs crimes, ont couvert d'opprobre l'uniforme militaire. Il reste encore quelques points sombres dans le document d'unité. Comment est-il possible d'arriver à un accord sans une stratégie de lutte définie ? Les Authentiques continuent-ils de penser à réaliser un « putsch » dans la capitale ? Continuera-t-on à accumuler des armes qui finissent par tomber, tôt ou tard, entre les mains de la police, au lieu de les remettre à ceux qui combattent ? A-t-on accepté, enfin, la thèse de la grève générale soutenue par le Mouvement 26-Juillet ?

De plus, il ne nous a pas échappé que la lutte que nous menons dans la province d'Oriente a été lamentablement sous-estimée du point de vue militaire. Dans la Sierra Maestra se déroule non pas une guerre de guérilla, mais de colonnes. Nos forces, inférieures en nombre et en équipement, profitent au maximum de leur connaissance du terrain, de leur vigilance constante sur l'ennemi et de leur plus grande rapidité de mouvement. Il faut ajouter que le moral des hommes, dans une lutte de cette nature, revêt une importance cruciale. Les résultats ont dépassé nos espérances et, un jour, ils seront connus dans leurs détails.

La population entière est révoltée. Si les gens possédaient des armes, nos détachements n'auraient nul besoin de surveiller les différentes zones. Les paysans ne laisseraient passer aucun ennemi. Les échecs de la tyrannie, qui s'obstine à nous envoyer ses armées, pourraient se révéler désastreux. Les mots me manquent pour décrire l'intensité du courage retrouvé de ce peuple. La dictature use de représailles barbares. Les crimes de masse contre les paysans n'ont rien à envier aux massacres que perpétraient les nazis en Europe. La dictature fait payer chacun de ses échecs à la population sans défense. Chaque dépêche de l'état-major annonçant des pertes rebelles est toujours précédée d'un massacre. Cette ignoble attitude a conduit le peuple à un état de rébellion absolue. Le plus terrible, ce qui fait saigner l'âme du peuple, c'est de penser que nul ne lui a procuré le moindre fusil. Les paysans assistent, impuissants, à l'incendie de leurs maisons et au meurtre de leurs familles, implorant désespérément de pouvoir se défendre, tandis que dorment, à Cuba, des armes au fond de leur cachette, qui ne servent pas même à tuer un misérable sbire, dans l'attente que la police vienne les ramasser, ou que la tyrannie soit renversée, ou bien encore que les rebelles soient exterminés.

Nombre de nos compatriotes ont eu un comportement qui a atteint le summum de l'ignominie. Il est temps aujourd'hui de corriger cela et d'aider ceux qui luttent. En ce qui nous concerne, nous n'en tirerions pas personnellement un grand bénéfice. L'idée que nous agissons par orgueil ou intérêt n'effleure l'esprit de personne.

Notre destin est scellé et nous n'éprouvons pas l'ombre d'une incertitude : soit nous mourrons ici jusqu'au dernier rebelle et toute une jeune génération périra dans les villes, soit nous triompherons malgré les obstacles exceptionnels. Nulle défaite n'est pour nous envisageable. L'année de sacrifices et d'héroïsme que nos hommes viennent d'endurer, rien ne pourra l'effacer. Nos victoires sont là et bien réelles, on ne pourra pas non plus les effacer. Nos combattants résistent plus que jamais, et ils sauront se battre jusqu'à la dernière goutte de leur sang.

La défaite reviendra à ceux qui nous ont refusé leur aide ; à ceux qui, engagés à nos côtés au début, nous ont abandonnés ; à ceux qui, faute de foi en la dignité et en un idéal, ont dilapidé leur temps et leur prestige dans de misérables traités avec le despotisme de Trujillo ; à ceux qui, possédant des armes, les ont lâchement dissimulées à l'heure de la lutte. Les perdants, ce sont eux, et pas nous.

Il est une chose que nous pouvons affirmer avec certitude : si nous avions vu d'autres Cubains combattre pour la liberté ; si nous les avions vus se battre jour après jour sans se rendre ni reculer devant l'ennemi, nous n'aurions pas hésité une seconde à les rejoindre pour nous battre et mourir à leurs côtés. Parce que nous sommes cubains, et nous, les Cubains, sommes incapables de rester impassibles quand, quelque part en Amérique, des hommes luttent pour la liberté. Que faisons-nous quand les Dominicains se rassemblent sur un îlot pour libérer leur peuple ? Dix Cubains pour un Dominicain débarquent pour leur prêter main-forte. Et lorsque les partisans de Somoza envahissent le Costa Rica ? Les Cubains accourent pour les combattre. Comment expliquer qu'aujourd'hui, alors que la bataille pour la liberté fait rage dans leur propre pays, des Cubains en exil, expulsés de leur patrie par la tyrannie, refusent leur aide à ceux qui luttent ?

Pourquoi, pour nous venir en aide, exigent-ils de nous des conditions léonines ? Peut-être faut-il que nous leur offrions la République sous forme de butin sur un plateau ? Ou devons-nous abjurer notre idéal et convertir cette guerre en un nouvel art de massacrer nos semblables, dans une effusion de sang inutile, pour que tous ces sacrifices, au nom de la patrie, aient été faits en vain et ne laissent aucun espoir ?

La direction de la lutte contre la tyrannie est et restera à Cuba entre les mains des combattants révolutionnaires. Les hommes qui souhaitent, à présent ou dans l'avenir, être considérés comme chefs de la révolution doivent demeurer dans le pays pour affronter les responsabilités, les risques, et les sacrifices qu'exige la situation actuelle.

Les forces en exil doivent coopérer à cette lutte, mais il est absurde de prétendre, de l'extérieur, nous imposer la voie à suivre, les adversaires que nous devons combattre ou les attaques que nous devons mener, ou encore à quel moment, en quelles circonstances, et sous quelle forme nous devons déclencher la grève générale. Plus qu'absurde, cela s'avère ridicule. Que l'on aide depuis l'étranger en récoltant des fonds parmi les exilés et les émigrés cubains, en faisant campagne dans la presse et l'opinion publique pour la cause de Cuba, que l'on dénonce depuis là-bas les crimes qui sont commis ici ; cela oui. Mais que l'on ne prétende pas diriger depuis Miami une révolution déjà en marche dans les villes et les campagnes alors que le pays est en plein combat et connaît déjà l'agitation, les sabotages, la grève et les mille et une formes d'action révolutionnaire que préconise la stratégie de lutte du Mouvement 26-Juillet.

La direction nationale est disposée, comme elle l'a proposé à maintes reprises, à s'entretenir avec les dirigeants de toute organisation d'opposition, pour coordonner des plans spécifiques et travailler à des projets concrets, utiles au renversement de la tyrannie.

La grève générale sera menée par la coordination des forces du Mouvement de résistance civique, le Front ouvrier national, ainsi que tout secteur non lié aux partis politiques traditionnels et en contact étroit avec le Mouvement 26-Juillet, qui demeure, pour le moment, la seule organisation d'opposition opérant sur l'ensemble du territoire.

La section ouvrière du 26-Juillet est en train d'élaborer, avec les éléments d'opposition de toutes les tendances disposées à lancer le mouvement de grève et offrant la garantie morale de le mener jusqu'au bout, l'organisation des comités de grève dans chaque centre de travail et secteur d'industrie. Cette organisation intégrera le Front ouvrier national, qui sera la seule représentation du prolétariat reconnue comme légitime par le 26-Juillet.

La chute du dictateur entraîne la destitution du Congrès scélérat, de la direction de la CTC [Centrale des travailleurs de Cuba] et de tous les maires, gouverneurs et autres fonctionnaires qui, directement ou indirectement, ont usé de son soutien pour accéder à leurs fonctions lors des prétendues élections du 1er novembre 1954 ou du coup militaire du 10 mars 1952. Elle suppose également la libération immédiate des prisonniers et détenus politiques, civils et militaires, comme l'inculpation de tous ceux qui, de près ou de loin, se sont rendus complices du crime, de l'arbitraire et de la tyrannie.

Le nouveau gouvernement sera régi par la Constitution de 1940 et garantira tous les droits reconnus par elle, de même qu'il se tiendra en dehors de toute ingérence partisane.

L'exécutif assumera les fonctions législatives que la Constitution attribue au Congrès de la République, et aura pour principaux devoirs de conduire le pays vers des élections générales, en accord avec le code électoral de 1943 et de la Constitution de 1940, et de développer le programme minimum des dix points exposés dans le manifeste de la Sierra Maestra.

Le Tribunal suprême sera déclaré dissout pour son incapacité à résoudre la situation contraire aux lois, créée par le coup d'État; ce qui n'exclut pas, dans l'avenir, que certains de ses membres actuels, qui ont toujours défendu les principes constitutionnels ou conservé une position ferme face au crime, aux injustices et aux abus de ces dernières années de tyrannie, soient réinvestis.

Le président de la République décidera lui-même de la façon dont il faudra procéder pour constituer le nouveau Tribunal suprême; et celui-ci, à son tour, se chargera de réorganiser tous les tribunaux et institutions autonomes, écartant de leurs fonctions tous ceux qu'il estimera avoir coopéré de façon étroite avec la dictature, et peut-être même les renverra-t-il devant les tribunaux le cas échéant. La désignation des nouveaux fonctionnaires se fera conformément à la loi.

Les partis politiques n'auront qu'un droit durant cette étape provisoire : la liberté de défendre leur programme devant le peuple, de mobiliser et d'organiser la citoyenneté dans le cadre de notre constitution et de participer aux élections futures.

Dans le manifeste de la Sierra Maestra s'est posée dès lors la nécessité de désigner la personne appelée à occuper la présidence de la République. Notre Mouvement a exposé la condition *sine qua non* selon laquelle celle-ci devait être choisie par l'ensemble des institutions civiques. Puisque cette formalité n'est toujours pas accomplie bien qu'il se soit passé cinq mois, qu'il est plus urgent que jamais de donner au pays une réponse à la succession du dictateur, et qu'il est impossible d'attendre un jour de plus sans donner satisfaction à cette question nationale, le Mouvement 26-Juillet y répond et la présente au peuple, comme l'unique solution possible pour garantir la légalité et le développement des bases d'unité antérieures et du gouvernement provisoire lui-même. Cette personnalité doit être le digne magistrat de l'audience d'Oriente, le Dr Manuel Urrutia[1] Lleó. C'est sa propre conduite, et non notre seul souhait, qui le rend éligible à cette cause, et nous espérons que vous ne refuserez pas ce service à la République.

Les raisons qui en font le candidat requis sont les suivantes :

1. Il fut le magistrat qui hissa au plus haut le nom de la Constitution, lorsqu'il déclara, dans la salle d'audience du tribunal, prenant fait et cause pour les expéditionnaires du ***Granma***, qu'organiser une force armée contre le régime n'était pas un délit, mais parfaitement licite, en accord avec l'esprit et la lettre de la Constitution et la loi, fait sans précédent de la part d'un magistrat, dans l'histoire de nos luttes pour la liberté.

1. Manuel Urrutia Lleó (1901-1981) participa aux luttes contre les dictatures de Gerardo Machado et Fulgencio Batista. Le 14 mars 1957, en tant que juge de la province d'Oriente, il dut juger 150 individus pour des actions antigouvernementales, dont 22 combattants qui rejoignaient la guérilla. Urrutia déclara que « vu l'usurpation et la détention illégale du pouvoir par Batista [...], les accusés ont agi en accord avec les droits constitutionnels ». Il fut président de Cuba du 2 janvier au 17 juillet 1959, puis remplacé par Osvaldo Dorticós Torrado, plus favorable aux réformes socialistes entreprises par la révolution. Manuel Urrutia s'exila aux États-Unis. (NdT)

2. Sa vie consacrée à la stricte administration de la justice est la garantie qu'il possède la préparation nécessaire et le caractère pour servir de contrepoids à tous les intérêts illégitimes au moment où la tyrannie sera renversée par l'action du peuple.

3. Parce que nul autre que le Dr Manuel Urrutia n'est aussi détaché de tout esprit partisan, puisqu'il n'appartient à aucun parti politique, précisément de par sa fonction de magistrat. Et il n'existe nul autre citoyen de son prestige qui, en dehors de tout militantisme, se soit autant identifié à la cause révolutionnaire.

De plus, sa stature de magistrat en fait, par définition, le candidat le plus respectueux de la Constitution.

Si nos conditions se voient récusées, conditions désintéressées qui émanent d'une organisation qui s'est sacrifiée comme nulle autre pour la cause, et que l'on n'a pas même daigné consulter pour invoquer son nom dans un manifeste d'unité auquel elle n'a pas souscrit, nous poursuivrons alors seuls la lutte comme nous l'avons fait jusqu'à présent, sans autres armes que celles que nous arrachons à l'ennemi en combattant, sans autre aide que celle du peuple qui souffre, sans autre soutien que nos idéaux.

Car, en définitive, c'est bien le Mouvement 26-Juillet qui a réalisé et réalise des actions dans tout le pays ; ce sont les militants du 26-Juillet et eux seuls qui ont transporté la rébellion des montagnes sauvages d'Oriente aux provinces occidentales du pays ; ce sont les militants du 26-Juillet qui se chargent du sabotage, de l'exécution des sbires de Batista, d'incendier la canne à sucre ou d'autres actions révolutionnaires ; c'est le Mouvement 26-Juillet qui a su former les ouvriers de toute la nation à la révolution ; c'est encore le 26-Juillet qui a été le seul à coopérer à l'organisation du Mouvement de résistance civique où s'agglutinent aujourd'hui les secteurs civiques de presque la totalité des communes de Cuba.

Énoncer toutes ces évidences pourrait paraître arrogant à certains, mais c'est bien le Mouvement 26-Juillet qui a déclaré ne pas vouloir participer à un gouvernement provisoire et qui met toute sa force morale et matérielle à la disposition du citoyen propre à assurer la transition présidentielle.

Comprenez bien que nous avons renoncé à des postes bureaucratiques ou à une quelconque participation dans ce gouvernement ; mais sachez, une fois pour toutes, que le 26-Juillet ne renonce ni ne renoncera jamais à orienter et à diriger le peuple depuis la clandestinité ; que ce soit depuis la Sierra Maestra ou depuis les tombes où gisent nos morts.

Et nous ne renonçons pas, parce qu'il s'agit non seulement de nous, mais de toute une génération qui est tenue par l'engagement moral envers le peuple de Cuba de résoudre substantiellement ses grands problèmes.

Et nous ne savons qu'une chose : vaincre ou mourir. Jamais la lutte ne sera plus rude que du temps où nous n'étions qu'une douzaine d'hommes, quand nous n'étions pas soutenus par un peuple organisé et aguerri dans toute la Sierra, quand nous ne disposions pas d'une armée puissante et disciplinée à travers le pays, quand nous ne comptions pas encore sur le formidable appui des masses qui s'est révélé à la mort de notre inoubliable Frank País.

Pour tomber dignement, nul besoin de compagnie.

Fidel Castro Ruz, Sierra Maestra, 14 décembre 1957.

[*Verde Olivo*, 5 janvier 1964.]

Pino del Agua II

Au début de 1958 s'instaura ce que l'on pourrait qualifier de trêve entre nos forces et les troupes batistiennes. Cependant, les troupes de l'ennemi s'enorgueillissaient, jour après jour, d'avoir causé des pertes de huit, voire vingt-trois rebelles à l'ennemi. Aucune n'était heureusement à déplorer. Mais c'était la tactique de propagande qui dominait, sur toute la zone où opérait ma colonne, et où Sánchez Mosquera s'adonnait à d'imaginaires batailles contre les forces rebelles, assassinant des paysans dont les cadavres venaient compléter son palmarès.

Dès les derniers jours de janvier, la censure fut levée et les journaux, pour la dernière fois avant la fin de la guerre, publièrent des nouvelles vraies. L'ambiance gouvernementale était à l'accalmie. Ramírez León, législateur batistien, entamait un voyage plus ou moins surprise, accompagné de Lalo Roca, un conseiller municipal de Manzanillo, et d'un journaliste espagnol de *Paris-Match*, [Enrique] Meneses[1], qui devait faire une série d'entretiens dans la Sierra.

1. Enrique Meneses, envoyé spécial de *Paris-Match*, fut le premier journaliste qui se rendit dans la Sierra, à la mi-décembre 1957, où il passa quatre mois en compagnie des révolutionnaires. Il est l'auteur

Aux États-Unis, on publiait de vastes déclarations dénonçant le pacte de Miami, émises par le comité du 26-Juillet en exil, qui avait pour président Mario Llerena et comme trésorier Raúl Chibás. (Ces chargés de mission trouvèrent leur travail si salutaire dans cette région du monde qu'ils y demeurent encore aujourd'hui, et en ont fait, de toute évidence, leur résidence définitive. Peut-être même occupent-ils des postes similaires à ceux dont ils avaient la charge durant la guerre de libération, quand ils semblaient encore des gens honnêtes.)

Les entretiens de Meneses, qui furent publiés dans l'hebdomadaire de La Havane *Bohemia*, eurent des répercussions dans le monde entier ; mais sur le plan intérieur, la polémique soutenue entre Masferrer et Ramírez León, au cours de ces quelques jours où la presse de La Havane publia de vraies nouvelles, ne manqua pas d'intérêt.

La censure avait été levée sur cinq des six provinces. Mais Oriente était toujours privée des garanties constitutionnelles et continuait de la subir.

À la mi-janvier 1958, un groupe de militants du 26-Juillet, arrêté alors qu'il descendait la Sierra, fut présenté à la presse : Armando Hart, Javier Pazos, Luis Buch* et Eulalio Vallejo, le guide. L'intérêt de cette nouvelle n'est pas anodin, même si nous déplorions tous les jours la capture de plusieurs de nos camarades, qui, la plupart du temps, finissaient assassinés, car elle est une preuve de la polémique qui existait déjà, plus ou moins ouvertement, entre les deux tendances du 26-Juillet.

---

de *Fidel Castro*, éd. Afrodisio Aguado, Madrid (1966), et de *Castro : empieza la revolucíon*, éd. Espasa Calpe, Madrid (1995). (NdT)

J'avais envoyé une lettre relativement stupide au camarade René Ramos Latour, à laquelle il m'avait bien sûr répondu ; mais une copie de ma lettre continuait à circuler. Armando Hart m'avait, de son côté, écrit une note polémique et pensait me la faire parvenir à la Sierra, lors de sa visite à Fidel. Mais ce dernier s'était dit que cette lettre entraînerait une réponse, qui en appellerait une autre, jusqu'au moment où l'une des missives tomberait entre les mains de l'ennemi ; ce qui ne nous serait pas forcément favorable. Armandito, respectueux de la discipline, obéit à l'ordre, mais oublia la note dans une de ses poches ; lorsqu'il fut arrêté, il l'avait sur lui.

La vie d'Armando Hart et de ses compagnons ne tint plus qu'à un fil tout le temps de leur emprisonnement, sans qu'il nous fût possible d'avoir de leurs nouvelles. L'ambassade américaine se mobilisa pour vérifier la nature de cette controverse. À travers toute une série de termes exprimés dans les argumentations respectives, l'ennemi eut des soupçons et dressa l'oreille.

Indépendamment de l'incident, Fidel estima qu'il était temps de frapper un grand coup, profitant de la levée de la censure ; et nous nous préparâmes à l'action.

La cible choisie fut de nouveau Pino del Agua. Nous avions remporté un franc succès lors de notre première attaque ; mais, depuis, l'ennemi avait réinvesti la place. Même lorsque les troupes bougeaient à peine, leur position dominante sur la crête de la Sierra Maestra nous obligeait à faire de grands détours ; se déplacer dans cette zone se révélait d'une dangerosité extrême, de sorte que la suppression de Pino del Agua comme point avancé de l'armée pouvait revêtir une importance stratégique considérable ; et, vu les nouvelles conditions de la presse en vigueur dans le pays, obtenir un retentissement national.

Dès les premiers jours de février, les hommes s'activèrent dans les préparatifs et l'exploration de la région, auxquels prirent une part fondamentale, en tant que voisins du secteur, Roberto Ruiz et Félix Tamayo, devenus ensuite officiers de notre armée. En outre, nous mîmes l'accent sur la préparation de notre nouvelle arme, que nous considérions comme un véritable bijou, le M-26, aussi appelée spoutnik, une petite bombe de fer-blanc qu'on lançait au moyen d'un appareil compliqué, une sorte de catapulte confectionnée avec les élastiques d'un fusil de pêche sous-marine. Plus tard, on perfectionna l'engin pour qu'il puisse être propulsé beaucoup plus loin, par un tir de balle à blanc.

Ces petites bombes effrayaient réellement par la déflagration qu'elles produisaient ; mais, vu leur cuirasse de fer-blanc, leur pouvoir mortifère était restreint et n'occasionnait que de légères blessures aux soldats sur lesquels elles étaient projetées. Sans compter qu'il était fort délicat de faire coïncider parfaitement, à partir du moment où l'on allumait la mèche, sa trajectoire dans les airs et l'explosion au contact du sol. La plupart du temps, le simple fait d'être propulsée et de tomber suffisait à éteindre la mèche, et la bombe n'explosait pas, échouant intacte entre les mains de l'ennemi. Quand ce dernier comprit le fonctionnement de l'arme, il cessa aussitôt d'en avoir peur ; mais, lors de cette première attaque, l'effet psychologique opéra.

Les préparatifs furent assurés avec minutie, et l'attaque eut lieu le 16 février 1958. Le communiqué du combat qui parut dans *El Cubano Libre*, et que nous reproduisons plus bas, constitue une synthèse assez exacte des événements.

Le plan stratégique était très simple : Fidel, sachant qu'une compagnie entière se trouvait dans la scierie, se doutait que nos troupes auraient quelques difficultés à s'emparer des lieux ; ce qu'il envisageait de faire, c'était de l'attaquer, d'éliminer ses postes de garde, de l'encercler et d'attendre les renforts qui viendraient au secours des soldats. L'expérience nous avait enseigné que les bataillons qui se déplacent sont beaucoup plus habiles que ceux qui sont cantonnés. Diverses embuscades, dont nous espérions qu'elles prouveraient leur efficacité, furent mises en place. À chacune fut affecté un nombre d'hommes en fonction de la probabilité que l'ennemi arriverait de ce côté.

Fidel dirigea personnellement les opérations ; son état-major, situé sur une colline au nord qui dominait parfaitement l'objectif, avait une vue plongeante sur la scierie. Sur la carte n° 2[1], on pouvait apprécier le plan d'action ; Camilo devait approcher par le sentier qui vient d'El Uvero en passant par la Bayamesa ; ses troupes, qui constituaient le peloton d'avant-garde de la colonne 4, devaient neutraliser les postes de garde, avancer jusqu'où le terrain le leur permettait et se maintenir en place. Le peloton du capitaine Raúl Castro Mercader, situé au bord du chemin qui mène à Bayamo, devait faire obstacle à toute fuite de soldats au cas où ceux-ci tenteraient de gagner le fleuve Peladero.

1. Les cartes reproduites au début de ce livre, réalisées par l'éditeur, ne sont pas celles auxquelles se réfère Che Guevara, qui n'ont pas été retrouvées. (NdT)

Le capitaine Guillermo García, accompagné de vingt-cinq de ses hommes, les attendait de pied ferme.

Sitôt le début des hostilités, notre mortier, armé d'exactement six grenades, et manipulé par Quiala, entrerait dans le jeu. Puis commencerait le siège. Une embuscade, dirigée par le lieutenant «Vilo» Acuña, sur la colline de La Virgen, était destinée à intercepter les troupes qui viendraient d'El Uvero; et, plus loin au nord, Lalo Sardiñas et une poignée de tireurs guettaient celles qui feraient leur arrivée depuis Yao par Vega de los Jobos.

Cette embuscade permit d'inaugurer un type spécial de mines, dont le résultat ne fut guère prometteur. Le camarade Estévez (tombé plus tard au combat de Bayamo) avait imaginé un système pour faire exploser une bombe d'aviation complète, en la percutant d'un coup de feu en guise de détonateur. Nous installâmes l'engin, prévoyant que l'armée passerait par cet endroit où notre effectif était moindre. Une erreur lamentable fit échouer le plan : le camarade chargé d'annoncer l'arrivée de l'ennemi, très inexpérimenté et plutôt nerveux, donna l'alerte au moment où montait un camion civil; la mine fonctionna et le conducteur du véhicule fut la victime bien innocente de cette nouvelle arme de destruction qui, une fois mise au point, se révélerait d'une efficacité prodigieuse.

À l'aube du 16, Camilo s'avança pour prendre position, mais nos guides n'avaient pas prévu que, la nuit, les soldats se rapprochaient tout près de leur campement; si bien que la troupe de Camilo tarda à donner l'attaque. Ils pensaient s'être trompés d'endroit et progressaient presque à tâtons, sans comprendre la manœuvre. Camilo mit plus d'une bonne heure, avec ses vingt hommes en file indienne, à parcourir les cinq cents mètres reliant les deux points.

Ils finirent par atteindre le hameau. Les gardes avaient installé un système d'alarme élémentaire qui consistait en des fils tendus au ras du sol, reliés à des boîtes de conserves qui tintaient dès qu'on les renversait du pied ou qu'on trébuchait sur les fils. Mais, en même temps, ils avaient laissé paître les chevaux, si bien que lorsqu'un des hommes de la colonne commettait un faux pas et déclenchait le système, le bruit de l'alarme se confondait au brouhaha des chevaux. Camilo put donc atteindre sans mal l'endroit où se trouvaient les soldats.

De notre côté, les heures passaient, et l'attaque ne venait pas ; l'angoisse montait dans nos rangs. Enfin un coup de feu. Le début des hostilités était lancé ; nos six mortiers entamèrent leur bombardement, avec le peu de succès qu'on leur connaît.

Les soldats avaient vu et entendu les premiers attaquants ; ils avaient aussitôt répliqué d'une rafale de tirs qui blessa notre camarade [Angel] Guevara. Celui-ci ne survécut pas à ses blessures et succomba dans l'un de nos hôpitaux de campagne. En quelques minutes à peine, Camilo avait laminé la résistance, saisi onze armes, dont deux mitrailleuses, et capturé trois soldats, en plus des sept ou huit victimes qui avaient péri sous nos balles. Mais la résistance s'organisa et reprit le dessus sur nos attaques.

Les lieutenants Noda et Capote, le combattant Raimundo Lien, moururent en tentant d'avancer ; Camilo fut blessé à la cuisse, et Virelles dut se replier, abandonnant la mitrailleuse dont il avait la charge. Les premières lueurs de l'aube poignaient et le feu de l'ennemi faisait rage. Malgré sa blessure, Camilo revint sur ses pas pour tenter de sauver l'arme. Il fut à nouveau blessé, mais sa bonne étoile voulut que la balle pénètre dans son abdomen et ressorte par le flanc sans toucher d'organes vitaux. En venant au secours de Camilo qui n'avait pas pu récupérer la mitrailleuse, Luis Macía, un autre combattant, fut lui aussi blessé et se traîna entre les touffes d'herbe, dans la direction opposée à la retraite de ses compagnons ; il fut abattu. Des combattants isolés, occupant des positions proches de la caserne, la bombardaient de spoutniks ou M-26, semant la confusion parmi les militaires. Mais Guillermo García ne put intervenir dans ce combat, puisque les soldats n'esquissèrent pas la moindre tentative pour fuir de la caserne ; et, comme prévu, ils demandèrent immédiatement de l'aide par radio.

Au milieu de la matinée, le secteur avait recouvré son calme ; mais, depuis nos positions, à l'état-major, nous surprenions des cris qui nous terrifiaient et disaient plus ou moins : « Merci pour la mitrailleuse, Camilo ! », tandis que fusait une rafale de tirs. Près de la mitrailleuse sur tripode perdue, Camilo avait oublié sa casquette, au revers de laquelle son nom était inscrit. Les soldats en profitaient pour nous brocarder. Nous sentions qu'il s'était passé quelque chose, mais nous ne pouvions pas communiquer avec nos troupes, situées de l'autre côté. Camilo, soutenu par Sergio del Valle, refusait de se retirer, et restait là, à attendre.

Les prévisions de Fidel se réalisaient : la compagnie commandée par le capitaine Sierra envoyait la pointe de son avant-garde depuis Oro de Guisa pour voir ce qui se passait à Pino del Agua. Le peloton de Paco Cabrera, trente à trente-cinq hommes, l'attendait au grand complet, embusqué sur le bord du chemin, comme on le voit sur la carte n° 3, sur la colline dite Del Cable, précisément en raison de la présence d'un câble qui permet de treuiller les véhicules à cette hauteur. Nos escouades étaient réparties sous les commandements des lieutenants Suñol*, Alamo, Reyes et William Rodríguez, et, bien sûr, Paco Cabrera. Mais les officiers chargés de stopper la pointe de l'avant-garde, face à la route, étaient Paz et Duque. La petite force ennemie vint se jeter dans la gueule du loup et fut totalement détruite : onze morts, cinq prisonniers blessés qui furent soignés dans une maison et qu'on laissa ensuite sur place ; le deuxième lieutenant Laferté*, qui fit ensuite partie des nôtres, fut également fait prisonnier à cette occasion ; et douze fusils, parmi lesquels deux M-1 et un fusil-mitrailleur, ainsi qu'un Johnson, tombèrent dans notre escarcelle.

Un ou deux soldats réussirent à s'échapper et portèrent la nouvelle à Oro de Guisa. En apprenant les événements, les officiers de cette compagnie auraient dû demander des renforts, mais, entre Oro et Guisa, justement, se tenait Raúl Castro et toutes ses troupes, puisque nous pensions que par là viendraient les armées en aide aux assiégés de Pino del Agua. Raúl disposa ses forces de telle manière que Félix et l'avant-garde bloqueraient le chemin aux renforts ; et, immédiatement, son escouade, avec celle de Ciro Frías et celle qui se trouvait sous les ordres directs de Raúl, attaquerait l'ennemi, pendant qu'Efigenio [Ameijeiras] fermerait le cercle à l'arrière-garde.

À ce moment-là, un détail nous échappa : deux paysans inoffensifs et ahuris traversèrent notre champ d'attaque avec leurs poulets sous le bras. Il s'agissait en fait de soldats de l'armée d'Oro de Guisa envoyés en éclaireurs, précisément pour explorer les parages. Ils purent observer la disposition de nos troupes et avertirent leurs compagnons de Guisa ; ce qui obligea Raúl à résister à l'offensive que l'armée, connaissant ses positions, lançait sur lui, du haut d'une colline qu'elle avait investie. De sorte que Raúl dut effectuer une retraite précipitée, au cours de laquelle il perdit un homme, Florentino Quesada, et eut un blessé. La route qui vient de Bayamo et passe par Oro de Guisa fut la seule voie qu'emprunta l'armée. Raúl, étant donné son infériorité, se vit obligé de reculer, mais les troupes ennemies progressèrent très lentement et ne furent pas au rendez-vous ce jour-là. (La carte n° 4 montre approximativement la manœuvre.) En revanche, nous subîmes l'attaque constante des avions B-26 de l'armée, qui mitraillèrent les collines sans autre résultat que nous incommoder et nous contraindre à observer certaines précautions. Fidel était tout à la fois euphorique en raison de la tournure des événements, et préoccupé par le sort de nos compagnons ; et il risqua sa vie plus que nécessaire, ce qui lui valut, quelques jours plus tard, une lettre du groupe des officiers dont je faisais partie, lui demandant, au nom de la révolution, de ne plus prendre de risques inutiles. À mon avis, ce document, un tantinet infantile, que nous rédigeâmes, poussés par des sentiments altruistes, ne méritait pas qu'il y jette un œil. Pour tout dire, il n'y prêta même pas attention.

À la nuit tombée, j'insistai sur l'idée qu'une attaque du type de celle que Camilo avait menée était réalisable et que nous pouvions prendre les postes de garde de Pino del Agua. Fidel n'était pas très enthousiaste, mais accepta de faire l'essai, envoyant un peloton commandé par [Juan] Escalona, constitué des équipes d'Ignacio Pérez et de Raúl Castro Mercader. Les combattants s'approchèrent et firent tout leur possible pour atteindre la caserne, mais le feu nourri des militaires les en empêcha et ils furent contraints de se replier. Je priai alors qu'on me donne le commandement du peloton, demande à laquelle Fidel accéda à contrecœur. Mon idée était de m'approcher tout près et, à l'aide de cocktails Molotov fabriqués avec de l'essence trouvée dans la scierie, d'incendier les cabanes en bois afin d'obliger les soldats à se rendre ou à s'enfuir à la débandade, pourchassés par nos tirs. Une fois sur les lieux du combat, tandis que nous nous apprêtions à prendre nos positions, on me remit un petit mot de la part de Fidel :

« 16 février 1958. Che : si tout dépend de cette attaque, sans l'appui de Camilo et Guillermo, il ne faut par pour autant aller au suicide. On court le risque d'alourdir nos pertes et de ne pas atteindre l'objectif.

Je te conseille, très sérieusement, d'être prudent. Enfin, je t'interdis formellement de te lancer toi-même dans l'attaque. Charge-toi de bien diriger les hommes, c'est cela qui est indispensable en ce moment.

(signé) Fidel. »

En outre, me précisait verbalement Almeida, porteur du message, cette attaque, si elle m'était autorisée comme l'indiquait cette lettre, relevait de mon entière responsabilité, mais Fidel ne l'approuvait pas. L'ordre de livrer ou non le combat reposait sur mes épaules ; avec la possibilité, quasi certaine, de voir mourir plusieurs de nos combattants, sans être assuré de la prise de la caserne et en ignorant tout de la disposition des forces de Guillermo et de Camilo, qui se trouvaient isolées. Ce fut trop pour moi et, tête basse, je revins sur les pas de mon prédécesseur, Escalona.

Le lendemain matin, sous la menace continuelle de l'aviation ennemie, l'ordre de retraite fut donné ; et, après avoir tiré au fusil à visée télescopique sur les quelques soldats qui profitaient de notre départ pour sortir de leur refuge, nous reprîmes le chemin de la Maestra.

Comme nous l'avons appris de source officielle depuis, les pertes ennemies s'élevaient, pour cette attaque, de dix-huit à vingt-cinq morts, et les armes saisies à trente-trois fusils, cinq mitrailleuses, et un lot important de munitions. À la liste de nos pertes, il convient d'ajouter celle du camarade Luis Macías, que l'on ignorait encore au moment des événements, et des compagnons comme Luis Olazábal et Quiroga, blessés au cours des diverses actions de ce combat prolongé. Dans le journal *El Mundo* du 19 février, on apprenait l'information suivante :

« *El Mundo*, mercredi 19 février 1958. Mort de 16 insurgés et de 5 soldats. On ignore aujourd'hui si Guevara fait partie des victimes. L'état-major de l'armée a diffusé un communiqué, hier à 17 heures, démentant l'annonce qu'une importante bataille ait eu lieu à Pino del Agua, au sud de Bayamo. Reconnaissant par la même occasion qu'"une ou deux escarmouches se sont produites entre patrouilles de reconnaissance et groupes rebelles", ajoutant que, au moment d'émettre ce communiqué, "les pertes rebelles s'élèvent à 16 individus, tandis que parmi les soldats pris dans ces escarmouches, seuls 5 décès sont à déplorer". Sur la question de savoir si le communiste argentin Che Guevara, précise le communiqué, a été blessé ou non, il nous est pour l'instant impossible de le confirmer. Quant à la présence du chef de file de l'insurrection lors de ces affrontements, rien ne permet de le prouver ; une seule chose est sûre, il se cache toujours dans les grottes inaccessibles de la Sierra Maestra.»

Peu après, ou peut-être déjà à ce moment-là, le massacre d'Oro de Guisa avait eu lieu, mené par [Jesús] Sosa Blanco[1], l'assassin qui fut jugé, condamné et mourut, en février 1959, devant un peloton d'exécution.

Tandis que la dictature pouvait seulement confirmer le fait que Fidel « était toujours caché dans les grottes inaccessibles de la Sierra Maestra », les troupes révolutionnaires sous son commandement l'imploraient de ne pas mettre inutilement sa vie en danger, et l'armée ennemie, elle, ne se risquait pas jusqu'à nos bases. Plus tard, Pino del Agua fut évacuée, et la libération de la zone occidentale de la Maestra, achevée.

1. Le procès de Jesús Sosa Blanco eut lieu le 16 février 1959, au palais des Sports de La Havane, devant 17 000 personnes. Le 18 février, déclaré coupable d'avoir commis 108 meurtres sous les ordres de Batista, il fut exécuté. Gabriel García Márquez, présent au moment du procès et de l'exécution, se servit de cet incident comme base pour écrire son roman *L'Automne du patriarche* (1975). (NdT)

Quelques jours après ce combat se produisit un des événements les plus importants de cette guerre : la colonne 3, dirigée par le commandant Almeida, quitta la région de Santiago ; et la colonne Frank-País, la n° 6, sous les ordres du commandant Raúl Castro Ruz, traversa les plaines orientales, pénétra dans la région des Mangos de Baraguá et arriva à Pinares de Mayarí pour former le second front oriental Frank-País.

Pino del Agua

Pino del Agua est une installation forestière, une scierie, située sur une cime de la Maestra, tout près du mont La Bayamesa. Elle était défendue par la compagnie du capitaine Guerra, solidement retranchée. C'est le point le plus avancé de la Sierra Maestra tenu par Batista. L'objectif de cette seconde attaque [la première avait eu lieu le 17 septembre 1957] n'était pas de prendre la scierie, mais de l'assiéger de sorte que l'armée n'eût d'autre recours que d'appeler des renforts à son aide. La situation des troupes ennemies les plus proches était la suivante : la compagnie de Sánchez Mosquera occupait San Pablo de Yao, à une douzaine de kilomètres de la scierie ; la compagnie du capitaine Sierra se trouvait à environ six kilomètres, à El Oro ; une garnison de la marine était localisée à vingt-cinq kilomètres de là, à El Uvero ; les autres points dont l'armée pouvait espérer des renforts étaient Guisa et Bayamo. Et, sur les routes qui reliaient ces points à Pino del Agua, nos forces étaient prêtes à intercepter toute intrusion batistienne.

Le 16 février 1958, à cinq heures et demie du matin, les forces de la quatrième colonne, dirigées par le capitaine Camilo Cienfuegos, lancèrent l'assaut. Menée de manière très violente, l'attaque permit de neutraliser les postes de garde sans aucune difficulté, causant huit morts dans les rangs ennemis, quatre prisonniers et plusieurs blessés. La résistance adverse s'intensifia alors. Nos lieutenants Gilberto Capote et Enrique Noda furent tués, ainsi que notre camarade Raimondo Lien. *Très* durement touché, [Angel] Guevara mourut quelques jours plus tard, de la suite de ses blessures.

Le siège continua toute la journée, des forces militaires partaient d'El Oro en reconnaissance vers Pino del Agua, par groupes de dix-sept hommes ; elles furent attaquées par surprise et totalement éliminées. On captura trois soldats blessés, qu'il fallut laisser sur place, vu l'impossibilité de les transporter chez des paysans. Le chef du détachement, le sous-lieutenant Evelio Laferté, fut fait prisonnier. Seuls deux hommes, apparemment blessés, purent s'échapper. Les autres moururent au cours de l'attaque.

Nos troupes qui défendaient les routes de Yao et d'El Uvero n'eurent pas à entrer en action, puisque les renforts de l'armée qu'elles devaient intercepter ne se déplacèrent pas. La colonne du commandant Raúl Castro Ruz fut confrontée à une situation particulièrement critique : ses hommes ne pouvaient tirer sur l'ennemi, qui se servait de femmes et d'enfants paysans comme de boucliers. Durant cet affrontement, Florentino Quesada trouva la mort. Du côté de l'ennemi, le nombre de victimes reste inconnu.

Des heures après que la colonne du commandant Raúl Castro se fut retirée, l'armée avança sur nos positions, où restait un groupe de paysans terrorisés et sans défense, réfugié dans des cabanes pour échapper à la bataille. Les sbires de Batista leur ordonnèrent de sortir et les criblèrent de balles sans la moindre pitié. Ils tuèrent treize personnes, pour la majorité des femmes et des enfants. Les blessés, rescapés de la mort lors de cette « glorieuse » action de l'armée, furent soignés à Bayamo, et leurs noms sont cités dans les premiers communiqués non officiels faisant état de cette bataille.

En dépit du jour brumeux, durant toute la durée du combat, leurs avions mitraillèrent les positions occupées par nos forces. Heureusement sans succès. Le 17, à la mi-journée, nos troupes se retirèrent de Pino del Agua, et la sixième colonne termina l'action par une nouvelle offensive sur El Oro. On ignore les résultats de cette rencontre du côté de l'ennemi, mais nos hommes s'en sortirent tous sains et saufs.

Le bilan final fut le suivant : l'ennemi perdit dix-huit à vingt-cinq hommes, eut le même nombre de blessés, et nous fîmes cinq prisonniers : Evelio Laferté, sous-lieutenant ; Erasmo Yera, Francisco Travieso Camacho, Ceferino Adrián Trujillo et Bernardo San Bartolomé Martínez Carral (blessé), tous soldats ; trente-trois fusils, cinq mitrailleuses et une grande quantité de munitions. Nos troupes subirent les pertes déjà mentionnées ; trois combattants furent légèrement blessés, dont le capitaine Camilo Cienfuegos.

Le plan ambitieux conçu par notre état-major ne fut hélas pas réalisé dans sa totalité ; en revanche, nous obtînmes une victoire complète sur l'armée, portant un coup fatal à son moral déjà fortement entamé, démontrant à la nation entière que la révolution ne cessait de grandir et que notre armée, qui s'apprêtait à descendre dans la plaine pour continuer sa série de victoires, gagnait en puissance.

[*El Cubano Libre*, Sierra Maestra, février 1958.]

Sierra Maestra, 19 février 1958

Monsieur le Commandant
Dr Fidel Castro
Camarade :

Étant donné l'urgence de la situation, et pressés par les circonstances, les officiers, comme tout le personnel responsable qui milite à nos côtés, voudraient vous faire part de l'admiration de la troupe en ce qui concerne votre comportement sur le champ de bataille.

Nous vous prions cependant de modérer la bravoure dont vous avez toujours fait preuve, qui met inconsciemment en danger le succès de notre lutte armée, et de penser avant tout à mener la révolution à la victoire.

Sachez, camarade, que tout cela est loin d'être une mobilisation sectaire, qui prétendrait se répandre en démonstrations de force. Sans vouloir, d'aucune façon, porter atteinte à l'affection ou à l'estime que vous méritez, l'amour pour la patrie et pour nos idées est la seule cause qui nous anime.

Vous devez comprendre, sans égotisme d'aucune sorte, les responsabilités qui reposent sur vos épaules, et les espoirs et illusions que vous incarnez pour les générations d'hier, d'aujourd'hui et de demain. Conscient de tout cela, vous n'avez d'autre choix que d'exaucer notre requête, quelque peu surprenante et exigeante, sans doute. Mais nous vous demandons, pour Cuba, de faire un nouveau sacrifice.

Vos frères d'idées et de lutte,

Commandant / Che
Commandant adjoint / J. Almeida
Celia Sánchez/ [signature illisible]
R. Castro R. / R. Castro Ruz
Ciro Frías / Ciro Frías C.

Dr. Mtnez. Páez / J. Martínez Páez
Dr. S. Valle / S. Valle
Dr. Machado / [signature illisible]
Luis Crespo / Luis Crespo
Félix Pena / F. Pena
Paco Cabrera / Paco Cabrera
Guillermo García / Guillermo García
I. Pérez / Ignacio Pérez
M. Fajardo / M. Fajardo
Vitalio Acuña / Vitalio Acuña
Ramiro Valdés
Ochoa / [signature illisible]
E. Sardiñas / Eduardo Sardiñas
Camilo Cienfuegos / Camilo Cienfuegos
Raúl Castro M.
Efigenio A. / Efigenio Ameijeira
Luis Orl. Rodríguez
Marín
Universo Sánchez / [signature illisible]
José Quiala / J. Quiala
Idelfredo Figueredo Río
Marcos Borrero
Horacio Rodríguez
Calixto García M.
R. Jiménez Lage
José [illisible] Sotomayor
Ernesto Casillas
Fernando Virelles Íñiguez
Abelardo Colomé Ibarra
Humberto Rodríguez Díaz
J. Diz
Hermes Cardero
Olvein Botello
F. Villegas
Armando Velis

[*Verde Olivo*, 19 février 1964.]

Interlude

Durant les mois d'avril et de juin 1958, on observa deux crêtes de la vague insurrectionnelle.

À partir de février, à la suite du second combat de Pino del Agua, ce mouvement s'amplifia jusqu'à menacer de se transformer en avalanche irrémédiable. Dans tout le pays, le peuple se rebellait contre la dictature, et particulièrement dans la province d'Oriente. À la suite de l'échec de la grève générale décrétée par le Mouvement [grève du 9 avril], la vague décrut pour redescendre à son niveau le plus bas en juin, tandis que les troupes de la dictature resserraient de plus en plus l'étau sur notre colonne 1 [celle de Fidel Castro].

Dès les premiers jours d'avril, Camilo sortit de l'abri de la Sierra vers la zone du Cauto, où il serait promu commandant de la colonne 2, colonne «Antonio Maceo», et réalisa une série de prouesses impressionnantes dans les plaines d'Oriente. Camilo fut le premier commandant de notre armée qui quitta la montagne pour combattre dans la plaine avec l'enthousiasme et l'efficacité de la guérilla de la Sierra, donnant du fil à retordre à la dictature, y compris après l'échec du 9 avril, période où il reprit le chemin du maquis.

Profitant du formidable élan de la révolution, dans ces jours victorieux, quantité de fronts firent leur apparition, tenus par des hommes qui brûlaient d'envie d'en découdre avec les forces de Batista et par d'autres dont la seule préoccupation était de garder un uniforme impeccable pour faire une entrée remarquée dans La Havane, au moment de la victoire. Après le 9 avril, lorsque la contre-offensive de la dictature s'intensifia, ces groupes disparurent ou s'intégrèrent aux combattants de la Sierra.

Le moral des troupes tomba si bas que l'armée considéra opportun de faire preuve de clémence et prépara des tracts que des avions lançaient sur les zones où se trouvaient les insurgés. Le tract disait ceci :

> Compatriote,
>
> Si tu as été impliqué dans des complots insurrectionnels et que tu te trouves encore dans la montagne ou la vallée, il te reste une chance de renoncer et de retrouver ton foyer.
>
> Le gouvernement a décidé d'épargner ta vie et de te renvoyer chez toi si tu rends les armes et te soumets à la loi.
>
> Présente-toi devant le gouverneur de la province, devant le maire de ta ville, devant ton député, au poste militaire, naval ou policier le plus proche ou à une quelconque autorité ecclésiastique.
>
> Si tu te trouves en pleine nature, porte ton arme à l'épaule et rends-toi les mains en l'air.
>
> Si tu te rends dans une zone urbanisée, laisse ton arme cachée dans un lieu sûr, et signale sa présence pour qu'on vienne la recueillir aussitôt.
>
> Fais-le sans perdre de temps, car les opérations de pacification totale vont s'amplifier dans la zone où tu te trouves.

Ensuite, ils publiaient des photos d'hommes qui s'étaient rendus ; certaines étaient vraies, d'autres truquées. Une seule chose était bien réelle : la vague contre-révolutionnaire prenait de l'ampleur. À la fin, elle se briserait sur les montagnes de la Sierra, mais fin avril, début mai, elle était en plein essor.

Notre mission, lors de cette première phase, consistait à défendre le front qu'occupait la quatrième colonne et qui s'étendait jusqu'aux alentours du village de Minas de Bueycito. Sánchez Mosquera était cantonné à cet endroit et notre offensive prit la forme d'une succession de rencontres fugaces sans prendre le risque, d'un côté comme de l'autre, d'un combat décisif. De nuit, nous leur balancions nos M-26, mais ils s'étaient déjà rendu compte du faible pouvoir mortifère de cette arme artisanale et se contentaient de s'abriter derrière un grand filet de fils de fer tressés, sur lequel nos charges de TNT venaient s'écraser ; elles explosaient dans leur gaine en fer-blanc de boîtes de lait concentré et ne causaient pour tout dégât qu'un bruit assourdissant.

Nous finîmes par installer notre campement à environ deux kilomètres de Las Minas, à un endroit appelé La Otilia, chez un grand propriétaire de la région. De là, nous surveillions les mouvements de Sánchez Mosquera, et chaque jour d'étranges escarmouches nous opposaient. Les soldats sortaient à l'aube, brûlaient les huttes des paysans qu'ils dépouillaient de tous leurs biens, et se retiraient avant que nous n'intervenions. Parfois aussi, il leur arrivait de s'attaquer à nos équipes de tireurs disséminées dans le secteur, pour les mettre en fuite. Tout paysan suspecté d'être en relation avec nous était assassiné sans autre forme de procès.

Je n'ai jamais pu vérifier pour quelle raison Sánchez Mosquera nous avait permis de nous installer tranquillement dans une maison, au centre d'une zone relativement plate et dépourvue de végétation, sans faire appel à l'aviation ennemie pour qu'elle nous crible d'une pluie de projectiles mortels. Nous supposions qu'il ne voyait pas d'intérêt à se lancer dans une bataille et qu'il ne voulait pas que l'aviation constate à quel point les troupes rebelles étaient proches de son camp ; il lui eût fallu alors justifier le fait de ne pas attaquer. Cela ne l'empêchait pas, comme je l'ai dit, de nous affronter régulièrement au cours de brèves escarmouches.

Je sortis un jour avec un adjudant, pour rendre visite à Fidel, situé à ce moment-là dans le Jíbao. La route était longue, elle nous prit pratiquement toute la journée. Après être restés un jour en sa compagnie, nous devions repartir le lendemain pour regagner notre base de La Otilia. Pour une raison dont je ne me souviens pas, mon adjudant dut rester sur place, et il me fallut accepter un autre guide. Une partie du chemin devait se faire sur une route de circulation automobile ; puis on longeait des exploitations agricoles aux riches pâturages. Durant cette dernière étape, déjà presque arrivés, se présenta à nos yeux un spectacle incroyable ; à la lueur de la pleine lune, qui illuminait clairement les contours, dans un de ces enclos au toit de tôle ondulée, nous découvrîmes, sous quelques feuilles de palmiers disséminées, une rangée de mulets morts, certains encore harnachés.

Lorsque, descendant de nos propres montures, nous avons mis pied à terre pour examiner le premier mulet et avons vu les orifices causés par les balles, mon guide fit une moue qui me rappela celle des *cow-boys* de *westerns*. Le héros du film qui arrive avec son ami cavalier et voit, scène habituelle, un cheval transpercé d'une flèche, prononce quelque chose comme « Les Sioux ! » et prend un air de circonstance. C'était exactement cette mine dépitée qu'arborait notre guide ; peut-être se disait-il la même chose de moi, mais à ce moment-là, j'étais peu préoccupé par ma propre personne. Quelques mètres plus loin, un deuxième mulet gisait, puis un troisième, un quatrième et enfin un cinquième ; tous morts. Il s'agissait d'un de nos convois de ravitaillement, surpris par les troupes de Sánchez Mosquera. Il me semble qu'un civil avait également fait les frais de cet accès de cruauté. Le guide refusa de me suivre, prétextant ne plus connaître le terrain et reprit sa monture. Nous prîmes congé l'un de l'autre amicalement.

J'étais armé d'un pistolet Beretta et, tenant mon cheval par la bride, je m'enfonçai dans les premières plantations de café. Quand j'arrivai près d'une maison abandonnée, un bruit assourdissant me fit sursauter au point que je faillis me servir de mon revolver ; mais ce n'était qu'un cochon, aussi surpris que moi de se trouver là, en présence d'un inconnu. Avançant avec moult précautions, je franchis les quelques centaines de mètres qui me séparaient de notre camp, que je trouvai complètement déserté. Après avoir exploré tous les recoins, je finis par apercevoir un camarade oublié là, endormi dans la maison.

Toujours à la tête de la troupe, Universo avait ordonné l'évacuation de la maison en prévision d'une attaque nocturne ou au point du jour. Réconforté par l'idée que nos troupes étaient disséminées sur le terrain à monter la garde, je décidai d'imiter mon camarade et de me reposer un peu. Mes souvenirs de cette scène se résument à la satisfaction que je ressentis d'avoir vaincu ma peur durant ce trajet qui me sembla éternel, pour regagner enfin, et tout seul, mon poste de commande. Cette nuit-là, en m'endormant, j'éprouvai un peu le sentiment, je dois dire, d'avoir été courageux.

Ce fut dans un petit village ou un petit hameau du nom de Santa Rosa qu'eut lieu la confrontation la plus rude avec [le capitaine] Sánchez Mosquera. Comme toujours, au petit matin, on donna l'alerte que ce tueur sanguinaire était dans les parages, et nous nous rendîmes aussitôt sur les lieux. Je commençais à souffrir d'une légère crise d'asthme et eus donc le traitement privilégié d'aller sur un cheval bai avec lequel j'avais déjà fait copain-copain. La confrontation avait lieu dans des endroits bien précis et de façon fractionnée. Il me fallut abandonner ma monture. Nous prîmes position, moi et le groupe d'hommes qui m'accompagnait, sur un petit coteau, en nous répartissant sur des hauteurs différentes. L'ennemi effectua deux ou trois tirs de mortiers préliminaires, sans grande précision. À un moment, les coups de feu redoublèrent sur ma droite et je me risquai à aller espionner leurs positions ; mais, à mi-chemin, je m'aperçus que notre flanc gauche essuyait également un tir nourri. J'envoyai mon adjudant repérer je ne sais plus quoi et restai seul entre les deux trajectoires de tirs. À ma gauche, les forces de Sánchez Mosquera se mirent à escalader le coteau en poussant des cris terrorisants. Dépourvus d'expérience de ce genre d'assaut, nos hommes ne parvinrent qu'à émettre quelques tirs isolés et dévalèrent la colline à toutes jambes. Me retrouvant seul, sur une butte pelée, je vis poindre les casques des soldats. L'un d'eux se lança à la poursuite de nos combattants, qui tentèrent de le semer en s'enfonçant dans les plantations de café. Je lui tirai dessus avec mon Beretta, sans succès, et aussi sec, les soldats me localisèrent, faisant de moi leur cible. Je pris mes jambes à mon cou et, sous les huées des militaires, je m'enfuis en zigzaguant avec, sur le dos, une énorme cartouchière en cuir qui contenait un millier de balles. En arrivant aux arbres qui couvriraient ma course effrénée, je perdis mon pistolet. Le seul geste dont je pus être fier ce matin-là fut de réussir à freiner, à revenir sur mes pas et à ramasser mon arme, puis de reprendre ma course, protégé, cette fois, par le nuage de poussière que les balles de fusils soulevaient autour de moi en ratant leur cible. Lorsque je me considérai à l'abri, ignorant tout de l'issue de l'offensive et ce qui était advenu de mes camarades, je m'arrêtai pour reprendre mon souffle, camouflé derrière un rocher, au milieu de la montagne. Mon asthme, magnanime, m'avait laissé courir quelques centaines de mètres, mais il reprenait le dessus et, prisonnier de ma cage thoracique, mon cœur battait à tout rompre. Des branches cassèrent, signalant que quelqu'un approchait. Impossible de fuir en courant (pourtant l'envie ne m'en manquait pas), mais c'était un de nos camarades, ancien reclus récemment enrôlé, qui venait à ma rencontre. Cherchant à me consoler, il me dit quelque chose comme : « Ne vous inquiétez pas, commandant, je reste à vos côtés pour attendre la mort. » Moi, je n'avais nulle envie de mourir ; en revanche, j'ai bien été tenté de l'envoyer paître ; mais je ne me souviens pas l'avoir fait. Ce jour-là, je me suis senti lâche.

À la nuit tombée, nous fîmes le récapitulatif de tous les événements de la journée. Un de nos meilleurs compagnons, Mariño, avait été tué lors d'une escarmouche. Le reste était bien pauvre, comparé aux résultats de l'armée ennemie. Le cadavre d'un paysan, abattu d'une balle dans la bouche, et abandonné sur place, était tout ce qui restait du passage de l'ennemi. Le journaliste argentin Jorge Ricardo Masetti*[1], dont c'était la première visite dans la Sierra et avec lequel nous tissâmes par la suite les liens d'une profonde et sincère amitié, prit, à l'aide d'un appareil photo de poche, un cliché du paysan assassiné. Après ces combats, nous quittâmes La Otilia. Ramiro Valdés, promu commandant, me remplaçait déjà à la tête de la colonne 4. Accompagné d'un petit groupe de combattants, je partis m'occuper de l'école des nouvelles recrues, entraîner les hommes qui devaient ensuite traverser le pays de la province d'Oriente jusqu'à Las Villas. De plus, il fallait se préparer pour ce qui semblait dorénavant imminent : l'offensive de l'armée. Les jours suivants, nous étions fin avril, début mai 1958, furent consacrés à la préparation

1. Jorge Ricardo Masetti (1929-1964), Argentin, initiateur de la guérilla en Argentine, fut le premier journaliste latino-américain à interviewer, en mars 1958, des dirigeants de la Révolution cubaine, en l'occurrence Fidel Castro et Ernesto Guevara, en pleine Sierra Maestra. Il en a tiré un livre intitulé *Ceux qui luttent et ceux qui pleurent*. Lors de la victoire de la Révolution cubaine, il interviewe le Che par téléphone et celui-ci l'invite à venir à Cuba avec sa famille. Il arrive à La Havane le 9 janvier 1959. Cette même année, il fonde l'agence Prensa Latina pour rompre le monopole de l'information des agences nord-américaines. Cette agence compte alors des correspondants prestigieux, comme le futur prix Nobel de littérature, le Colombien Gabriel García Márquez. (NdT)

de nos positions de défense et à essayer de transporter dans les montagnes la plus grande quantité possible d'aliments et de médicaments pour pouvoir faire face à ce qui devenait inéluctable : un affrontement à grande échelle.

Parallèlement, nous tentions d'obtenir un tribut de la part des exploitants de canne à sucre et des éleveurs de bétail. Un grand propriétaire, Remigio Fernández, nous promit monts et merveilles ; et, lorsqu'il redescendit dans la vallée, il avait comme par hasard tout oublié.

Les exploitants de canne à sucre ne furent guère plus généreux. Plus tard, quand notre armée se renforça, nous prîmes notre revanche. Mais, pour le moment, il nous fallut faire face à l'offensive sans disposer du matériel indispensable à notre défense.

Peu de temps après, Camilo fut appelé à couvrir davantage notre modeste territoire, qui contenait tout de même d'inestimables richesses : un émetteur radio, des hôpitaux de campagne, des dépôts de munitions et, en plus, un aéroport situé entre les collines de La Plata, suffisant pour l'atterrissage d'un petit avion.

Fidel tenait ferme sur le principe que le nombre de soldats ennemis importait peu, ce qui comptait, c'était la quantité d'hommes dont nous aurions besoin pour rendre nos positions invulnérables ; c'était à cela qu'il fallait nous en tenir. Telle fut notre tactique ; toutes nos forces formèrent un bloc autour de l'état-major pour offrir un front compact à l'ennemi. Nous disposions d'à peine plus de deux cents fusils lorsque, le 25 mai 1958, l'armée adverse déclencha l'offensive prévue, tandis que Fidel était en plein meeting, discutant avec les paysans de leurs conditions de récolte du café, puisque l'armée de Batista empêchait les journaliers de monter travailler dans les plantations.

Trois cents personnes s'étaient réunies autour de lui, préoccupées par le problème de la récolte, et dans l'attente d'éventuelles solutions. Fidel avait proposé de créer un «fonds de la Sierra» pour rémunérer les ouvriers agricoles, faire porter les sacs et la corde pour les ensachements, créer des coopératives de travail et de consommation, et une commission de contrôle. Toutes ces mesures avaient été approuvées avec enthousiasme; mais, alors que Fidel s'apprêtait à conclure, la fusillade interrompit brusquement son discours. L'armée ennemie se battait avec les hommes du capitaine Angel Verdecia, et son aviation dardait les collines de ses charges meurtrières.

[*Verde Olivo*, 23 août 1964.]

Une réunion décisive

Durant toute la journée du 3 mai 1958 se tint, dans la Sierra Maestra, sur Los Altos de Mompié, une réunion restée quasi secrète jusqu'à aujourd'hui, mais qui eut un impact extraordinaire sur la suite de la stratégie révolutionnaire. Dès les premières heures du jour, jusqu'à deux heures du matin, les conséquences de l'échec du « 9 avril » et la raison de cette défaite y furent analysées ; des mesures furent prises pour la réorganisation du Mouvement et pour cicatriser les blessures ouvertes par la victoire de la dictature.

Bien que ne faisant pas partie de la direction nationale, je fus invité à y participer à la demande des camarades Faustino Pérez et René Ramos Latour « Daniel », que j'avais pourtant fort critiqués auparavant. Étaient présents, outre les personnes sus-citées, Fidel, Vilma Espín (« Débora » dans la clandestinité), Ñico Torres, Luis Buch, Celia Sánchez, Marcelo Fernández (dit « Zoilo » à cette époque), Haydée Santamaría, David Salvador ; et, à la mi-journée, Enzo Infante* (« Bruno ») se joignit à nous.

La réunion fut tendue ; il fallait juger les actes des camarades d'El Llano qui, jusqu'alors, dans la pratique, dirigeaient les affaires du Mouvement 26-Juillet. Lors de cette réunion furent prises des décisions sur lesquelles l'autorité morale de Fidel, son indéniable prestige, et la conviction de la plupart des révolutionnaires présents que des erreurs d'appréciation avaient été commises, primèrent. La direction d'El Llano avait sous-estimé les forces de l'ennemi et surévalué les siennes ; sans compter les méthodes employées pour les mettre en action. Mais le plus important restait le fait que l'on débattait des deux conceptions qui avaient rivalisé jusqu'alors dans la conduite de la guerre. La conception de la guérilla allait l'emporter, le prestige et l'autorité de Fidel en seraient renforcés, avec son accession aux titres de commandant en chef de toutes les armées, y compris celles de la milice – qui dépendaient encore de la direction d'El Llano –, et de secrétaire général du Mouvement.

Déterminer la participation de chacun dans les faits en cause donna lieu à des discussions enflammées, mais la plus violente fut sans doute celle durant laquelle les représentants ouvriers s'opposèrent à toute participation du Parti socialiste populaire dans l'organisation de la lutte. L'analyse de la grève démontra que sa préparation et son déclenchement étaient saturés de subjectivisme et de conceptions putschistes ; le formidable appareil dont semblait disposer le 26-Juillet, en matière d'organisation cellulaire, s'était complètement disloqué au moment de l'action. La politique aventurière des dirigeants ouvriers s'était heurtée de front à l'inexorable réalité. Mais ils n'étaient pas seuls responsables de cette défaite ; nous étions d'avis que les fautes maximales incombaient au délégué ouvrier David Salvador, le responsable de

La Havane, à Faustino Pérez et au chef des milices d'El Llano, René Ramos Latour.

Le premier, parce qu'il avait soutenu et mené à terme sa conception de grève sectaire qui obligeait les autres mouvements révolutionnaires à nous suivre. Faustino, pour son manque de discernement lorsqu'il pensa pouvoir prendre La Havane avec ses seules milices, sous-estimant la puissance de réaction du principal bastion de la capitale. Quant à Daniel, on lui reprochait la même erreur d'appréciation, mais au sujet des milices d'El Llano, organisées comme des troupes parallèles aux nôtres, sans entraînement, ni morale de combat, ou encore sans passer par le rigoureux processus de sélection de la guerre.

La scission entre la Sierra et El Llano était bien réelle. Certaines données objectives en étaient la cause, en raison de la grande maturité atteinte dans la guérilla par les représentants de la Sierra par rapport aux combattants d'El Llano ; mais un élément d'une extraordinaire importance entrait en jeu : ce que l'on pourrait appeler la déformation professionnelle. Les camarades d'El Llano devaient opérer dans leur environnement et, peu à peu, ils s'étaient habitués à voir les méthodes qui étaient adaptées à leurs conditions de lutte comme les seules et les meilleures possibles pour le Mouvement. De plus, en toute logique, et c'était humain, ils avaient tendance à considérer El Llano comme le théâtre d'une guerre bien plus importante que celle de la Sierra.

À la suite des échecs contre les armées de la dictature, un seul pouvoir dirigeant émanait : celui de la Sierra et, concrètement, un dirigeant unique, un commandant en chef : Fidel Castro. Au terme d'une discussion exhaustive et parfois violente, il fut décidé de relever Faustino Pérez de ses fonctions et de le remplacer par Ñico Torres. Ce dernier changement n'était pas révélateur d'une avancée quelconque dans la conception de la lutte, puisque, face au problème de l'unité de l'ensemble des forces ouvrières en vue de la prochaine grève révolutionnaire, qui devait être organisée depuis la Sierra, Ñico acceptait de travailler de façon disciplinée avec les « stalinistes », tout en indiquant que cela ne mènerait nulle part. Il se référait aux camarades du Parti socialiste populaire.

Nul ne viendrait remplacer « Daniel » [René Ramos Latour], pour le dernier changement, puisque Fidel devenait directement commandant en chef des milices d'El Llano. En outre, décision fut prise d'envoyer Haydée Santamaría comme agent spécial du Mouvement à Miami, s'occuper de l'obtention de fonds depuis l'étranger. Au niveau politique, la direction nationale était transférée à la Sierra Maestra, où Fidel occuperait les fonctions de secrétaire général ; un cabinet de cinq membres serait constitué, se répartissant les affaires financières, politiques et ouvrières. Je ne me souviens guère des noms retenus pour ces fonctions, mais tout ce qui se référait aux décisions concernant l'approvisionnement en armes, à l'envoi de celles-ci, et aux relations extérieures, partirait de ce cabinet sous la supervision du secrétaire général. Les trois camarades déchus devraient rejoindre la Sierra, où David Salvador occuperait une fonction de délégué ouvrier, et Faustino et « Daniel » deviendraient commandants. Ce dernier fut nommé à la tête d'une colonne qui joua un rôle prépondérant lors de la dernière offensive de l'armée qui devait avoir lieu ;

il mourut au front tandis qu'il attaquait un détachement militaire en retraite. Sa carrière révolutionnaire lui valut son inscription sur la liste très sélective de nos martyrs.

Faustino sollicita et obtint l'autorisation de revenir à La Havane, pour y régler toute une série d'affaires pour le Mouvement, remettre son titre de dirigeant, et reprendre ensuite la lutte dans la Sierra ; ce qu'il fit, et il termina la guerre dans la colonne 1 José-Martí, commandée par Fidel Castro. Même si l'histoire doit consigner les événements tels qu'ils se sont déroulés, il faut souligner la haute estime que nous avons toujours éprouvée à l'égard de celui qui, à un moment donné, fut notre adversaire à l'intérieur du Mouvement. Faustino fut toujours considéré comme un camarade d'une honnêteté irréprochable, et courageux à l'extrême. Les exemples de sa bravoure ne manquent pas : par exemple, lorsqu'il incendia l'un de nos avions, qui rapportait une cargaison d'armes de Miami pour la guérilla, découvert et endommagé par l'aviation ennemie. Sous les tirs des soldats de Batista, Faustino fit en sorte que l'engin ne tombe pas entre les mains de l'adversaire, enflammant l'essence qui s'échappait du réservoir perforé. Tout son parcours rend compte de sa qualité révolutionnaire.

Lors de cette réunion furent également conclus des accords d'importance mineure, et certaines zones d'ombre concernant nos relations réciproques furent éclaircies. On écouta un rapport de Marcel Fernández sur l'organisation du Mouvement d'El Llano, et on lui en commanda un autre, pour les chefs du Mouvement, détaillant les résultats et les accords obtenus à l'issue de la réunion de la direction nationale. Un compte rendu fut également présenté sur l'organisation de la résistance civique, sa constitution, sa méthode de travail, ses composants, l'amplification et le renforcement de ces facteurs. Le camarade Buch nous mit au fait de la situation du comité de l'exil, de la position fragile de Mario Llerena[1], et de ses divergences avec Manuel Urrutia. Il fut décidé de confirmer Urrutia comme candidat de notre Mouvement et de lui accorder une pension, jusqu'alors versée à Llerena, seul cadre professionnel du Mouvement en exil. De plus, si Llerena ne cessait de faire obstacle à cette candidature, il serait démis de sa charge de président du comité de l'exil. À l'extérieur, nous rencontrions une multitude de problèmes ; à New York, par exemple, les groupes de Barrón, Pérez Vidal et Pablo Díaz travaillaient chacun de leur côté et, parfois même, des heurts ou des différends les opposaient. Fidel décida de faire parvenir une lettre aux émigrés ou exilés, déclarant comme seul organisme officiel le comité de l'exil du Mouvement 26-Juillet. On étudia aussi toutes les possibilités offertes par le nouveau gouvernement du Venezuela, présidé par [l'amiral] Wolfgang Larrazábal [chef de la junte patriotique], qui avait alors promis de soutenir le Mouvement ; et qui, de fait, tint parole. Le seul reproche que nous pourrions adresser à Larrazábal est de nous avoir envoyé, en même temps qu'un avion de ravitaillement en armes, le « très méritant » Manuel Urrutia Lleó ; mais, en réalité, nous-mêmes étions à l'origine de ce choix si déplorable.

D'autres dispositions furent prises ; outre Haydée Santamaría qui devait partir pour Miami, Luis [M.] Buch

1. Mario Llerena, président du comité de l'exil du M-26, aspirait au poste de président du gouvernement provisoire de la République. (NdT)

[Rodríguez] devait se rendre à Caracas pour rencontrer Urrutia, muni d'instructions précises. Carlos Franqui avait l'ordre, quant à lui, de monter dans la Sierra pour prendre la direction de Radio Rebelde. Les contacts se feraient par radio à travers le Venezuela, moyennant un code mis au point par Luis Buch, qui fonctionna jusqu'à la fin de la guerre.

De par les décisions qui en émanèrent et le nombre de problèmes concrets du Mouvement qui y furent réglés, cette réunion fut considérée comme capitale. En premier lieu, la guerre serait désormais conduite sur les plans politique et militaire par Fidel, qui détenait donc la double fonction de commandant en chef de toutes les armées et de secrétaire général de l'organisation. La stratégie de la Sierra, celle de la lutte armée directe, serait suivie et étendue à toutes les régions, avec pour ambition le contrôle du pays. On en terminait ainsi avec les illusions naïves de prétendues « grèves générales révolutionnaires », alors que la situation n'avait pas encore suffisamment mûri pour qu'une explosion de ce type se produise, ni le travail préliminaire revêtu les caractéristiques d'une préparation adaptée à un événement d'une telle ampleur. De plus, la direction siégerait dans la Sierra, ce qui éliminait objectivement les problèmes pratiques qui auraient bridé l'autorité de Fidel dans ses prises de décision. En fait, toutes ces mesures ne faisaient que rendre compte d'une réalité, la prédominance politique de la guérilla de la Sierra, conséquence de sa position juste et de sa correcte interprétation des événements. Nos doutes avaient été avérés : toute nouvelle tentative de grève générale révolutionnaire, ébauchée sur le modèle de celle du 9 avril, mènerait de manière irréfutable au même échec des forces de notre Mouvement.

Des missions importantes restaient à réaliser. Avant tout, résister à l'offensive qui approchait ; en effet, l'armée ennemie était en train de former un anneau autour du noyau principal de la révolution, l'état-major de la colonne 1, dirigée par Fidel. Puis passer à l'action avec l'invasion des plaines, l'occupation des provinces centrales et, enfin, la destruction de tout l'appareil politico-militaire du régime. Achever ce programme allait nous prendre sept mois entiers.

À cette époque, le plus urgent restait de renforcer le front de la Sierra et d'assurer un petit bastion pour pouvoir continuer à s'adresser au pays tout entier et poursuivre le travail de divulgation des idées révolutionnaires à travers Cuba. Nous disposions aussi de réseaux de contacts avec l'extérieur qu'il fallait à tout prix maintenir. Quelques jours plus tôt, j'avais assisté à une conversation radiodiffusée entre Fidel et Justo Carrillo[1], qui représentait le groupe Montecristi, c'est-à-dire des aspirants dictateurs, au sein duquel militaient des représentants de l'impérialisme, comme Carrillo lui-même ou le colonel [Ramón] Barquín [López]. Justo était venu chargé de propositions alléchantes et demandait, en contrepartie, que Fidel fasse une déclaration pour soutenir les militaires « purs ». Ce dernier lui répondit

1. Justo Carrillo (1912-1998) organisa le groupe Action de libération en juillet 1952. Il fut ministre de Prío Socarrás et dirigeant du groupe anti-Batista Montecristi. Carrillo avait envoyé des fonds au Mouvement 26-Juillet, mais avait refusé l'offre de Fidel Castro de former une alliance à l'époque du pacte de la Sierra. (NdT)

que c'était impossible, que notre Mouvement aurait du mal à comprendre un appel de ce genre quand notre peuple était victime des soldats et qu'il était difficile de distinguer les bons des mauvais ; en résumé, cette requête était nulle et non avenue. Il me semble me souvenir qu'on s'entretint également avec [Mario] Llerena et [Manuel] Urrutia pour appeler à l'unité et ne pas laisser se désagréger le modeste groupe de personnalités diverses qui, depuis Caracas, s'efforçaient de capitaliser le mouvement dans leur propre intérêt, mais qui représentaient nos aspirations de reconnaissance à l'étranger et que nous devions donc ménager.

Aussitôt après la réunion, ses participants prirent congé chacun de leur côté ; je fus chargé d'inspecter toute une série de secteurs pour y installer d'éventuelles lignes défensives avec nos fragiles troupes, afin de résister à la poussée de l'ennemi, avant d'entamer une résistance nettement plus conséquente dans les zones montagneuses, de la sierra de Caracas, où se positionneraient les pelotons fragiles et mal armés de Crescencio Pérez, jusqu'à la région de La Botella ou de La Mesa, occupées toutes deux par les troupes de Ramiro Valdés.

Ce petit territoire devrait être défendu avec à peine plus de deux cents fusils en bon état lorsque, quelques jours plus tard, démarrerait l'offensive d'« encerclement et d'élimination » conduite par l'armée de Batista.

[*Verde Olivo*, 22 novembre 1964.]

L'offensive finale : la bataille de Santa Clara

La grève générale du 9 avril fut un échec retentissant qui ne mit pas, l'ombre d'un instant, la stabilité du régime en danger. Si encore il ne s'était agi que de cela ; mais, après cette tragique débâcle, le gouvernement s'autorisa à sortir un plus grand nombre de troupes pour occuper la province d'Oriente et propager sa rage destructrice dans la Sierra Maestra. Notre défense dut se retrancher davantage vers l'intérieur de la chaîne montagneuse ; et le gouvernement ne cessait d'augmenter la quantité de régiments placés face à nos positions, jusqu'à atteindre le nombre de dix mille hommes, avec lesquels il déclencha l'offensive du 25 mai 1958, dans le village de Las Mercedes qui constituait notre poste de défense avancée.

À cette occasion, nous nous sommes rendu compte du manque de puissance de combat de l'armée batistienne, comme d'ailleurs de notre propre faiblesse en matériel : deux cents fusils fiables contre dix mille armes de tout type. Bref, une puissance de un contre dix qui, de plus, devait se mesurer à des tirs de mortier, à des tanks et à une force aérienne ; notre petit groupe dut se résoudre à abandonner le village. Il était dirigé par le capitaine Angel Verdecia, mort courageusement au combat un mois plus tard.

À cette époque, Fidel venait de recevoir une lettre du traître Eulogio Cantillo qui, en tant que chef des opérations de l'ennemi, et fidèle à ses tours de saltimbanque en matière politique, écrivait au dirigeant rebelle que l'offensive aurait bien lieu, mais que «*El Hombre*» (Fidel) devrait patienter pour attendre le résultat final[1]. L'offensive, effectivement, suivit son cours et, au terme de deux mois et demi de sévères affrontements, entre les morts, les blessés, les prisonniers et les déserteurs, l'ennemi avait perdu plus de mille hommes. Il nous abandonna six cents armes, parmi lesquelles un tank, douze mortiers, douze mitrailleuses sur tripode, vingt et quelques fusils et des armes automatiques à profusion, sans compter une quantité de munitions considérable, du matériel de toute sorte, puis enfin quatre cent cinquante prisonniers qui, à la fin de la campagne, furent remis à la Croix-Rouge.

De cette dernière offensive, l'armée de Batista sortit la colonne vertébrale brisée, mais elle n'était pas encore vaincue. La lutte devait continuer. On élabora une stratégie finale, avec une attaque sur trois points : Santiago de Cuba, soumise à un encerclement élastique ; Las Villas, sur laquelle j'étais chargé de marcher ; et Pinar del Río, à l'extrémité opposée de l'île, où devait se diriger Camilo Cienfuegos, devenu plus tard commandant

1. Le général Cantillo aurait en fait dit : «Les soldats ne se rendent pas sans combattre, pas plus qu'ils ne livrent leurs armes sans honneur». (*cf.* Ignacio Ramonet, *Fidel Castro. Biographie à deux voix*, Fayard/Galilée, 2007). (NdT)

de la colonne 2 dite «Antonio Maceo[1]», pour rappeler l'invasion historique du grand *caudillo* de 1895 et sa traversée épique de bout en bout du territoire, pour aboutir à Mantua. Camilo Cienfuegos ne put accomplir la seconde partie de son programme, les impératifs de la guerre le contraignant à s'arrêter à Las Villas.

Une fois liquidés les régiments qui avaient assailli la Sierra Maestra, le front redescendit à son niveau habituel, et le moral et les effectifs de nos troupes s'en trouvèrent revigorés. On décida alors de marcher sur Las Villas, province centrale de l'île. Les consignes militaires qu'on m'avait données indiquaient, comme principale opération stratégique, de couper systématiquement les communications entre les deux pointes est et ouest de l'île. J'avais l'ordre, en outre, d'établir des contacts avec tous les groupes politiques qui se trouveraient dans les massifs montagneux de la région, et l'on m'accordait également de vastes pouvoirs pour gouverner militairement la région placée sous mes ordres. Forts de ces instructions, et pensant arriver en quatre jours, nous nous apprêtions, dans la nuit du 30 au 31 août 1958, à prendre la route à bord de camions. Les moteurs tournaient déjà quand un événement imprévu vint contrecarrer nos plans : une camionnette apparut, chargée d'uniformes et de bidons d'essence, nécessaire à nos

1. Antonio Maceo Y Grajales (1845-1896) fut un combattant et un héros de la lutte pour l'indépendance de Cuba. Surnommé le «Titan de bronze», il participa à plus de neuf cents combats durant la guerre de Dix Ans (1868-1878) et la Guerre nécessaire (1895-1898). Protagoniste de la «protestation de Baragua» (15 mars 1878), il est le symbole de la fermeté et du courage face au pouvoir colonial. Il mourut au combat, près de La Havane, le 7 décembre 1896. (NdT)

véhicules, et l'on nous annonça la livraison simultanée d'une cargaison d'armes par voie aérienne, dans un aéroport proche de notre route. Malgré la nuit, l'avion fut localisé au moment d'atterrir, et l'aéroport devint la cible de bombardements ennemis dès huit heures du soir jusqu'à cinq heures le lendemain matin, heure à laquelle nous mîmes le feu à l'aéronef pour éviter que l'ennemi ne s'en empare, ou continue à bombarder au lever du jour, et n'aggrave notre situation. Les troupes ennemies avancèrent sur l'aéroport, interceptèrent notre camionnette au réservoir plein d'essence, nous laissant sans véhicule. Ainsi débuta notre marche forcée du 31 août, sans cheval ni camion ; mais nous gardions l'espoir de retrouver l'un ou l'autre sur la route entre Manzanillo et Bayamo. On trouva effectivement des camions, mais aussi – nous étions le 1er septembre – un violent cyclone, qui rendit toutes les voies de communication impraticables, excepté la route principale, seule route asphaltée de cette région de Cuba ; ce qui nous obligea à abandonner une fois pour toutes le transport en camion. À partir de ce moment-là, il fallut utiliser le cheval ou se résoudre à aller à pied. Nous étions chargés de munitions, d'un bazooka et de ses quarante projectiles, ainsi que de tout le matériel indispensable pour un long voyage et pour dresser rapidement des campements.

Nous avions beau être en territoire connu, dans la province d'Oriente, notre expédition virait de jour en jour au cauchemar. Il fallut traverser des rivières en crue, des canaux et des ruisseaux transformés en fougueux torrents ; se battre pour éviter que les munitions, les armes et les obus se mouillent, trouver des chevaux et les abandonner, épuisés, derrière nous ; fuir les zones habitées à mesure que nous nous éloignions de l'est de l'île.

Nous traversions des terres inondées, affrontions les attaques répétées d'essaims de moustiques qui rendaient toute halte invivable ; nous mangions peu et mal, buvions l'eau de rivières boueuses, ou directement à même les marais. Nos journées nous semblaient interminables ; un calvaire sans fin. Déjà, dès la première semaine, après la traversée de la rivière Jobabao, à la frontière des provinces de Camagüey et d'Oriente, nos troupes se trouvaient très affaiblies. Ce fleuve, comme les précédents et ceux que nous allions franchir, était gonflé par la crue. La pénurie de chaussures se faisait également sentir ; nombre d'hommes allaient nu-pieds, dans les eaux fangeuses des marais du sud de Camaguëy.

La nuit du 9 septembre 1958, en pénétrant dans le lieu-dit La Federal, notre avant-garde tomba dans une embuscade. Deux valeureux camarades furent tués ; mais, pis que tout, nous avions été repérés par les forces ennemies qui, jusqu'au bout, n'eurent de cesse de nous harceler. Après un bref combat, une petite garnison batistienne fut considérablement réduite, et nous fîmes quatre prisonniers. Nous devions désormais avancer avec la plus grande prudence, l'aviation ennemie connaissant approximativement notre route. Nous arrivâmes ainsi, un ou deux jours plus tard, à un endroit appelé Laguna Grande [« Grande Lagune »], qu'occupait la colonne de Camilo, bien mieux équipée que la nôtre. Cette lagune est encore, dans mes souvenirs, synonyme d'un véritable enfer ; les myriades d'insectes volants qui la peuplaient rendaient tout repos impossible sans moustiquaire, et tout le monde n'avait pas la chance d'en posséder une.

À travers des paysages désolés, où l'eau et la boue s'étendaient à perte de vue, ces jours de marche étaient cauchemardesques. Nous mourions de soif et c'est à peine si nous pouvions avancer, tant nos jambes pesaient comme du plomb, et nos corps se voûtaient sous le poids des armes. Nous poursuivîmes notre route sur les meilleurs chevaux que Camilo nous avait laissés – il avait continué sa route en camion –, mais il nous fallut les abandonner aux abords de Macareño. Les guides qu'on attendait ne vinrent pas, et nous dûmes nous lancer, seuls, à l'aventure. Notre avant-garde tomba sur un poste ennemi au lieu-dit Cuatro Compañeros [« Quatre Compagnons »], et une bataille éprouvante s'ensuivit. C'était l'aube, nous avons réussi à rassembler, avec difficulté, une grande partie de nos hommes sur le plus gros massif rocheux des environs. Mais l'armée remontait sur nos flancs et nous avons dû livrer une âpre bataille pour faire passer nos quelques retardataires par une voie ferrée, en direction de la montagne. L'aviation nous localisa, et les B-26, les C-47 et les grands C-3 d'observation commencèrent à nous bombarder sur une zone inférieure à deux cents mètres de côté. Forcés de nous replier, nous dûmes abandonner le corps d'un de nos camarades tué par une bombe, et emmener nos blessés, parmi lesquels se trouvait le capitaine Silva, qui fit tout le reste de la campagne d'invasion avec une épaule fracturée.

Le lendemain, les perspectives s'annonçaient un peu plus réjouissantes ; les retardataires nous avaient rejoints et toute la troupe était réunie, à l'exception de dix hommes incorporés à la colonne de Camilo pour regagner le flanc nord de la province de Las Villas, à Yaguajay.

En dépit des difficultés, jamais le concours des paysans ne nous fit défaut. Nous trouvions toujours quelqu'un pour nous servir de guide ou pour nous procurer ce qui nous était indispensable pour continuer. Naturellement, nous n'avions pas l'appui unanime de l'entière population d'Oriente ; mais il y avait toujours une bonne âme prête à nous aider. Il nous est arrivé, à peine avions-nous croisé une ferme, d'être trahis ; ce n'était pas forcément dû à une volonté de nous nuire de la part du paysan, mais aux conditions de vie de ces gens, lesquelles les rendaient esclaves de leurs maîtres. Effrayés à l'idée de perdre leur pitance quotidienne, ils se sentaient obligés de les informer de notre passage dans la région ; et le grand propriétaire, ravi, se hâtait de porter gracieusement cette nouvelle aux autorités militaires.

Un soir, nous entendîmes sur notre petit poste de radio une dépêche du général Francisco Tabernilla Dolz, imbu de suffisance et de forfanterie, annonçant la destruction des « hordes menées par Che Guevara » et donnant la liste impressionnante des morts et des blessés de toutes sortes. Cette liste avait été élaborée à partir du butin récolté dans nos sacs à dos, à l'issue de la rencontre désastreuse quelques jours plus tôt ; le tout mêlé à des données erronées, fournies par l'état-major de l'armée. Sur le coup, la nouvelle de notre fausse mort provoqua, au sein de la troupe, une réaction de joie. Cependant, le pessimisme commençait à l'emporter ; la soif, la fatigue et la sensation d'impuissance face aux forces ennemies qui resserraient leur étau sur nous et, surtout, la terrible maladie qui affectait nos pieds, connue par les paysans sous le nom de *mazamorra*[1] – qui transformait chacun de nos pas en un indescriptible martyre – avaient fait de nos troupes une armée d'ombres. Il était difficile d'avancer, extrêmement difficile. Au fil du temps, la condition physique de nos hommes empirait. Nous avions droit à un repas un jour sur deux, parfois tous les trois jours seulement, ce qui était très loin de suffire, de toute façon, à réduire l'état de total délabrement dans lequel nous nous trouvions. Encerclés dans la région de Baraguá, acculés dans des marais pestilentiels, nous passâmes les jours les plus éprouvants de cette campagne, sans une goutte d'eau potable et attaqués sans relâche par les moustiques et l'aviation. Le plus dur était l'absence de chevaux qui nous auraient permis de transporter, dans ces marais si inhospitaliers, les plus faibles de nos combattants, avec leurs chaussures rongées par l'eau de mer fangeuse et les plantes qui irritaient nos pieds nus. Quand nous réussîmes enfin à franchir le barrage ennemi et à atteindre la fameuse *Trocha*[2] qui relie Júcaro à Morón – lieu d'évocation historique pour avoir été le théâtre de luttes sanglantes entre patriotes et Espagnols durant la guerre d'indépendance –, notre situation était réellement proche du désastre. Nous n'avions pas eu le temps de recouvrer un minimum de nos forces qu'une nouvelle averse, fruit de l'inclémence du climat, ajoutée aux attaques de l'en-

1. Teigne des pieds. (NdT)
2. La *Trocha*, conçue par le général espagnol Blas Villate de la Hera, était un système de fortifications qui coupait l'île de Cuba en deux parties à la hauteur de Ciégo de Avila, au centre de l'île. Elle avait plusieurs dizaines de kilomètres de long, depuis Morón, au nord, jusqu'à Júcaro, un petit port du sud. (NdT)

nemi ou aux alertes constantes, nous poussa à reprendre la route. La forme physique, comme le moral de la troupe, se dégradait de jour en jour. Pourtant, alors que la situation devenait critique, et qu'il ne restait plus que les insultes, les prières ou la colère pour faire avancer des hommes au bout du rouleau, une vision lointaine parvint à illuminer leurs visages et à redonner du souffle à la guérilla. Cette vision avait la forme d'une couleur bleue qui s'étirait vers la province d'Occidente, la ligne bleu horizon du massif montagneux de Las Villas, que nos combattants apercevaient pour la première fois.

À partir de cet instant, les mêmes privations nous parurent beaucoup plus douces, et tout donnait l'impression d'être plus facile. Nous réussîmes à contourner la dernière barrière de soldats, en traversant à la nage la rivière Júcaro qui sépare les provinces de Camagüey et de Las Villas ; un nouvel élan s'emparait de nous.

Deux jours plus tard, nous étions à l'abri, au cœur de la cordillère Trinidad-Sancti Spíritus, prêts à passer à la prochaine étape de la guerre. Nous nous accordâmes un repos de deux jours également, parce que, après ce court répit, il fallait immédiatement se remettre en route pour empêcher la tenue des élections du 3 novembre. Nous avions atteint la zone montagneuse de Las Villas le 16 octobre. Notre délai pour agir était donc réduit, et la tâche, considérable. Camilo remplissait son rôle dans le nord, semant la terreur parmi les hommes de la dictature.

Notre mission, alors qu'il s'agissait de notre première venue dans la Sierra del Escambray, était précisément définie : nous devions neutraliser l'appareil militaire de l'ennemi, surtout ses moyens de communication.

Comme objectif immédiat, il fallait empêcher la tenue des élections. Mais l'affaire se présentait mal, en raison d'abord du peu de temps dont nous disposions, puis de la mésentente entre certains révolutionnaires, qui se traduisait par des querelles intestines qui devaient nous coûter très cher, y compris en vies humaines.

Il nous fallait attaquer les populations voisines, pour retarder les préparatifs du vote. Une opération simultanée fut menée dans les villes de Cabaiguán, Fomento et Sancti Spíritus, dans les riches plaines du centre de l'île ; dans le même temps, la petite garnison de Güinia de Miranda – dans les montagnes – fut neutralisée, puis celle de Banao, avec des résultats incertains. Les jours précédant le 3 novembre, date des élections, donnèrent lieu, dans nos rangs, à un regain d'activité : nos colonnes se mobilisèrent de tous côtés, endiguant quasi totalement le flux des votants de ces régions vers les urnes. Dans le nord de la province, les troupes de Camilo Cienfuegos paralysèrent ce simulacre d'élections. Du transport des soldats de Batista au trafic de marchandises, tout fut bloqué.

Dans la province d'Oriente, il n'y eut pratiquement aucun vote ; celle de Camagüey afficha un pourcentage légèrement plus élevé ; en revanche, dans la zone occidentale, on nota un fort taux d'abstention populaire. Ce fut également le cas dans la province de Las Villas ; et cette abstention fut spontanée, puisque nous n'avions pas eu le temps d'organiser, de façon synchronisée, la résistance des masses et l'activité des guérillas.

Des batailles successives se déroulaient en Oriente, sur les premier et deuxième fronts, voire aussi sur le troisième – constitué par la colonne Antonio-Guiteras –

qui exerçait une pression soutenue sur Santiago de Cuba, la capitale de la province. Hormis les mairies, le gouvernement ne conservait plus aucune autorité sur la province.

Par ailleurs, la situation à Las Villas devenait très préoccupante, en raison de l'intensité des attaques sur les voies de communication. Dès notre arrivée, nous décidâmes de revoir le système de lutte urbaine dans son intégralité. Pour ce faire, les meilleurs miliciens des villes furent transférés au camp d'entraînement afin de recevoir les nouvelles instructions de sabotage à appliquer dans les zones suburbaines.

Durant les mois de novembre et décembre 1958, nous bloquâmes progressivement toutes les routes. Le capitaine Silva barra complètement celle allant de Trinidad à Sancti Spíritus, et la route centrale de l'île fut sérieusement endommagée lorsque le pont sur la rivière Tuinicú sauta, sans s'écrouler tout à fait. La voie ferrée fut coupée à divers endroits ; le circuit sud était bloqué par le deuxième front tandis que les troupes de Camilo Cienfuegos avaient interrompu le circuit nord. Cuba se trouvait donc divisée en deux. La zone en proie à la plus forte agitation, Oriente, ne recevait de l'aide des autorités que par voie aérienne ou maritime, et cette aide allait en s'amenuisant. Les symptômes de décomposition de la dictature devenaient palpables.

Dans la région d'El Escambray, un travail de fond en faveur de l'unité révolutionnaire se révélait impératif ; il existait en effet un groupe dirigé par le commandant Eloy Gutiérrez Menoyo (deuxième front national d'El Escambray), un autre du Directoire révolutionnaire[1] (avec, à sa tête, les commandants Faure Chomón et Rolando Cubela), un troisième, plus petit, de l'Organisation authentique (OA), un quatrième du Parti socialiste populaire (commandé par Félix Torres), et nous ; en tout cinq organisations différentes agissant sous des commandements bien distincts et dans une même province. Au terme de discussions laborieuses qu'il fallut tenir avec leurs chefs respectifs, nous parvînmes à une série d'accords entre les parties qui nous mit sur la voie de la formation d'un front plus ou moins commun.

À partir du 16 décembre, les destructions systématiques de ponts et de tout type de communication causaient de sévères nuisances à la dictature, compromettant ses capacités de défense des postes avancés, y compris ceux de la route principale. Au petit matin de ce même jour, le pont sur la rivière Falcón sauta, coupant pratiquement toute liaison entre La Havane et les villes situées à l'est de Santa Clara, capitale de la province de Las Villas ; parallèlement, nos forces assiégeaient et attaquaient une kyrielle de villages – comme Fomento, le plus méridional. Le chef de la place se défendit avec une relative efficacité pendant quelques jours ; mais, en dépit de l'attaque aérienne dont l'ennemi gratifia notre armée, les troupes démoralisées de la dictature ne tentèrent aucune percée terrestre pour soutenir leurs collègues. Comprenant que toute résistance était vaine, les militaires se rendirent, et plus de cent fusils vinrent compléter l'armement des forces de la liberté.

---

1. Le Directoire révolutionnaire était le bras armé de la Fédération des étudiants universitaires, fondé en 1955 par José Antonio Echeverría pour lutter contre la dictature de Batista. (NdT)

Sans donner le temps à l'ennemi de reprendre son souffle, nous décidâmes aussitôt de paralyser la route principale ; et le 21 décembre nous attaquions de concert les villes de Cabaiguán et de Guayos. Cette dernière se rendit au bout de quelques heures, et, deux jours plus tard, ce fut Cabaiguán qui tomba, avec ses quatre-vingt-dix soldats. (L'accord de reddition des casernes se concluait sur la base politique qui préconisait de laisser la garnison libre de ses mouvements, à la condition qu'elle quitte le territoire libéré. On laissait ainsi aux soldats ennemis la possibilité de nous remettre leurs armes et de sauver leur vie.) La dictature fit, encore une fois, preuve de son manque d'efficacité ; en effet, les assiégés de Cabaiguán ne reçurent l'aide d'aucun renfort d'infanterie.

Camilo Cienfuegos attaquait un ensemble de villages, situés dans la zone nord de Las Villas, réduisant l'adversaire ; il soutenait, parallèlement, le siège de Yaguajay, dernier bastion encore occupé par des troupes de la tyrannie, sous les ordres d'un capitaine d'origine chinoise, qui résista onze jours durant, empêchant la mobilisation des troupes révolutionnaires de la région, tandis que les nôtres continuaient par la route principale, en direction de Santa Clara, chef-lieu de la province.

Une fois Cabaiguán conquise, nous orientâmes nos efforts, en étroite collaboration avec les membres du Directoire révolutionnaire, sur le village de Placetas, qui se rendit au bout d'une journée seulement. Après la prise de Placetas, nous entreprîmes, dans la foulée, de libérer les villes de Remedios et Caibarién, cette dernière étant un port important de la côte nord. L'avenir s'annonçait sombre pour la dictature : tandis que les victoires dans la province d'Oriente se multipliaient, le deuxième front d'El Escambray venait à bout des petites garnisons, et Camilo Cienfuegos contrôlait le nord de Cuba.

Au moment de l'attaque, nos forces avaient considérablement accru leur stock de fusils et gagné quelques armes lourdes, malheureusement sans munitions. Nous possédions désormais un bazooka qui ne crachait que de l'air, et devions affronter une dizaine de tanks. Pour être en mesure de le faire, nous savions qu'il fallait atteindre les quartiers peuplés de la ville, où les tanks perdent beaucoup de leur efficacité.

Pendant que les troupes du Directoire révolutionnaire se chargeaient de prendre la caserne n° 31 de la garde rurale, nous nous appliquions à assiéger quasiment toutes les places fortes de Santa Clara ; néanmoins, forts de l'excellent équipement militaire dont nous disposions pour nos possibilités, le véritable objectif de notre lutte était d'attaquer le train blindé, à l'entrée de la route de Camajuaní, que l'armée ennemie défendait avec ténacité.

Le 29 décembre, nous engageâmes les hostilités. Dans un premier temps, l'université nous avait servi de centre d'opérations. Nous décidâmes de rapprocher l'état-major du centre de la ville. Nos hommes se battaient contre des troupes soutenues par des unités blindées et les mettaient en fuite, mais un grand nombre d'entre eux payèrent de leur vie ces actes de bravoure ; les morts et les blessés commencèrent à remplir les cimetières improvisés et les hôpitaux.

Je me souviens d'un épisode révélateur de l'esprit qui animait nos troupes en ces derniers jours de lutte. Je venais de réprimander un soldat endormi en plein combat. Il me répondit qu'on lui avait confisqué son arme pour avoir laissé échapper un coup de feu. Je lui répondis, d'un ton sec comme à mon habitude : «Va récupérer un autre fusil en première ligne... et sans arme, si tu en es capable.» Plus tard, alors que je tentais de porter quelque réconfort aux blessés à l'hôpital de Sangre, à Santa Clara, un moribond m'attrapa la main et me dit : «Vous vous souvenez de moi, commandant? Vous m'avez envoyé chercher une arme sur le front, à Remedios... et j'en ai rapporté une!» C'était le combattant du coup de feu parti tout seul. Il mourut quelques minutes plus tard, heureux sans doute de m'avoir prouvé son courage. Telle était notre Armée rebelle.

Ce 30 décembre 1958, les collines d'El Cápiro tenaient bon, résistant à nos assauts. Au même moment, nous nous emparions d'autres places armées de la ville et parvenions à couper les communications entre le centre de Santa Clara et le train blindé. Les occupants de ce dernier, se voyant encerclés au beau milieu des collines d'El Cápiro, tentèrent de forcer le passage, mais tombèrent, avec toute leur magnifique cargaison, sur le tronçon que nous avions détruit en prévision, faisant dérailler la locomotive et les premiers wagons. Une bataille – qui n'était pas sans rappeler quelque bon *western* – s'engagea entre les soldats voyageurs, confortablement protégés – quoique réduits à devoir lutter à distance – dans leur train blindé, d'où nous nous efforcions de les faire sortir à coups de cocktails Molotov, et un ennemi presque désarmé, dans le rôle des Indiens assaillant une caravane de pionniers en pleine conquête de l'Ouest. Sous les jets des bombes artisanales lancées par nos combattants depuis des wagons voisins ou des positions d'attaque toutes proches, le train se transforma rapidement – grâce aux plaques de blindage – en un véritable four pour les soldats coincés à l'intérieur. En quelques heures, l'équipage se rendit au complet, avec ses vingt-deux wagons, ses canons antiaériens, ses mitrailleuses du même type, et ses fabuleuses quantités de munitions (fabuleuses, comparées à notre piètre réserve, cela va sans dire).

La prise de la centrale électrique et de toute la partie nord-est de la ville sonna le glas de la résistance ennemie. Santa Clara était aux mains de la révolution. Ce fut en tant que commandant en chef des forces armées de Las Villas que je proclamai cette nouvelle, mais je me souviens encore de la douleur que j'éprouvai en annonçant, au peuple de Cuba, le décès du jeune capitaine Roberto Rodríguez, « El Vaquerito », qui avait l'esprit d'un adolescent et la taille d'un enfant, chef du « peloton suicide » qui, dans son combat pour la liberté, se joua mille et une fois de la mort. Le « peloton suicide » était un exemple de morale révolutionnaire, et seuls les volontaires triés sur le volet pouvaient en faire partie. Pourtant, toutes les fois qu'un homme mourait – c'est-à-dire à chaque combat –, les aspirants recalés se laissaient aller à de vraies scènes de désespoir, parfois jusqu'aux pleurs. C'était étrange de voir ces guerriers nobles et chevronnés fondre en larmes et soudain révéler leur jeunesse, parce qu'ils n'avaient pas l'honneur d'être envoyés en première ligne de combat, et donc à la mort.

Le commissariat de police capitula également, avec tous les tanks qui le défendaient ; puis, comme par un effet domino, ce fut au tour de la caserne numéro 31 de se rendre au commandant Cubela. Enfin la prison, le tribunal, le palais du gouvernement provincial, le Grand

Hôtel, d'où les franc-tireurs, retranchés au dixième étage, avaient continué de faire feu pratiquement jusqu'à la fin de la bataille, tombèrent tels des fruits mûrs.

Le 1er janvier 1959, seule la caserne Leoncio-Vidal, la plus grande forteresse du centre de l'île, n'avait pas encore renoncé au combat. Mais, déjà, des signes de faiblesse commençaient à apparaître. Ce matin-là, nos capitaines Núñez Jiménez* et Rodríguez de la Vega* furent mandatés sur place pour négocier la reddition de la caserne. Les nouvelles étaient contradictoires : devant l'effondrement de l'état-major des forces armées, Batista avait fui le jour même. Nos deux délégués avaient établi un contact radio avec [le général] Eulogio Cantillo, lui faisant connaître l'offre de reddition ; mais ce dernier considérait qu'il était trop tard pour un ultimatum, puisqu'il s'était déjà emparé de l'état-major de l'armée, suivant les instructions précises du « *comandante* » Fidel Castro ; c'était donc pour lui hors de question. Nous prîmes immédiatement contact avec Fidel pour lui annoncer les nouvelles, mais aussi pour lui faire part de notre opinion sur la réaction séditieuse de Cantillo, opinion qu'il partagea sans hésiter. (L'attitude de Cantillo permit, dans ces moments décisifs, à tous les grands responsables du gouvernement Batista de prendre la fuite ; son acte de dissidence fut d'autant plus regrettable que c'était un grand officier qui avait pris contact avec notre Mouvement de sa propre initiative, sans que nul ne l'y oblige. Nous pensions donc qu'il mettrait un point d'honneur à respecter ses engagements.)

L'enchaînement des faits suivants est connu de tous : le refus de Fidel Castro de composer avec Cantillo ;

l'ordre de marche sur La Havane ; la prise, par le colonel Barquín[1], de l'état-major de l'armée, juste après sa sortie de la prison de l'île des Pins ; la conquête de la caserne Columbia par Camilo Cienfuegos et de la forteresse de la Cabaña par notre colonne 8, puis, finalement, à peine quelques jours plus tard, l'investiture de Fidel Castro comme Premier ministre du gouvernement provisoire. Ces événements sont l'origine même de l'histoire politique actuelle de Cuba.

Nous, peuple cubain, nous trouvons aujourd'hui dans une position qui fait de nous plus que de simples éléments d'une nation ; nous représentons, en ce moment même, l'espérance de l'Amérique insoumise. Tous les yeux, qu'ils soient débordants de la haine des oppresseurs ou remplis de l'espoir des opprimés, sont braqués sur nous. De nos actions futures, de notre capacité à résoudre les problèmes multiples, dépend en grande partie le développement des mouvements populaires en Amérique ; et les yeux inquisiteurs de l'Empire, comme les yeux optimistes de nos frères d'Amérique, guettent chacun de nos pas.

Les pieds fermement ancrés sur terre, nous commençons à travailler et à produire nos premières œuvres révolutionnaires. Nous rencontrons aussi les premières difficultés. Mais quel est le problème fondamental de Cuba, sinon le même que le reste de l'Amérique, voire le même que l'immense Brésil, fort de ses millions de kilomètres carrés et de ses splendeurs naturelles, qui représente à lui seul tout un continent ? La monopro-

1. Le colonel Ramón Barquín López avait dirigé, en 1956, la « conspiration des Purs », composée de douze officiers préparant un coup d'État contre Batista. (NdT)

duction. Nous sommes, à Cuba, esclaves de la canne à sucre, cordon ombilical qui nous lie au grand marché du Nord. Nous devons diversifier notre production agricole, stimuler l'industrie et garantir que nos produits agricoles et minéraux, et, dans un proche avenir, notre production industrielle, s'orientent vers les marchés qui nous conviennent via notre propre ligne de transport.

La réforme agraire sera la première grande bataille du gouvernement. Elle devra être audacieuse, globale et cependant souple : elle abolira le latifundisme à Cuba, mais conservera les moyens de production cubains. Cette bataille de grande envergure absorbera les forces du peuple et du gouvernement au cours des prochaines années. La terre sera remise gracieusement aux paysans. Et ceux qui prouveront la posséder honorablement seront dédommagés par des titres de paiement à long terme ; les paysans recevront des aides techniques, les marchés pour les produits de la terre seront garantis, et la production se trouvera canalisée par les mesures qui accompagneront la grande réforme agraire et permettront aux industries émergentes d'être rapidement compétitives par rapport aux monstrueuses transnationales des pays où le capitalisme débridé a atteint son paroxysme. Parallèlement à la création d'un nouveau marché intérieur que provoquera la réforme agraire, et à la distribution de produits innovants qui satisferont un marché naissant, surgira la nécessité d'exporter une partie de cette production ; et l'outil adéquat pour la transporter à tel ou tel endroit du globe pourrait faire défaut. Une flotte marchande, prévue par la loi de développement maritime, palliera cette lacune. Ces armes d'un genre nouveau nous permettront à nous,

Cubains, d'entamer la lutte pour la libération totale de notre territoire. Nous savons tous que ce sera une entreprise difficile et de longue haleine ; et, conscients de la prodigieuse responsabilité historique du Mouvement 26-Juillet, de la révolution cubaine, et de la nation en général, nous ferons en sorte que notre modèle serve d'exemple à tous les peuples d'Amérique, et de ne pas les décevoir.

Nos amis du continent insoumis peuvent être assurés que, s'il le faut, nous lutterons jusqu'à la dernière conséquence économique de nos actes, voire jusqu'à la dernière goutte de notre sang rebelle, pour faire de cette terre une république souveraine, dotée de tous les atouts pour être une nation heureuse, démocratique, et fraternelle envers ses frères d'Amérique.

[Extrait final de « Une révolution qui commence »,
publié *in O Cruzeiro*, 1er et 16 juin 1959.]

Appendices

À Fidel Castro
(À propos de l'invasion)

Fidel, je t'écris du beau milieu de la plaine. Pas un avion ne nous survole, à peine quelques moustiques ; si je n'ai pas le temps de manger, c'est seulement dû à l'allure rapide à laquelle j'avance. Je te fais un court résumé des événements : nous nous sommes mis en route la nuit du 31 [août 1958] avec quatre chevaux, puisque nous ne pouvions plus utiliser les camions ; l'ennemi avait raflé les réserves d'essence que Magadan nous apportait et nous craignions une embuscade à Jibacoa. Mais nous n'avons rencontré aucun obstacle, les soldats avaient abandonné l'endroit. Une dizaine de kilomètres plus loin, nous nous sommes arrêtés pour dormir à l'abri d'un petit massif rocheux, sur le côté de la route. D'ailleurs, je recommande que l'on installe un peloton permanent à Jibacoa, qui permettrait le ravitaillement depuis cette zone, jusqu'alors assez surveillée. Le 1er septembre, nous avons pris la route dans trois camions qui se décomposaient à vue d'œil, pour atteindre Cayo Redondo, une fermette où nous avons passé le reste de la journée à nous abriter de l'ouragan qui approchait. Une quarantaine de soldats environ est passée non loin de là, mais ils se sont retirés sans combattre. Nous avons continué notre route tant bien que mal, avec nos camions en piteux état, aidés par quatre tracteurs, mais cela devenait de plus en plus compliqué ; si bien que le lendemain, 2 septembre, nous avons dû abandonner nos véhicules à moteur pour poursuivre à pied avec quelques chevaux. En arrivant de nuit sur les bords du fleuve Cauto, nous avons dû patienter jusqu'au lendemain matin. Une crue extraordinaire empêchait toute traversée. De jour, il nous a fallu huit pleines heures pour atteindre l'autre rive. Cette nuit, nous quittons la maison du colonel pour reprendre l'itinéraire que nous avions défini. Nous sommes désormais sans chevaux, mais notre progression est plus rapide et je pense arriver avec mes hommes à la zone d'opérations prévue sans trop de retard. On ne peut pas calculer avec exactitude le temps que nous mettrons, étant donné les multiples incidents qui peuvent surgir sur ces chemins démoniaques, mais j'essaierai de continuer de te tenir informé au fur et à mesure de notre progression, en faisant appel à des messagers fiables, et de te renseigner sur le comportement de nos hommes. Pour l'instant, je ne te recommande que deux de nos combattants : Pepín Magadan qui, malgré ses défauts, est d'une redoutable efficacité, à qui l'on peut confier la mission de nous procurer argent et marchandises ; et Concepción Rivero, qui semble être un homme sérieux.

C'est tout pour aujourd'hui, un grand salut au monde lointain dont on aperçoit d'ici à peine les contours qui se dessinent sur l'horizon.

8 septembre 1958, 1 h 50 a.m.

Je t'écris enfin de Camagüey, après d'épuisantes marches quotidiennes de quinze à vingt kilomètres par nuit, avec une moitié de la troupe à cheval, l'autre à pied, et sans perspective d'accélérer le rythme dans l'immédiat. Camilo n'est plus très loin, et je l'attendais ici, dans la rizière Bartles, mais il n'est pas venu. La plaine est un endroit idéal; il n'y a pas tellement de moustiques, pas le moindre casque militaire dans les parages, et les avions ont l'air de colombes inoffensives. Seul inconvénient : dans ce secteur de Venezuela, on capte Radio Rebelde avec difficulté.

Tout semble indiquer que les soldats veulent éviter l'affrontement, et nous autres n'y tenons guère plus. Je dois t'avouer que la pensée d'une retraite forcée avec cent cinquante nouvelles recrues dans ces territoires inconnus me donne froid dans le dos; en revanche, une guérilla armée de trente hommes pourrait faire des merveilles et soulever la région. En passant, j'ai jeté les bases d'un syndicat rizier à Leonero et évoqué la possibilité d'un impôt, mais on m'a ri au nez. Ce n'est pas que j'aie cédé devant le patronat, mais c'est vrai que la cotisation est excessive. Je leur ai dit que nous pourrions en discuter et ai laissé cette mission au prochain d'entre nous qui passera par là. Une forte personnalité avec une conscience sociale peut faire des merveilles dans cette région, et il y a suffisamment de montagnes pour se cacher. Je ne peux rien te dire au sujet de mes plans futurs, car je ne les connais pas moi-même; tout dépend des circonstances et des aléas, comme en ce moment où nous attendons des camions pour voir si nous pouvons nous passer des chevaux, parfaits à l'époque de Maceo quand il n'y avait pas d'avions, mais trop visibles du ciel aujourd'hui. S'il n'y avait pas les chevaux, nous pourrions avancer tranquillement de jour. De l'eau et de la boue, il y en a à foison, et je ne te raconte pas comme j'ai dû sermonner les hommes pour qu'ils conservent les obus en bon état. Nous avons dû traverser plusieurs torrents à la nage, en nous battant contre le courant, mais la troupe se montre à la hauteur, même si notre système de sanctions fonctionne à plein régime et si le groupe des punis sera bientôt le plus volumineux de la colonne. J'enverrai le prochain rapport par la route, si possible à partir de la ville de Camagüey. Pour finir, rien de plus que le salut fraternel réitéré à nos frères de la « Sierra » qui a désormais disparu de l'horizon.

13 septembre 1958, 9 h 50 p.m.

Après quelques incidents de parcours, je t'écris toujours depuis Camagüey, alors que nous sommes aujourd'hui sur le point de traverser la partie la plus dangereuse ou du moins l'une des plus dangereuses de l'expédition. Camilo a déjà fait le trajet il y a deux nuits, et a rencontré un certain nombre de difficultés techniques, mais, sur le plan militaire, tout s'est bien déroulé. Depuis le dernier rapport que je t'ai envoyé, certains événements désagréables ont eu lieu, notamment à cause d'une erreur des guides. Nous sommes tombés dans une embuscade dans la propriété de Remigio Fernández, à La Federal. Marcos Borrero, ancien capitaine, a péri lors de l'attaque. Nous avons maîtrisé les soldats, au nombre de huit, faisant trois morts et quatre prisonniers, que nous avons gardés avec nous en attendant l'occasion de pouvoir les relâcher. Le huitième s'est échappé et a donné l'alerte. Une soixantaine de soldats ont débarqué et, sur les conseils de Camilo qui était encore dans les parages, nous nous sommes repliés pratiquement sans combattre ; mais nous avons tout de même perdu un autre homme, Dalcio Gutiérrez, de la Sierra.

Herman* a été blessé à une jambe, légèrement, et Enriquito Acevedo* plus gravement, aux deux bras. Ce dernier, ainsi que le capitaine Angel Frías et le lieutenant Roberto Rodríguez, « El Vaquerito », s'est distingué par son courage. Par la suite, l'ennemi a de nouveau tenté une percée ; et, avec seulement quatre des nôtres en embuscade, nous avons réussi à intercepter un camion, leur infligeant au moins deux pertes. Nous nous sommes retirés à La Federal, transportant Enrique pour qu'il reçoive les premiers soins. Le lendemain, les B-26 de l'armée nous mitraillaient. Camilo a pu reprendre la route plus rapidement ; mais nous autres attendons l'arrivée d'un camion que j'ai envoyé chercher.

Il se passe par ici des choses très étranges, qui rendent opportune la venue immédiate d'un chef expérimenté et « intraitable » dans le secteur. Il ne doit pas disposer de plus de trente hommes armés, mais quels que soient ses besoins, il pourra tout trouver sur place. Il faudra se concentrer sur la zone de Naboas, car il y règne un climat propice à notre cause en raison de l'exploitation indigne des travailleurs à la raffinerie de sucre Francisco. Les forêts denses de Santa Beatriz jusqu'à Santa Cruz sont idéales pour cette quantité d'hommes. Ils devront prendre garde aux décisions de la direction à Camagüey qui fait des promesses de recrutement à tout le monde ; nous-mêmes sommes assaillis par des hordes de volontaires sans armes qui demandent à être incorporés à nos troupes. Je me suis renseigné sur l'affaire du fou, et, effectivement, ce type avait une psychose de guerre terrible.

Il y a encore une foule de problèmes dont j'aimerais t'entretenir, mais le temps me presse, je dois déjà partir. On dit qu'un grand nombre de soldats nous attendent sur la route, mais quand cette lettre te parviendra, d'autres sources t'auront déjà informé.

Le péché de la Révolution

Les révolutions, les transformations sociales radicales et accélérées qui se façonnent au fil des événements, ne sont jamais parfaites. Elles sont rarement, ou pour ainsi dire jamais, mûries et réfléchies de manière scientifique dans leurs détails ; élaborées au gré des passions, elles sont le fruit de l'improvisation des hommes, dans leur lutte pour les revendications sociales. Notre révolution ne fut guère parfaite non plus. Nous avons commis des erreurs, dont certaines nous ont coûté très cher. Nous avons aujourd'hui la preuve même de l'une de ces erreurs, qui n'a pas eu de répercussion, mais qui démontre combien le langage populaire a du bon sens quand il dit : « Le loup mourra en sa peau », ou : « Qui se ressemble s'assemble. »

Quand nos troupes meurtries, que seule la foi faisait avancer sur leurs pieds mutilés, ensanglantés et ulcérés par les affections provoquées par des champignons, arrivèrent dans les environs d'El Escambray, après quarante-cinq jours de marche, une missive insolite, signée de la main du commandant Carrera, les y attendait. Par cette lettre, il mettait en garde la colonne de l'armée révolutionnaire sous mon commandement de ne pas monter à El Escambray sans auparavant s'être expliquée sur sa destination exacte et les raisons de sa présence. Avant d'entamer notre ascension vers la Sierra, on nous intimait l'ordre de nous soumettre à cet interrogatoire. On exigeait de nous que nous fassions halte dans les plaines, au mépris des conditions dans lesquelles nous progressions, alors que l'ennemi menaçait en permanence de nous encercler et que nous ne pouvions compter que sur notre rapidité de mouvement pour y échapper ! Telle fut l'essence d'une longue et insolente lettre. Nous poursuivîmes notre avancée, surpris, peinés aussi car nous ne nous attendions pas à un tel accueil de ceux qui se prétendaient nos compagnons de lutte, mais décidés à résoudre tout problème conformément aux ordres exprès du commandant en chef Fidel Castro et à œuvrer afin d'obtenir l'unité de tous les combattants. Nous atteignîmes enfin El Escambray et nous dressâmes notre campement près du mont Del Obispo, que l'on aperçoit de la ville de Sancti Spíritus, avec sa croix plantée en son sommet. Nous nous mîmes immédiatement en quête d'une maison où l'on devait nous avoir livré l'un des biens les plus précieux du guérillero : des chaussures. Pas de chaussures ! Les forces du second front d'El Escambray les avaient emportées, sans se soucier du fait que c'était l'organisation du 26-Juillet qui se les était procurées. La colère commençait à gronder dans les rangs ; malgré tout, nous réussîmes à garder notre calme et à rencontrer un capitaine, dont nous apprîmes plus tard qu'il n'avait pas hésité à faire assassiner quatre combattants du peuple qui voulaient partir rejoindre les troupes révolutionnaires du 26-Juillet et abandonner le second front. Et, enfin, nous nous pliâmes à l'entretien obligatoire, inamical mais sans agressivité excessive, du commandant [Jesús] Carreras. Celui-ci avait déjà ingéré la moitié d'une bouteille d'alcool, ce qui représentait à peu près la moitié de sa ration quotidienne. Personnellement, je ne le trouvai pas aussi grossier et provocant que sa missive le laissait entendre quelques jours plus tôt, mais on savait tout de suite qu'on avait affaire à un ennemi.

Par la suite, nous fîmes la connaissance du commandant Peña, célèbre dans la région pour voler les vaches des paysans, qui nous interdit formellement d'attaquer Güinía de Miranda, car ce village appartenait à la zone sous son contrôle. Lorsque nous lui objectâmes que la zone en question appartenait à tous, qu'il fallait se battre et que nous possédions un plus grand nombre d'armes et de meilleure qualité, et surtout, davantage d'expérience, il nous répondit tout simplement que notre bazooka trouverait deux cents fusils en face de lui ; et que deux cents fusils faisaient le même trou qu'un bazooka. Point final. Güinía de Miranda était destinée à être prise par le second front et nous ne pouvions pas attaquer. Naturellement, nous n'avons fait aucun cas de cet avertissement ; mais nous savions dorénavant que nous avions en face de nous de dangereux « alliés ».

Après bon nombre de déprédations, trop longues à raconter, où notre patience fut, à maintes reprises, mise à rude épreuve, et où nous eûmes à supporter plus qu'il n'eût fallu, comme le fit remarquer justement Fidel, un « statu quo » fut instauré, selon lequel on nous permettait de mettre en place la réforme agraire dans toute la zone sous contrôle du second front, pourvu qu'on laisse celui-ci prélever des taxes. Encaisser des taxes, c'était leur principal mot d'ordre !

L'histoire est longue. Au terme de luttes sanglantes et incessantes, nous étions parvenus à occuper les principales villes du pays et pouvions compter sur des alliés sûrs au sein du Directoire révolutionnaire, dont les membres, moins nombreux mais aussi moins rompus que nous à l'art de la guérilla, firent tout ce qui était en leur pouvoir pour contribuer au succès commun. Le 1er janvier 1959, l'état-major révolutionnaire exigea que l'ensemble des troupes révolutionnaires se placent sous mes ordres à Santa Clara. Le second front national d'El Escambray, par la bouche de son chef Gutiérrez Menoyo, se mit immédiatement sous mon commandement. Tout se passait sans problème. Instruction leur fut alors donnée d'attendre notre retour, car nous avions à régler les affaires civiles de la première grande ville conquise.

À cette époque, il était difficile de tout contrôler, et quand nous nous sommes rendu compte à qui nous avions affaire, le second front avait déjà fait son entrée « héroïque » à La Havane, à la suite de Camilo Cienfuegos. Nous pensâmes alors qu'il s'agissait d'une manœuvre pour se mettre en valeur, pour prendre part à la victoire, ou dans le but de créer une sorte d'élan. Nous pensions les connaître, mais tous les jours, nous en apprenions davantage. Ils s'emparèrent effectivement des positions stratégiques les plus importantes, correspondant à leurs ambitions... Quelque temps plus tard, nous parvint la première facture de l'hôtel Capri [à La Havane], signée de la main de Fleitas : quinze mille dollars de repas et de boissons dilapidés pour le bon plaisir d'un gang de profiteurs.

Quand vint l'heure des promotions des officiers, pas moins d'une centaine de capitaines et presque autant de commandants aspiraient à être nommés à de hautes fonctions publiques, sans compter un noyau de personnalités de « premier choix », présentées par les inséparables Menoyo et Fleitas, qui convoitaient des postes de responsabilité au sein du gouvernement. Ces postes n'étaient pas particulièrement bien rémunérés, mais ils avaient tous une particularité : c'était précisément en détenant ces fonctions que l'on s'enrichissait dans le cadre de la précédente administration. Les inspecteurs des finances, les percepteurs des impôts, tous les bureaux où passait l'argent public, étaient l'objet de la convoitise de ces harpies cupides. Et c'était avec ces alliés de l'Armée rebelle, entre autres, que nous devions composer.

Dès les premiers jours, de sérieuses divergences nous opposèrent, allant parfois jusqu'à de violents échanges verbaux ; mais notre apparente sagesse révolutionnaire reprenait toujours le dessus et nous nous rangions à l'avis général, pour le bien de l'unité. Le principe de notre morale révolutionnaire était sauf. Nous bannissions le vol et n'accordions pas de poste-clé aux aspirants traîtres ; mais nous ne les éliminions pas, nous temporisions, tout cela dans l'intérêt d'une unité qui n'était pas comprise de tous. Ce fut le péché de notre révolution.

Ce même péché permit que l'on octroyât des salaires de princes à des Barquín, des Felipe Pazos et des Tété Casuso, et à tant d'autres trafiquants internes et externes que la révolution maintenait en place pour éviter le conflit, s'efforçant d'acheter leur silence moyennant un accord tacite entre un salaire pot-de-vin et un gouvernement qu'ils s'empresseraient de trahir à la première occasion. Mais l'ennemi dispose toujours de davantage d'argent et de moyens pour soudoyer les responsables véreux. Au bout du compte, qu'avions-nous d'autre à offrir à un Fleitas ou à un Menoyo qu'un poste de travail et de sacrifice ?

Ces individus vénaux qui cueillaient les lauriers d'une victoire qui ne leur appartenait pas, en trompant leurs alliés, sans cesse en quête de hautes fonctions où, pensaient-ils, l'argent coulerait à flots, faisant le «*forcing*» de tous les cabinets ministériels, méprisés mais tolérés à contrecœur par les révolutionnaires intègres ; ces individus étaient une insulte à notre conscience de révolutionnaires. Leur présence nous jetait constamment notre péché à la figure ; le péché d'indulgence face au détournement de l'esprit révolutionnaire, face au traître en puissance ou de fait, face au faible d'esprit, au lâche, au voleur, au charognard.

Notre conscience a depuis retrouvé sa probité, puisque tous ces traîtres, autant qu'ils étaient, ont pris des bateaux pour Miami. Mille mercis, charognards du second front. Mille mercis de nous avoir libérés de votre présence exécrable de commandants autonommés, de capitaines de pacotille, de héros qui ignorent la rigueur des combats, mais pas l'abri confortable des maisons de paysans. Mille mercis pour cette leçon, pour nous avoir donné la preuve que les consciences ne s'achètent pas avec l'offrande révolutionnaire, qui exige beaucoup et n'est réservée qu'à quelques-uns. Pour nous avoir appris que nous devions rester intraitables face à l'erreur, à la faiblesse, à la douleur, à la mauvaise foi, et qu'il était de notre devoir de nous lever pour dénoncer et sanctionner tout vice qui irait à l'encontre des hautes idées de la révolution.

Que l'exemple du second front, que l'exemple de notre cher et bon ami, l'ancien voleur Prío, nous ramène à la réalité. N'ayons pas peur d'appeler « voleur », le voleur, puisque nous-mêmes, en hommage à ce que nous qualifions de « tactique révolutionnaire », nous appelions « ex-président » ce même voleur, à l'époque où celui-ci ne nous taxait pas encore de « communistes méprisables », mais de libérateurs de Cuba.

Un voleur reste un voleur et mourra voleur. Tout du moins le voleur de grande envergure ; pas le pauvre désespéré qui, dans certains pays, doit voler une miette de pain pour nourrir ses enfants. En revanche, l'individu qui vole pour jouir des femmes, de la drogue et de l'alcool, pour satisfaire les bas instincts qui l'animent ; alors, lui, restera un bandit toute sa vie.

Ce terme englobe tous ceux qui heurtent notre conscience : les Felipe Pazos, qui vendent leur âme comme un bien monnayable pour l'afficher sur le fronton des institutions « sérieuses » ; les Rufo López ou Justo Carrillo, qui n'hésitent pas à exécuter des pirouettes pour s'adapter à la situation et monter une marche de plus ; les Miró Cardona, éternels optimistes ; les crapules incurables, impliquées dans les crimes envers la population ; les charognards dont les « prouesses » consistèrent à assassiner des centaines de paysans dans la région d'El Escambray, semant davantage la terreur que les propres soldats de Batista. Ce sont eux notre conscience. Ce sont eux qui nous rappellent notre péché, le péché de la révolution, celui qui ne doit jamais se répéter, celui qui doit nous servir de leçon.

Le comportement révolutionnaire est le miroir de la foi révolutionnaire et, lorsqu'une personne qui se prétend révolutionnaire ne se conduit pas comme telle, ce ne peut être qu'une crapule. Embrassez-vous, les Ventura et Tony Varona, vous qui vous êtes tant querellés, les Prío et Batista, les Gutiérrez Menoyo et Sánchez Mosquera ; criminels qui massacriez le peuple pour satisfaire quelque besoin pressant, au nom de votre soif de pouvoir, et pseudo-révolutionnaires qui tuiez pour rassasier votre cupidité, au nom de la liberté ; bandits sans scrupules, opportunistes de tous acabits, candidats à la présidence... Ah, la belle compagnie !

Grâce à vous, combien nous avons appris ! Mille mercis.

[*Verde Olivo*, 12 février 1961.]

Lidia et Clodomira

J'ai rencontré Lidia à peine six mois avant le début de notre aventure révolutionnaire. Je venais d'achever ma formation de commandant de la quatrième colonne et nous descendions, en visite éclair, chercher des vivres au village de San Pablo de Yao, près de Bayamo, dans les alentours de la Sierra Maestra. L'une des premières maisons du village appartenait à une famille de boulangers. Lidia, âgée d'environ quarante-cinq ans, était l'une des patronnes de la boulangerie. Dès les premiers temps, cette femme, dont le fils unique avait appartenu à notre colonne, s'engagea avec un enthousiasme et une dévotion exemplaires dans les activités de la révolution.

Son nom évoque, pour moi, plus qu'un dévouement absolu à la révolution ; Lidia vouait une affection particulière à ma personne, de sorte qu'elle préférait travailler sous mes ordres, quel que fût le front d'opérations auquel j'étais assigné. Innombrables furent les actions où Lidia intervint en qualité de messager spécial, à mon service comme à celui du Mouvement. Elle porta, à Santiago de Cuba et à La Havane, les documents les plus compromettants, toutes les correspondances de notre colonne, les numéros du journal *El Cubano Libre* ; et revenait avec du papier, des médicaments, tout ce dont nous avions besoin, et toutes les fois où cela fut nécessaire. Son audace sans limites rendait jaloux les messagers masculins, qui évitaient sa compagnie. Je me souviens encore des remarques, mi-administratives, mi-offusquées, de l'un d'eux, qui me disait : « Cette femme a plus de... que Maceo, mais elle va tous nous faire plonger ; elle prend des risques dingues, c'est pas un jeu. » Malgré cela, Lidia n'en faisait qu'à sa tête et continuait à se faufiler au travers des lignes ennemies.

On m'envoya à Las Vegas de Jibacoa, dans la région de Minas del Frío, ce qui l'obligea à laisser le camp auxiliaire dont elle avait été responsable durant une période, et les hommes qu'elle commandait énergiquement, les menant même depuis un certain temps à la baguette. D'ailleurs, son autorité ne manquait pas de provoquer un certain malaise chez les Cubains, qui n'avaient pas l'habitude d'être sous les ordres d'une femme. Ce poste, situé dans le lieu-dit La Cueva [« La Grotte »], entre Yao et Bayamo, était le plus avancé de la révolution. Je dus lui en ôter le commandement, car cette position devenait trop dangereuse ; une fois repérée par l'armée adverse, nombreux furent les combattants contraints d'en sortir sous les balles ennemies. Je fis tout mon possible pour lui faire quitter définitivement l'endroit, mais elle ne finit par y consentir que pour me suivre sur le nouveau front.

Parmi les anecdotes illustrant cette personnalité hors du commun, je me rappelle ce jour où mourut Geilín, un grand combattant à peine sorti de l'adolescence, originaire de Cárdenas. Ce garçon avait rejoint notre avant-garde au campement. De retour au camp après une mission, Lidia vit les soldats tenter une approche dans la discrétion la plus totale vers le poste de combat. Un traître quelconque avait dû les renseigner. Sa réaction fut immédiate ; elle sortit son petit revolver, calibre 32, pour donner l'alerte en tirant deux coups de feu en l'air. Des mains amies interrompirent son geste, qui lui aurait sans doute coûté la vie, ainsi qu'aux combattants qui l'accompagnaient. Les soldats poursuivirent donc impassiblement leur avancée et prirent le poste par surprise. Guillermo Geilín se défendit avec courage, jusqu'à ce que, blessé à deux reprises, et conscient de ce qui lui arriverait s'il tombait entre les mains des sbires de Batista, il se suicide. Les soldats envahirent les lieux, brûlèrent tout ce qui pouvait brûler et s'en retournèrent. Le lendemain, je rencontrai Lidia. Son visage rembruni trahissait le chagrin que la mort du jeune garçon lui avait causé, mais on sentait aussi le ressentiment qu'elle éprouvait envers la personne qui l'avait empêchée de donner l'alerte.

«J'aurais été tuée, gémissait-elle, mais au moins le gamin aurait eu la vie sauve ; moi, je suis déjà vieille, mais lui n'avait pas encore vingt ans.» Ce drame était devenu le thème récurent de ses conversations. Parfois, on en arrivait à se demander s'il n'y avait pas un peu de provocation dans son mépris continuel de la mort ; cependant, toutes les missions qu'elle se voyait confier étaient parfaitement exécutées.

Lidia savait à quel point j'aimais les petits chiens, et elle me promettait toujours de m'en rapporter un de La Havane. Une promesse qu'elle ne put, malheureusement, jamais tenir. Le jour de la grande offensive de l'armée, Lidia remplit sa mission, comme toujours, à la perfection. Elle vint et ressortit de la Sierra, porta des documents de la plus haute importance et repartit avec d'autres, assurant la liaison entre nos troupes et le monde extérieur. Une autre combattante de sa trempe, dont je ne souviens que du prénom, connu et vénéré encore aujourd'hui par tout homme de l'Armée rebelle : Clodomira. Lidia et Clodomira étaient devenues d'inséparables compagnes de lutte et allaient et venaient ensemble.

Après l'invasion, j'avais donné l'ordre à Lidia de me contacter dès son arrivée à Las Villas, puisqu'elle représentait le principal moyen de communication avec La Havane et l'état-major général de la Sierra Maestra. Quand j'arrivai sur les lieux, je trouvai sa lettre dans laquelle elle m'annonçait qu'elle avait trouvé un chiot à m'offrir et qu'elle me l'apporterait lors de son prochain voyage. Voyage que Lidia et Clodomira, les deux amies, ne firent jamais. J'appris, peu après, que la faiblesse d'un homme, dont la valeur en tant que combattant, révolutionnaire et personne était cent fois moindre, avait permis la localisation par l'ennemi d'un groupe dont les deux femmes faisaient partie. Nos camarades se battirent comme des lionnes, jusqu'à la mort. Lidia était blessée lorsqu'ils l'emmenèrent. Leurs corps ont disparu. Lidia et Clodomira reposent probablement en paix, côte à côte, main dans la main, unies dans la mort comme elles le furent dans l'adversité, lors du dernier grand combat pour la liberté.

Peut-être un jour leurs restes referont-ils surface, dans quelque bourbier ou champ abandonné de cet énorme cimetière que fut, à cette époque, l'île de Cuba tout entière. Mais, dans la mémoire de l'Armée rebelle, de ceux qui combattirent et se sacrifièrent tout au long de cette période incertaine et angoissante, parmi toutes ces femmes qui ont permis, au risque de leur vie, d'établir et de garder le contact entre les différents points de l'île, parmi toutes ces héroïnes, et pour nous, pour tous ceux qui ont combattu sur le front numéro 1, et pour moi personnellement, Lidia occupe une place privilégiée.

C'est pour cette raison que je viens, aujourd'hui, déposer en guise d'hommage à cette femme exceptionnelle, telle une gerbe de fleurs, ces quelques mots de souvenir, devant ce tombeau immense où gisent les meilleurs d'entre nous, sur notre île jadis si rieuse.

[Publié sous le titre «Lidia», in *Humanismo*, n° 53-54, janvier-avril, 1959.]

Chronologie

1956

30 novembre. Soulèvement à Santiago de Cuba des milices du Mouvement 26-Juillet, sous la direction de Frank País ; l'initiative échoue, mais marque le début de l'insurrection populaire contre Batista.

2 décembre. Les quatre-vingt-deux révolutionnaires, dont Fidel Castro et Ernesto Che Guevara, débarquent à Cuba, sur le *Granma*, dans des conditions périlleuses. Le Che notera : « Ce n'était pas un débarquement, c'était un naufrage. » Aussitôt repérés par l'armée du dictateur Batista, ils se dispersent et tentent de rejoindre les montagnes de la Sierra Maestra.

5 décembre. Les expéditionnaires sont surpris par l'armée de Batista qui leur inflige de lourdes pertes à Alegría de Pío.

18 décembre. Fidel Castro, Raúl Castro et six autres expéditionnaires survivants se retrouvent à Cinco Palmas. Deux jours plus tard, ils sont rejoints par Juan Almeida, Ernesto Che Guevara, Ramiro Valdés et quatre autres expéditionnaires.

1957

17 janvier. L'attaque de la caserne de La Plata, au pied du mont Turquino, donne leur première victoire aux guérilleros. Cinq jours plus tard, à Arroyo del Infierno, le petit groupe remporte une nouvelle victoire contre une troupe d'élite commandée par le capitaine Ángel Sánchez Mosquera.

17 février. Hubert Matthews, éditorialiste au *New York Times*, se rend dans la Sierra Maestra pour interviewer Fidel Castro. Le même jour, dans la Sierra, se tient la première réunion, depuis le début de la guerre, de la direction nationale du Mouvement 26-Juillet. C'est aussi ce jour-là qu'est arrêté et exécuté « pour trahison » Eutimio Guerra.

13 mars. À La Havane, les hommes du Directoire révolutionnaire attaquent le Palais présidentiel pour tenter d'abattre Batista. Ils échouent. Leur chef, José Antonio Echeverría, est tué.

28 mai. La guérilla attaque une garnison ennemie à El Uvero, au cours d'un combat où, selon Che Guevara, l'armée rebelle atteint son « âge adulte ».

12 juillet. Fidel Castro signe, avec Raúl Chibás et Felipe Pazos, le « manifeste de la Sierra Maestra ».

21 juillet. Fidel Castro nomme Che Guevara commandant. Le Che assume alors le commandement de sa propre colonne, la première créée à partir de la troupe rebelle initiale. Avec Fidel, ils se partagent désormais leur champ d'action. Fidel Castro l'est du Turquino, le Che l'ouest.

30 juillet. À Santiago de Cuba, assassinat de Frank País, principal dirigeant du Mouvement 26-Juillet en Oriente.

20 août. Bataille de Palma Mocha, livrée par la 1re colonne José-Martí, commandée par Fidel Castro.

17 septembre. Première bataille de Pino del Agua.

Octobre. L'armée rebelle parvient à juguler diverses manifestations de banditisme apparues dans ses rangs dans la zone de Caracas, Sierra Maestra.

1er novembre. En Floride, aux États-Unis, signature du « pacte de Miami » pour la constitution d'une junte de libération de Cuba. Sept organisations de l'exil l'appuient, dont théoriquement le Mouvement 26-Juillet. Fidel Castro dénonce avec véhémence ce pacte.

Novembre et décembre. Les 1re et 4e colonnes rebelles, commandées respectivement par Fidel Castro et Che Guevara, repoussent l'offensive dite « hivernale » de l'armée de Batista. Les combats se déroulent à Mota, Gabiro, El Salto, Mar Verde, et en d'autres points de la Sierra.

1958

16 et 17 février. Victoire de l'Armée rebelle lors de la seconde bataille de Pino del Agua.

1er mars. De nouvelles colonnes de guérilla, sous le commandement de Raúl Castro et Juan Almeida, quittent la Sierra Maestra. Elles ouvriront les deuxième et troisième fronts dans d'autres zones montagneuses de la province d'Oriente.

9 avril. Échec de la grève générale organisée par le Mouvement de la plaine, El Llano.

25 mai. Les forces armées de Batista lancent une vaste offensive contre l'armée rebelle. L'offensive échoue après soixante-quatorze jours de combats. Fidel Castro regroupe les chefs de la guérilla pour distribuer les rôles. Le Che, lui, devra entrer en action dans la région de Río Jibacoa. Au cours de la contre-offensive ont lieu les batailles les plus importantes livrées dans la Sierra Maestra, dont celle de Jigüe, Santo Domingo, et de Las Mercedes, remportées par Fidel Castro. L'échec de cette offensive batistienne marque un tournant stratégique de la guerre.

31 août. Deux colonnes de guérilleros, sous le commandement d'Ernesto Che Guevara et de Camilo Cienfuegos, s'enfoncent dans les provinces du centre et de l'est de Cuba. Le Che part d'El Jibaro, à la tête de la colonne 8 « Ciro Redondo », avec 139 hommes sous ses ordres, et avec Ramiro Valdés pour second. L'ultime étape : la marche sur La Havane. Une marche de trois mois dans des conditions difficiles. En octobre, les deux colonnes ouvriront des fronts dans la province centrale de Las Villas.

15 novembre. Fidel Castro quitte la Sierra Maestra et prend la tête de l'offensive finale en direction de Santiago de Cuba.

30 novembre. Fin de l'importante bataille de Guisa, qui ouvre aux rebelles la route de Santiago de Cuba.

30 décembre 1958. Che Guevara remporte la bataille décisive de Santa Clara. Batista s'enfuit.

1959

1er janvier. Les rebelles prennent le pouvoir. Fidel Castro entre à Santiago de Cuba.

2 janvier. Che Guevara et Camilo Cienfuegos entrent vainqueurs à La Havane.

8 janvier. Fidel Castro arrive triomphalement à La Havane. Un gouvernement révolutionnaire, présidé provisoirement par le magistrat Manuel Urrutia, est officiellement mis en place. Fidel Castro devient commandant en chef des Forces armées révolutionnaires.

9 janvier. Che Guevara est proclamé citoyen cubain. Il se déclare prêt à accepter les charges officielles pour aider le pays qu'il vient de contribuer à libérer.

Glossaire

ACEVEDO GONZÁLEZ, ENRIQUE (1942-...). Né à Las Villas. En août 1957, il rejoint l'Armée rebelle avec son frère Rogelio et combat dans la colonne du Che, la colonne 4, front I, avec laquelle il participe à l'invasion des provinces centrales. Membre de la colonne d'invasion 8. Promu capitaine. Après la victoire, il étudie à l'École militaire de Matanzas, puis à l'académie Vorochilov, en URSS. Il a occupé diverses fonctions au sein des Forces armées révolutionnaires et a effectué plusieurs missions internationalistes en Angola. En 1993, il a publié son témoignage, intitulé *Descamisado*.

ACOSTA FERRALS, CLODOMIRA (1937-1958). Née à Yara. Membre du Mouvement 26-Juillet. Combattante de l'Armée rebelle, où elle se distingue comme messagère. Bravant tous les dangers, capturée le 12 septembre 1958, au cours d'une mission à La Havane, Clodomira est torturée et assassinée.

ACUÑA NÚÑEZ, JUAN VITALIO (Vilo) (1925-1967). Né à Granma. Paysan de la Sierra Maestra. Incorporé à la guérilla, au sein de la colonne 1, front I. Il rejoint la colonne 4, front I ; et, plus tard, la colonne 3, front III. Il parvient au grade de commandant de l'Armée rebelle et dirige un détachement. Il a aussi été membre de la guérilla du Che en Bolivie, où il a dirigé l'arrière-garde sous les noms de *Joaquin* et *Vilo*. Il est tué dans une embuscade le 31 août 1967.

ALMEIDA BOSQUE, JUAN (1927-...). Né à La Havane. Il participe à l'expédition contre la caserne Moncada, et est jugé dans l'affaire n° 37/53[1]. Expéditionnaire du *Granma*. Obtient le grade de commandant. Chef du front III. Commandant de la révolution. Il est un des fondateurs de l'Armée rebelle (1956) et du Parti communiste, dont il est membre du bureau

1. Le procès politique, connu sous le nom de *Causa 37/53* (affaire 37/53), commença le 21 septembre 1953, pour juger les assaillants de la caserne Moncada, incarcérés à la prison de Boniato. (NdT)

politique depuis 1965. Écrivain, poète et compositeur, il est également président de l'Association des combattants de la révolution cubaine.

AMEIJEIRAS DELGADO, EFIGENIO (1931-...). Né à Las Tunas. Expéditionnaire du *Granma*. Combattant de la guérilla, dans la colonne 1, puis dans la colonne 6, front II. Promu commandant au cours de la lutte pour la libération. Après la victoire, il est nommé chef de la police nationale, vice-ministre des Forces armées révolutionnaires et est actuellement général de division. Héros de la République de Cuba (avril 2001).

BORDÓN MACHADO, VÍCTOR (1930-...). Né à Quemado de Güines. Membre de la Jeunesse orthodoxe, puis du Mouvement 26-Juillet. Il combat lors de la grève du 9 avril. Il est le premier à former un groupe dans l'ancienne province de Las Villas (région de Sagua La Grande). Il intègre la colonne d'invasion 8, en octobre 1958.

BUCH RODRÍGUEZ, LUIS M. (?-2000). Avocat. Très jeune, il s'engage dans la lutte contre Gerardo Machado. Il intègre le comité central de l'organisation anti-impérialiste Joven Cuba, que dirige Antonio Guiteras. En 1957, il rejoint le Mouvement 26-Juillet, où il occupe la fonction de coordinateur du Mouvement en exil. En 1959, après la victoire de la révolution, il est nommé ministre de la Présidence et secrétaire du Conseil des ministres.

CÁCERES VALLE, JULIO ROBERTO (El Patojo) (1936-1963). Né à Pachuca, dans l'état d'Hidalgo, au Mexique. Ami du Che depuis le séjour de celui-ci au Mexique. Combattant internationaliste, il meurt au Guatemala au cours d'une expédition organisée pour obtenir la libération de ce pays.

CASTRO MERCADER, RAÚL (1937-...). Né à Las Tunas. Membre du Mouvement 26-Juillet. Il fait partie du premier contingent envoyé par Frank País – les *Marabuzaleros* – dans la Sierra. Engagé dans les colonnes 1 et 4 du front I. Il est promu au grade de capitaine, au sein de la colonne commandée par Ernesto Che Guevara.

CHIBÁS RIVAS, RAÚL (1916-2002). Né à Santiago de Cuba. Frère d'Eduardo Chibás. Dirigeant du Parti orthodoxe, il devient trésorier du comité en exil du Mouvement 26-Juillet, puis rejoint la Sierra Maestra et l'Armée rebelle. Il est l'initiateur de l'un des documents les plus importants de la révolution, le « manifeste de la Sierra Maestra », rédigé par Fidel et signé en juillet 1957 par Raúl Chibás, Felipe Pazos et Fidel Castro. À la fin de la guerre, il porte le grade de commandant. En désaccord avec les idées de la révolution, il quitte Cuba en 1960. Il décède à Miami, le 25 août 2002.

CHOMÓN MEDIAVILLA, FAURE (1929-...). Originaire de Camagüey. Dirigeant du Directoire révolutionnaire. Il participe à l'attaque du Palais présidentiel, puis doit s'exiler suite à l'échec de celle-ci. En 1958, lors d'une expédition armée, il revient à Cuba à bord du yacht *Scapade*. Il organise un détachement guérillero et rejoint l'armée rebelle, dans la sierra d'El Escambray. Après la victoire, il occupe diverses fonctions au sein du gouvernement (ministre des Transports, ambassadeur en URSS, au Vietnam et en Équateur) et participe activement à la fondation du nouveau Parti communiste, dont il est membre du comité central depuis 1965.

CIENFUEGOS GORRIARÁN, CAMILO (1932-1959). Né à La Havane. Expéditionnaire du *Granma*. Commandant de la colonne d'invasion 2, « Antonio-Maceo ». En janvier 1959, il est désigné chef de l'Armée rebelle. Nouveau chef de l'état-major de l'armée, il fonde, avec Raúl Castro, le ministère des Forces armées révolutionnaires (MINFAR) le 16 octobre 1959. Il périt lors d'un accident d'avion, le 28 octobre de la même année.

CRESPO CASTRO, LUIS (1923-2002). Né à Matanzas. Expéditionnaire du *Granma*. Membre de l'Armée rebelle, colonne 1, front I. Promu commandant. Après la victoire, il occupe de hautes responsabilités dans les FAR, aux ministères de l'Agriculture et de la Construction. Il meurt le 2 août 2002.

CUERVO NAVARRO, PELAYO (1901-1957). Né à Guantánamo. Illustre avocat et dirigeant du Parti orthodoxe. Il est assassiné en représailles à l'attaque contre le Palais présidentiel, le

13 mars 1957, et son corps est abandonné dans le quartier aristocratique du Country Club, à El Laguito.

DEL VALLE JIMÉNEZ, SERGIO (1927-...). Docteur en médecine. Membre du Mouvement 26-Juillet. Médecin incorporé à la guérilla, dans la colonne 1, front I, où il participe à l'organisation des services médicaux. Médecin commandant de la colonne d'invasion 2, dirigée par Camilo Cienfuegos, qui envahit la province de Las Villas. Général de division des FAR durant la crise d'octobre 1962. Il a été ministre de l'Intérieur et ministre de la Santé publique.

DÍAZ FONTAINE, EMILIANO (Nano) (1936-1957). Né à Santiago de Cuba. Combattant des groupes clandestins d'action et de sabotage du Mouvement 26-Juillet à Santiago de Cuba, sous les ordres de Franck País. Il fait partie de la troupe envoyée en renfort à l'Armée rebelle, en mars 1957. Il est tué au cours du combat d'Uvero.

DÍAZ GONZÁLEZ, JULIO (Julito) (1927-1957). Né à La Havane. Participe à l'attaque de la Moncada. Arrêté, jugé et condamné dans l'affaire 37/53. Exilé au Mexique, et expéditionnaire du *Granma*. Mort au combat d'El Uvero, le 28 mai 1957, avec le grade de capitaine.

DOCE SÁNCHEZ, LIDIA (1912-1958). Née à Holguín. Militante du Mouvement 26-Juillet. Elle s'engage dans l'Armée rebelle, dans les colonnes 1 et 4, en tant que messagère. Elle est assassinée après avoir été torturée, le 12 septembre 1958.

ECHEVERRÍA, JOSÉ ANTONIO (Manzanita) (1932-1957). Né à Cárdenas, province de Matanzas. Dirigeant du Mouvement des étudiants de l'université de La Havane, il est élu en 1955 président de la Fédération des étudiants universitaires (FEU) et crée, l'année suivante, une organisation politique clandestine : le Directoire révolutionnaire. Le 13 mars 1957, il participe à l'attaque du Palais présidentiel dans l'intention de tuer Fulgencio Batista et de déclencher une insurrection populaire. Il est tué au cours de l'action.

ESCALONA ALONSO, DERMIDIO. Incorporé à l'Armée rebelle, front I. Il se distingue lors des combats de Pino del Agua II et d'El Blanquizal. Désigné pour ouvrir le front guérillero dans la cordillère de Los Órganos, dans la région de Pinar del Río, en 1958. Il termine la guerre avec le grade de commandant.

ESPÍN GUILLOIS, VILMA (Débora) (1930-2007). Née à Santiago de Cuba. Membre de la direction nationale du Mouvement 26-Juillet à Santiago de Cuba, sous les ordres de Frank País. Coordinatrice du Mouvement dans la province d'Oriente. En 1958, elle rejoint l'Armée rebelle, dans la colonne 6, front II. Mariée, en 1959, à Raúl Castro. Puis présidente de la Fédération des femmes cubaines (FMC).

FAJARDO RIVERO, MANUEL EUGENIO (Piti) (1930-1960). Né à Granma. Médecin. Membre de l'Armée rebelle, colonne 1, puis colonne 12, front V. Promu au grade de commandant. Chef des opérations dans l'Escambray, il tombe lors d'un accrochage avec une bande contre-révolutionnaire.

FAJARDO SOTOMAYOR, MANUEL ENRIQUE (1932-1995). Né à Granma. Un des premiers paysans incorporés, en 1956, au sein de l'Armée rebelle, front I. Puis transféré sur le front II. Également promu au grade de commandant.

FERNÁNDEZ FONT, MARCELO (Zoilo) (1932-2004). Né à La Havane. Coordinateur national du Mouvement 26-Juillet en ville. Après la victoire de la révolution, président de la Banque nationale de Cuba.

GARCÍA FRÍAS, GUILLERMO (1928-...). Né à Granma. Un des premiers paysans à apporter son aide et à s'engager dans l'Armée rebelle, dans la colonne 1. Fondateur du front III. Commandant de la révolution. Membre du comité central depuis sa fondation, en 1965, et du bureau politique jusqu'au IVe congrès (1991). Ancien membre et vice-président du Conseil d'État (1976-1993), il a également été vice-président du Conseil des ministres en charge des transports et des communications.

GARCÍA MARTÍNEZ, CALIXTO (1928-...). Né à Matanzas. Général de la brigade des Forces armées révolutionnaires. Il prend part à l'attaque de la caserne Carlos Manuel de Céspedes, à Bayamo, le 26 juillet 1953. Exilé, puis membre de l'expédition du *Granma*. Il participe à la fondation de l'Armée rebelle, dont il devient commandant. Après la victoire de 1959, il occupe diverses responsabilités au sein des FAR, dont celle de chef de l'armée d'Oriente et de responsable du département militaire du comité central. Il vit actuellement à La Havane.

HART DÁVALOS, ARMANDO (1930-...). Né à La Havane. Avocat. Membre du Mouvement national révolutionnaire (MNR). Fondateur du Mouvement 26-Juillet, il combat la dictature de Batista dans la clandestinité et réalise d'importantes actions de soutien à la guérilla de la Sierra Maestra. Arrêté puis condamné à la prison de l'île des Pins, jusqu'à la victoire de la révolution. Il a occupé d'importantes responsabilités au sein du gouvernement et du Parti communiste dont il est un des fondateurs. Ancien ministre de l'Éducation (1960-1965), secrétaire à l'organisation du comité central du Parti communiste de Cuba (1965-1976) et ministre de la Culture (1976-1997). Membre du Conseil d'État depuis 1976.

IGLESIAS FONSECA, MARCOS (Nicaragua). Combattant clandestin du Mouvement 26-Juillet à Santiago de Cuba et du second front oriental de l'Armée rebelle. Il est promu commandant et prend le commandement de la colonne 16. Il vit actuellement à La Havane.

IGLESIAS LEYVA, JOEL (1941-...). Né à Santiago de Cuba. À l'âge de quinze ans, il rejoint l'Armée rebelle dans la Sierra Maestra, et fait partie de la colonne 1, puis de la colonne 4 du Che qui traverse l'île et entre dans La Havane le 2 janvier 1959. Il termine la guerre avec le grade de commandant et prend la direction de l'Association des jeunes rebelles. En 1979, il reçoit un prix pour son livre *De la Sierra Maestra à l'Escambray*, qui relate la campagne de la colonne Antonio-Maceo. Il est colonel des Forces armées révolutionnaires.

INFANTE URIBAZO, ENZO (Bruno) (1930-...). Né à Santiago de Cuba. Membre de la direction provinciale du Mouvement 26-Juillet à Santiago de Cuba. Il participe au soulèvement du 30 novembre 1956. Coordinateur du M-26 à Camagüey et responsable de propagande à la direction nationale du même mouvement. Arrêté, il est incarcéré jusqu'au 1er janvier 1959.

LAFERTÉ PÉREZ, EVELIO. Officier, sous-lieutenant de l'armée de Batista. Fait prisonnier par l'Armée rebelle, à Pino del Agua II. Il rejoint la guérilla, en 1958, sous les ordres de Fidel. Il est promu capitaine.

LAMOTTE CORONADO, HUMBERTO (1919-1956). Révolutionnaire cubain originaire de Matanzas. Membre de l'expédition du *Granma*, il débarque à Cuba le 2 décembre 1956. Capturé par l'armée batistienne, il est assassiné trois jours plus tard à Alegría de Pío.

LÓPEZ FERNÁNDEZ, ANTONIO (Ñico) (1934-1956). Né à La Havane. Membre de la Jeunesse orthodoxe, il dirige l'assaut contre la caserne Carlos Manuel de Céspedes, le 26 juillet 1956. En exil au Guatemala, il rencontre et se lie d'amitié avec le Che. Membre de la direction nationale du Mouvement 26-Juillet. Expéditionnaire du *Granma*. Il meurt assassiné à Boca del Toro.

MACHADO VENTURA, JOSÉ RAMÓN (Machadito) (1930-...). Membre du Mouvement 26-Juillet. Combattant et médecin de l'Armée rebelle. Intègre la colonne 6, front II. Responsable sanitaire du front II. Il est promu au grade de commandant. Vice-président du Conseil d'État, membre du bureau politique du comité central du Parti communiste cubain.

MARK, HERMAN. Américain incorporé à l'Armée rebelle, sur le front I. Instructeur de l'École des recrues à Minas del Frío, en 1958. Membre de la colonne 8. Chef du peloton d'avant-garde. Il obtient le grade de capitaine.

MÁRQUEZ RODRÍGUEZ, JUAN MANUEL (1915-1956). Originaire de Mariano, à l'ouest de La Havane. Prisonnier politique à dix-sept ans, il adhère au mouvement anti-impérialiste Aile gauche étudiante après la chute de Machado. Il est à nouveau arrêté en 1936 et passe un an de plus sur l'île des Pins. En 1940, il s'inscrit à la faculté de droit de l'université de La Havane, puis rejoint la Jeunesse du Parti authentique. Déçu par la corruption des gouvernements « authentiques », il participe à la fondation du Parti orthodoxe (1947). Après le coup d'État de Batista (1952), il se lie au Mouvement national révolutionnaire du professeur Barcenas, puis au Mouvement 26-Juillet dirigé par Fidel Castro, avec qui il prépare activement l'expédition du *Granma*. Commandant en second de l'action, il est capturé par la Garde rurale quelques jours après le débarquement, dans la ferme La Norma, et assassiné le 16 décembre 1956.

MAS LÓPEZ, CARLOS (Carlitos) (1939-1958). Né à Granma. Paysan, il rejoint l'Armée rebelle, colonne 4, front I. Il est promu au grade de capitaine. Gravement blessé au combat de Naranjo, il succombe à ses blessures le 14 juillet, à l'hôpital de La Plata.

MASETTI BLANCO, JORGE RICARDO (Segundo) (1929-1964). Journaliste et révolutionnaire argentin, fondateur de l'agence Prensa Latina. En 1958 (14 et 15 avril), il réussit à se rendre dans la Sierra Maestra, où il rencontre Fidel Castro et son compatriote Che Guevara, avec qui il entretient une amitié durable. De retour en Argentine, il publie un livre, *Los que luchan y los que lloran* [*Ceux qui luttent et ceux qui se plaignent*], et développe un important travail de divulgation des idéaux de la Révolution cubaine. Après la victoire de janvier 1959, il retourne à Cuba. Il fonde l'agence d'information latino-américaine Prensa Latina, qu'il dirige jusqu'en mars 1961. En 1963, il prend la tête d'un mouvement guérillero dans la province argentine de Salta, où il disparaît en avril 1964.

MENDOZA GARCÍA, FÉLIX (1924-1958). Né dans la Sierra Maestra. Combattant des colonnes 1 et 4 du quatrième front de l'Armée rebelle. Il meurt au combat.

MONTANÉ OROPESA, JESÚS (1923-1999). Né à Nueva Gerona, île des Pins. Militant du Parti orthodoxe, il se rallie au courant radical de Fidel Castro et participe à l'attaque de la Moncada. Arrêté, jugé et condamné dans l'affaire 37/53 à dix ans de prison, il est amnistié et collabore à la fondation du M-26. Exilé au Mexique avec Fidel, il prend part à l'expédition du *Granma*, mais est fait prisonnier après l'attaque d'Alegría de Pío – le 12 décembre 1956 – et séjourne en prison jusqu'à la victoire de la révolution. Il a occupé ensuite diverses responsabilités au sein du gouvernement et du Parti communiste. Gouverneur de l'île des Pins (1959-1960), directeur de l'Institut pénal du ministère de l'Intérieur, ministre des Communications (1963-1973), membre du comité central (1965-1999), conseiller du premier secrétaire du PCC (1973-1999). Ancien membre du bureau politique (1980-1986).

MORA MORALES, MENELAO (1905-1957). Né à Pinar del Río. Docteur en droit. Combattant actif contre la dictature de Machado, milite dans les rangs de l'organisation ABC quand cette organisation fomente des attentats contre les machadistes. Il participe à la grève de 1935, au cours de laquelle il est emprisonné et accusé de terrorisme, avant d'être envoyé en exil aux États-Unis. Il est tué au cours de l'attaque contre le Palais présidentiel, le 13 mars 1957.

MORALES HERNÁNDEZ, CALIXTO (1929-...). Né à Camagüey. Membre du Parti orthodoxe. Il participe au débarquement du *Granma*. Le 25 décembre 1956, il fait partie des dix-huit expéditionnaires sous les ordres de Fidel qui quittent la ferme de Mongo Pérez pour la Sierra Maestra afin d'y organiser la guérilla. Il a appartenu aux colonnes 1 puis 8 et a été promu au grade de capitaine.

NARANJO VÁSQUEZ, CRISTINO (1929-1959). Né à Palma Soriano, dans la province de Santiago de Cuba. D'origine modeste, il est d'abord mineur à Minas de Bueycito, et intègre la colonne du Che pour participer à l'attaque de Bueycito. Remarqué pour son sens de la discipline, il est attaché au groupe de Joel Iglesias et fait partie des combattants qui descendent dans la plaine soutenir l'invasion. Il est promu commandant. Après la victoire de la révolution, il reste lié au Che et intègre la caserne Columbia, à La Havane. Au cours, dit-on, d'une dispute avec Manuel Beatón, ce dernier lui tire dessus et le tue, le 12 novembre 1959.

NÚÑEZ JIMÉNEZ, ANTONIO (1923-1998). Né à La Havane. Géographe originaire d'Alquízar (La Havane), il fonde la Société de spéléologie de Cuba en 1940. Dix ans plus tard, il passe un doctorat de philosophie et lettres à l'université de La Havane et, en 1954, publie sa célèbre *Géographie de Cuba*. Capitaine de l'Armée rebelle, il participe aux préparatifs de la grève du 9 avril 1958 et coopère à la création du front de l'Escambray. Après la victoire révolutionnaire, il a occupé diverses responsabilités. Président de l'Institut national de réforme agraire (INRA) (1959-1961), président de la Banque nationale, président de l'Académie des sciences (1962-1974).

PAÍS GARCÍA, FRANK (David ou Carlos) (1934-1957). Né à Santiago de Cuba. Dirigeant étudiant, puis professeur en lutte contre la dictature de Fulgencio Batista. Fondateur et chef national du groupe d'action et de sabotage du Mouvement 26-Juillet à Santiago de Cuba. Chargé de préparer le soutien du débarquement du *Granma*, il dirige les opérations du soulèvement du 30 novembre 1956. Il a joué un rôle fondamental dans le ravitaillement et l'envoi de renforts à la guérilla de la Sierra Maestra. Son assassinat par la police dans le Callejón del Muro, dans sa ville natale, le 30 juillet, aux côtés de son camarade Raúl Pujol, alors qu'il n'avait que vingt-deux ans, a soulevé une vague de protestations dans tout le pays et a été un événement décisif dans l'histoire de la révolution cubaine.

PAÍS GARCÍA, JOSUÉ (1937-1957). Né à Santiago de Cuba. Frère de Frank. Capitaine des milices clandestines du Mouvement 26-Juillet. Il se distingue lors du soulèvement du 30 novembre 1956. Il meurt assassiné, le 30 juin, dans sa ville natale.

PARDO GUERRA, ISRAEL. Capitaine de la colonne 4, du premier front, puis de la colonne 3, du troisième front. Il est mort récemment, à Santiago de Cuba.

PARDO GUERRA, RAMÓN (Guile) (1939-...). Né dans la province d'Oriente. Combattant de l'Armée rebelle dès 1957. Intègre la colonne 4, front I, puis rejoint ensuite la colonne d'invasion 8. Il occupe, depuis la victoire de la révolution, des postes à responsabilités au sein du gouvernement : il a intégré le groupe des hauts chefs militaires qui faisaient partie du premier comité central nommé en 1965, jusqu'en 1980 ; il a été le chef de l'armée d'Occidente, puis chef du régiment d'infanterie motorisée de Lubango, dans le sud de l'Angola, en 1981 ; est revenu au comité central, il a ensuite été élu député à l'Assemblée nationale du pouvoir populaire, en janvier 1998.

PENA DÍAZ, FÉLIX (1936-1959). Fondateur du Mouvement 26-Juillet à Santiago de Cuba et combattant dans ses groupes clandestins d'action et de sabotage. Envoyé en renfort, par Frank País, soutenir la guérilla dans la Sierra Maestra, en mars 1957. Combattant de la colonne 1 et du second front oriental, où il atteint le grade de commandant et devient chef de la colonne 18. Il met fin à ses jours le 12 novembre 1959.

PEÑA TORRES, HERMES (1938-1964). Né dans la province d'Oriente. Originaire d'une famille de paysans pauvres. Combattant de l'Armée rebelle, colonne d'invasion 8. Promu au grade de capitaine. Appartenant au groupe d'escorte du Che, il entretient une forte amitié avec celui-ci. Il meurt en Argentine en tentant d'établir un foyer guérillero dans la province de Salta, à la frontière bolivienne.

PÉREZ HERNÁNDEZ, FAUSTINO (1920-1992). Né à Cabaiguán, (ancienne province de Las Villas). Étudiant en médecine à l'université de La Havane, révolté par le coup d'État de Batista, il participe à la fondation du MNR du professeur Gabriel García Bárcena. Il se rapproche finalement de Fidel Castro et participe à l'attaque de la Moncada et à la fondation du Mouvement 26-Juillet, puis, après avoir vécu l'exil au Mexique, à l'expédition du *Granma* et à la fondation de l'Armée rebelle. Coordinateur national du mouvement dans la plaine et chef national du groupe d'action et sabotage, il est chargé de préparer la grève du 9 avril 1958. Il termine avec le grade de commandant. Après la victoire, il fait partie du premier gouvernement révolutionnaire et s'occupe de la récupération des biens mal acquis, avant d'occuper divers postes à responsabilités.

PÉREZ MONTANO, CRESCENCIO (1895-1986). Né à Granma. Fondateur du Mouvement 26-Juillet, il est un des premiers paysans à rejoindre l'Armée rebelle après le débarquement du *Granma*, aux côtés de Celia Sánchez. Il intègre la colonne 1, front I, puis dirige la colonne 7. Il devient commandant.

Après le triomphe de la révolution, il occupe diverses responsabilités au sein des forces armées.

PONCE DÍAZ, JOSÉ (1927-2001). Né à La Havane. Il participe à l'attaque de la Moncada et à l'expédition du *Granma*. Blessé à Alegría de Pío, il est capturé par l'armée batistienne. Promu commandant de l'Armée rebelle, il est un des fondateurs du Parti communiste cubain et participe à la lutte armée en Angola.

RAMOS LATOUR, RENÉ (Daniel) (1932-1958). Né à Holguín. Membre du Mouvement 26-Juillet, dans la zone nord : Mayarí, Cauto, Antilla et Nicaro. Il fait partie de la direction nationale du groupe d'action et sabotage. Il rejoint la Sierra Maestra en 1957, en intégrant la colonne 1. Il est promu au grade de commandant. Après l'attaque de Las Vegas, le 30 juillet 1958, René Ramos Latour est tué au combat. Il était le principal adversaire du Che au sein du Mouvement.

REDONDO GARCÍA, CIRO (1931-1957). Né à Artemisa, dans la région de La Havane. Militant de la Jeunesse orthodoxe, il participe à l'attaque de la Moncada et à l'expédition du *Granma*. Membre de l'état-major de l'Armée rebelle. Il fait partie de la colonne 4, et devient capitaine. Tué au combat de Mar Verde le 29 novembre 1957 et promu commandant à titre posthume.

RODRÍGUEZ CORDOVÍ, GEONEL (1934-1958). Né à Palma Soriano. Membre du Mouvement 26-Juillet à l'université de La Havane. Il intègre la colonne 4, front I. Obtient le grade de capitaine. Il est touché par un obus de mortier, le 11 juillet 1958, à El Naranjo, alors qu'il est malade. Il meurt à l'hôpital de La Plata le lendemain.

RODRÍGUEZ CRUZ, RENÉ (El Flaco) (1931-1990). Né à Cárdenas. Militant au sein du Mouvement 26-Juillet. Expéditionnaire du *Granma*. Il intègre la colonne d'invasion 8. Après la guerre, il devient président de l'Institut cubain d'amitié avec les peuples (ICAP).

RODRÍGUEZ DE LA VEGA, ALFONSO (Cuco). Combattant de l'Armée rebelle. Médecin lors de la campagne de Las Villas et capitaine de la colonne 8.

RODRÍGUEZ FERNÁNDEZ, ROBERTO (El Vaquerito) (1935-1958). Né à Sancti Spíritus. Paysan pauvre, il fait partie des colonnes 1 et 4, front I. « El Vaquerito », qui doit son surnom à la paire de bottes mexicaines qu'il a reçue en intégrant la guérilla, se distingue par son humeur joyeuse. Selon le Che, il est l'« un des personnages les plus sympathiques et les plus appréciés de la guerre révolutionnaire ». Chef du peloton suicide de la colonne 8, il est tué lors de la prise de l'état-major de la police de Santa Clara, le 30 décembre 1958.

RODRÍGUEZ PÉREZ, FRUCTUOSO (1933-1957). Né à Las Villas. Vice-président de la Fédération des étudiants universitaires (FEU). Il participe à l'attaque du Palais présidentiel, le 13 mars 1957. À la mort de José Antonio Echeverría, il le remplace à la présidence de la FEU, et comme secrétaire général du Directoire révolutionnaire. Assassiné – après délation – au cours des événements de Humboldt[1] 7, le 20 avril 1957.

ROQUE NÚÑEZ, ROBERTO (1915-1989). Né à Cienfuegos. Il appartient à la marine de guerre. Militant du Mouvement 26-Juillet. Expéditionnaire – timonier – du *Granma*. À la suite de la débâcle d'Alegría de Pío, en 1956, il est arrêté jusqu'à la victoire de la révolution.

SABORIT RODRÍGUEZ, EVELIO (1939-1975). Né à Bayamo. Membre des cellules d'action du Mouvement 26-Juillet dans sa ville natale. Combattant du troisième front de l'Armée rebelle, sous les ordres de Juan Almeida, où il est promu commandant. Il trouve la mort le 18 février 1975, dans un accident de transport.

SALUSTIANO DE LA CRUZ ENRÍQUEZ, JOSÉ (Crucito) (?-1957). Paysan de la Sierra Maestra. Il rejoint la colonne 1 de l'Ar-

1. À la suite de l'attaque manquée du Palais présidentiel, quelques survivants (José Machado Rodríguez, Juan Pedro Carbó Serviá, Fructuoso Rodríguez Pérez et Joe Westbrook Rosales) se réfugièrent dans le bâtiment n° 7 de la rue Humboldt, à La Havane. Un ancien participant de l'attaque du palais révéla le lieu aux hommes de Batista, qui assassinèrent ces jeunes hommes. (NdT)

mée rebelle le 6 mai 1957, lors du passage de celle-ci dans la zone d'El Hombrito. Poète, il compose un journal en vers de la guérilla. Il est tué lors du premier combat de Pino del Agua, le 17 septembre 1957.

SÁNCHEZ ÁLVAREZ, UNIVERSO (en 1919-...). Né à Matanzas. Membre du Mouvement 26-Juillet. Expéditionnaire du *Granma*. Promu commandant. Il vit actuellement à La Havane.

SÁNCHEZ MANDULEY, CELIA (1920-1980). Née à Granma. Militante du Parti orthodoxe, puis du Mouvement du 26-Juillet à Manzanillo, elle a préparé activement la réception de l'expédition du *Granma*. Combattante de la clandestinité, elle organise, aux côtés de Frank País, le premier contingent de renforts envoyé dans la Sierra : *los Marabuzaleros*. Elle finit par rejoindre la Sierra Maestra, où elle devient une proche collaboratrice de Fidel Castro, la première femme à la tête d'un escadron de combat, et fait partie de l'état-major de l'Armée rebelle. Après la victoire, elle est nommée secrétaire de la présidence du Conseil des ministres, puis du Conseil d'État en 1976.

SÁNCHEZ WHITE, CALIXTO (1924-1957). Né en Nouvelle-Écosse, au Canada. Pilote et mécanicien d'aviation. Combattant de la Seconde Guerre mondiale. Exilé à Miami. Il organise et dirige une expédition, à bord du *Corintia*, qui débarque à Mayarí, et qui a pour résultat le massacre quasi complet de ses participants. Il est tué avec ses camarades, le 28 mai 1957.

SANTAMARÍA CUADRADO, HAYDÉE (Yeyé) (1922-1980). Née à Las Villas. Combattante révolutionnaire de la « Génération du centenaire », elle participe activement à la lutte contre Batista. Dès 1952, avec son frère Abel, elle contribue à la publication des journaux clandestins *Son los mismos* et *El Acusador*. En juillet 1953, elle est une des deux femmes à participer à l'attaque de la caserne Moncada et est emprisonnée plusieurs mois à la prison de Yaguajay. Combattante de la clandestinité et de la Sierra Maestra, elle est finalement envoyée en Floride pour y diriger la branche locale du Mouvement 26-Juillet. Elle est emprisonnée et organise la diffusion de *L'histoire m'absoudra*, la célèbre plaidoirie de Fidel. Membre du comité central du Parti communiste cubain, elle a longtemps dirigé l'institution culturelle Casa de las Americas [«Maison des Amériques»].

SARDIÑAS MENÉNDEZ, GUILLERMO (1916-1964). Prêtre catholique qui rejoint l'Armée rebelle dans la Sierra Maestra. Après avoir terminé la guerre avec le grade de commandant, il cumule des responsabilités dans l'état-major des forces armées et son office à la paroisse du Christ-Roi. Il meurt à La Havane, victime d'un accident vasculaire cérébral.

SORÍ MARÍN, HUMBERTO (?-1961). Avocat. Commandant de l'Armée rebelle. Nommé ministre de l'Agriculture après la victoire de la Révolution. Recruté comme agent par la Central Intelligence Agency (CIA) des États-Unis. Il abandonne illégalement Cuba, fin 1959, et s'installe à Miami où il commence à conspirer contre la révolution et prépare l'assassinat du commandant en chef Fidel Castro. Il revient clandestinement à Cuba au cours d'une infiltration organisée par la CIA et continue de mettre au point son plan pour éliminer Fidel Castro. Découvert et arrêté par la Sécurité d'État, il est jugé et condamné à la peine maximum pour haute trahison. Il est fusillé le 4 avril 1961, quelques jours avant l'invasion de la baie des Cochons.

SOTO ALBA, PEDRO (Pedrín) (1935-1958). Né à Veguita, dans la province de Granma. Membre du Mouvement 26-Juillet. Il est l'un des expéditionnaires du *Granma*. Après le désastre d'Alegría de Pío, il reste caché quelque temps, puis rejoint, au sein du petit contingent envoyé par Frank País, le détachement qui fonde l'Armée rebelle. Il intègre la colonne 1, front I. Il est l'un des fondateurs du second front oriental. Mort au champ d'honneur, le 26 juin 1958, dans la province d'Holguín, il a été promu commandant à titre posthume par Raúl Castro.

SUÁREZ MARTÍNEZ, RAÚL (1935-1956). Né à Cienfuegos. Il participe aux luttes clandestines étudiantes. Exilé au Mexique, il revient à bord du *Granma*. Assassiné par la Garde rurale, à Boca del Toro, le 8 décembre 1956.

SUÑOL RICARDO, EDDY (1926-1971). Né à Holguín. Membre du Mouvement 26-Juillet, à Santiago de Cuba, sous les ordres de Frank País. Combattant de la colonne 1, puis chef de la colonne 14, front IV, de l'Armée rebelle. Il obtient le grade de commandant.

VALDÉS MENÉNDEZ, RAMIRO (Ramirito) (1932-...). Né à Artemisa (ancienne province de Pinar del Río). Il participe à l'assaut de la Moncada et est arrêté, jugé et condamné dans l'affaire 37/53. Exilé au Mexique, il revient à bord du *Granma*. Il reste sur le front de la colonne 4 lorsque le Che forme la colonne 8 à Minas del Frío. Chef en second de la colonne d'invasion 8. Commandant de la révolution, il a occupé d'importantes fonctions après la guerre : membre du comité central du PCC depuis 1965 et député depuis 1976 ; membre du Conseil d'État ; membre du bureau politique ; vice-premier ministre des Forces armées ; ancien ministre de l'Intérieur (1961) ; ministre des Communications et de l'Informatique (2006). Héros de la république de Cuba.

WESTBROOK ROSALES, JOSÉ (Joe) (1937-1957). Né à La Havane. Membre du Directoire révolutionnaire. Il participe à l'attaque du Palais présidentiel, le 13 mars. Il est assassiné – après délation – lors des événements de la rue Humboldt 7, le 20 avril 1957.

ZAYAS OCHOA, LUIS ALFONSO (1936-...). Né à Puerto Padre, dans la province de las Tunas. Combattant clandestin du Mouvement 26-Juillet dans son village natal. Il fait partie de la troupe de renfort envoyée par Frank País en mars 1957. Combattant de la colonne 1 puis des colonnes 4 et 8, sous les ordres du Che, où il devient capitaine. Actuellement colonel des Forces armées révolutionnaires, il vit actuellement à La Havane.

ZENÓN ACOSTA, JULIO (1912-1957). Né à Humilladero, quartier de Bayamo. Paysan, il rejoint le Mouvement révolutionnaire en 1955. Le 30 novembre 1956, il participe au soulèvement armé de la ville de Cabezada, dans la région de Bayamo, comme partie des actions en vue de faciliter le débarquement du *Granma*. Il intègre l'Armée rebelle en 1957, à l'âge de quarante-cinq ans ; il apprend à écrire et à lire en suivant les cours dispensés par Che Guevara dans la Sierra. Sa force physique et sa connaissance des montagnes en font un élément précieux de la colonne commandée par le Che. Après avoir participé aux combats de La Plata et d'Arroyo del Infierno, il est tué lors de l'attaque-surprise d'Altos de Espinosa, le 9 février 1957.

Pour l'éditeur, le principe est d'utiliser des papiers composés de fibres naturelles, renouvelables, recyclables et fabriquées à partir de bois issus de forêts qui adoptent un système d'aménagement durable.

En outre, l'éditeur attend de ses fournisseurs de papier qu'ils s'inscrivent dans une démarche de certification environnementale reconnue.

Cet ouvrage a été imprimé en France par
CPI Bussière
à Saint-Amand-Montrond (Cher)
en décembre 2008

49-2766-02-1

ISBN 978-2-7555-0026-4

Dépôt légal : janvier 2009.
N° d'édition : 89731. – N° d'impression : 083724/1.